Aplicaciones informáticas de hojas de cálculo

Ofimática

Certificados de profesionalidad

RE/DG/TRANS/6-41

Anagrama «LUCHA CONTRA LA PIRATERÍA», propiedad de Unión Internacional de Escritores.

CONSEJO DE REDACCIÓN

María Mercedes Rey Botana

Mónica Alia Pulido

Cristina Monge Pascual

Iván Rios Gómez

Elena Rubio Gallardo

MAQUETACIÓN

Verónica Seoane López

ILUSTRACIÓN DE CUBIERTA

Ignacio Velasco Marugán

© Centro de Estudios Adams   **www.adams.es**

ISBN: 978-84-1077-051-5
Depósito legal: M-14692-2024
Editado en junio de 2024
Imprime: Centro de Estudios Adams. Ediciones Valbuena, S.A.
Impreso en España. Printed in Spain

Presentación

Comprometidos por ofrecer una propuesta formativa ajustada a las necesidades de la sociedad y del mercado de trabajo, Grupo ADAMS presenta este curso de **Aplicaciones Informáticas de Hojas de Cálculo** desarrollado conforme a los nuevos **Certificados de Profesionalidad** y, por tanto, vinculado al **Catálogo Nacional de Cualificaciones**. De esta manera, es posible obtener la acreditación oficial, con validez en todo el territorio nacional, de estar en posesión de las aptitudes y conocimientos que permiten un óptimo desempeño profesional, una vez superadas las pruebas establecidas al efecto.

Esta **Unidad Formativa**, con una duración asociada de 30 horas, forma parte del **Módulo Transversal de Ofimática (MF0233_2)**, perteneciente a la familia de Administración y Gestión.

En la elaboración de los contenidos hemos pretendido garantizar la **adquisición, mejora y actualización de las competencias profesionales** requeridas en el mercado laboral, así como fomentar el **aprendizaje**.

Para conseguir tal objetivo, cada unidad didáctica presenta la siguiente estructura:

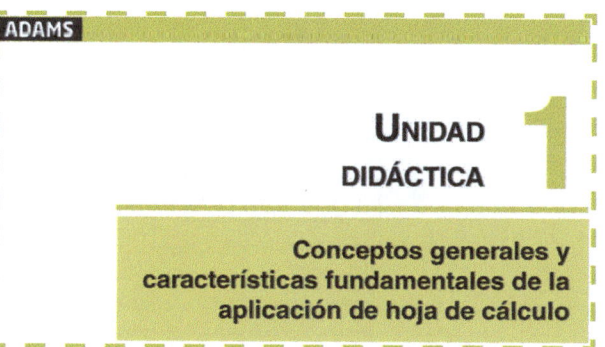

Título

Según el programa oficial publicado en el BOE.

Objetivos

Al comienzo de la unidad didáctica, identifican las capacidades que podrás adquirir.

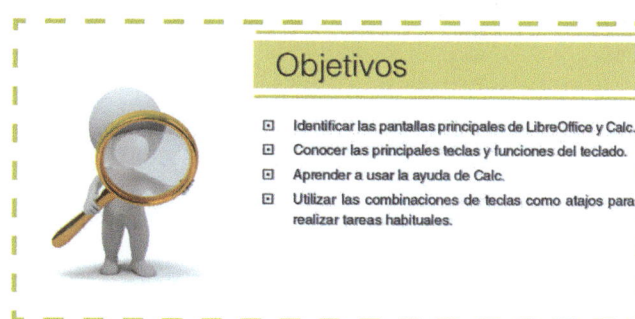

Objetivos

- Identificar las pantallas principales de LibreOffice y Calc.
- Conocer las principales teclas y funciones del teclado.
- Aprender a usar la ayuda de Calc.
- Utilizar las combinaciones de teclas como atajos para realizar tareas habituales.

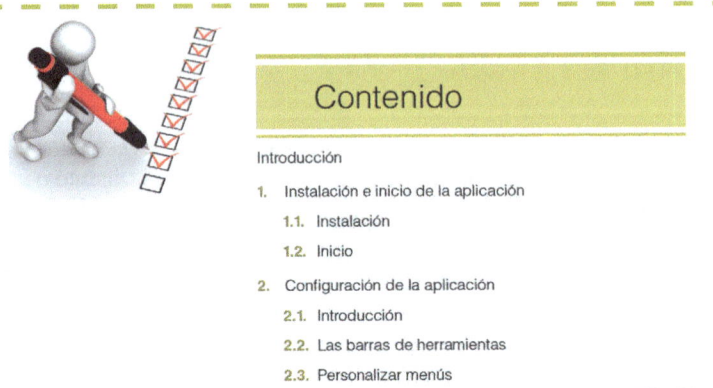

Contenido

Índice de contenidos

Proporciona una visión general del contenido, enumerando todos los aspectos que se desarrollan en la Unidad Didáctica.

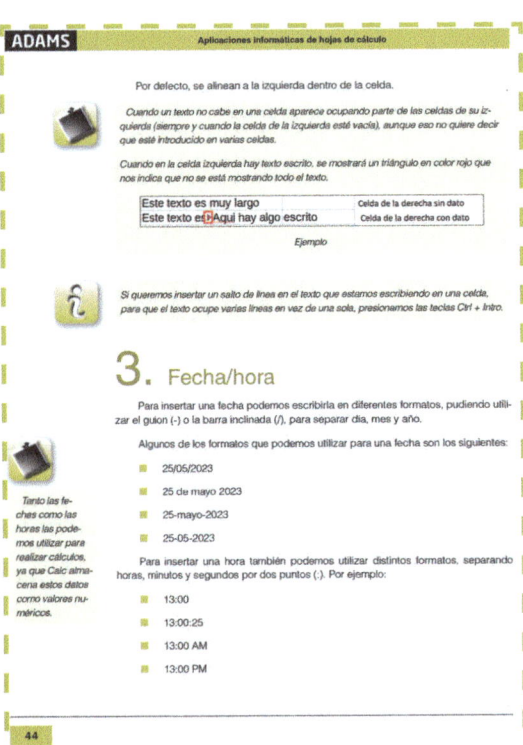

ADAMS — Aplicaciones informáticas de hojas de cálculo

Por defecto, se alinean a la izquierda dentro de la celda.

Cuando un texto no cabe en una celda aparece ocupando parte de las celdas de su izquierda (siempre y cuando la celda de la izquierda esté vacía), aunque eso no quiere decir que esté introducido en varias celdas.

Cuando en la celda izquierda hay texto escrito, se mostrará un triángulo en color rojo que nos indica que no se está mostrando todo el texto.

Este texto es muy largo	Celda de la derecha sin dato
Este texto es▶Aquí hay algo escrito	Celda de la derecha con dato

Ejemplo

Si queremos insertar un salto de línea en el texto que estamos escribiendo en una celda, para que el texto ocupe varias líneas en vez de una sola, presionamos las teclas Ctrl + Intro.

3. Fecha/hora

Para insertar una fecha podemos escribirla en diferentes formatos, pudiendo utilizar el guion (-) o la barra inclinada (/), para separar día, mes y año.

Algunos de los formatos que podemos utilizar para una fecha son los siguientes:

- 25/05/2023
- 25 de mayo 2023
- 25-mayo-2023
- 25-05-2023

Para insertar una hora también podemos utilizar distintos formatos, separando horas, minutos y segundos por dos puntos (:). Por ejemplo:

- 13:00
- 13:00:25
- 13:00 AM
- 13:00 PM

Tanto las fechas como las horas las podemos utilizar para realizar cálculos, ya que Calc almacena estos datos como valores numéricos.

44

Exposición y desarrollo

Del contenido del programa oficial, con notas destacadas al margen, como "Definición", "Recuerda", "Información"…

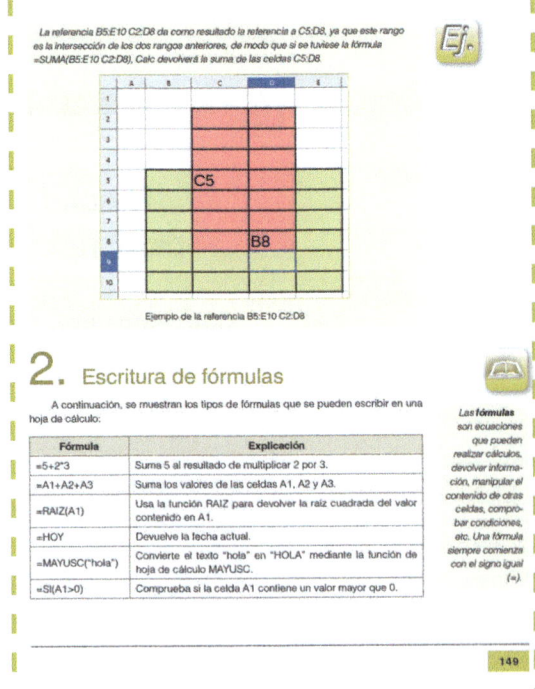

ADAMS — Fórmulas

La referencia B5:E10 C2:D8 da como resultado la referencia a C5:D8, ya que este rango es la intersección de los rangos anteriores, de modo que si se tuviese la fórmula =SUMA(B5:E10 C2:D8), Calc devolverá la suma de las celdas C5:D8.

Ejemplo de la referencia B5:E10 C2:D8

2. Escritura de fórmulas

A continuación, se muestran los tipos de fórmulas que se pueden escribir en una hoja de cálculo:

Fórmula	Explicación
=5+2*3	Suma 5 al resultado de multiplicar 2 por 3.
=A1+A2+A3	Suma los valores de las celdas A1, A2 y A3.
=RAIZ(A1)	Usa la función RAIZ para devolver la raíz cuadrada del valor contenido en A1.
=HOY	Devuelve la fecha actual.
=MAYUSC("hola")	Convierte el texto "hola" en "HOLA" mediante la función de hoja de cálculo MAYUSC.
=SI(A1>0)	Comprueba si la celda A1 contiene un valor mayor que 0.

Las fórmulas son ecuaciones que pueden realizar cálculos, devolver información, manipular el contenido de otras celdas, comprobar condiciones, etc. Una fórmula siempre comienza con el signo igual (=).

149

Ejemplos y Actividades

Interrelacionados con los contenidos estudiados y que aportan una visión práctica de la materia.

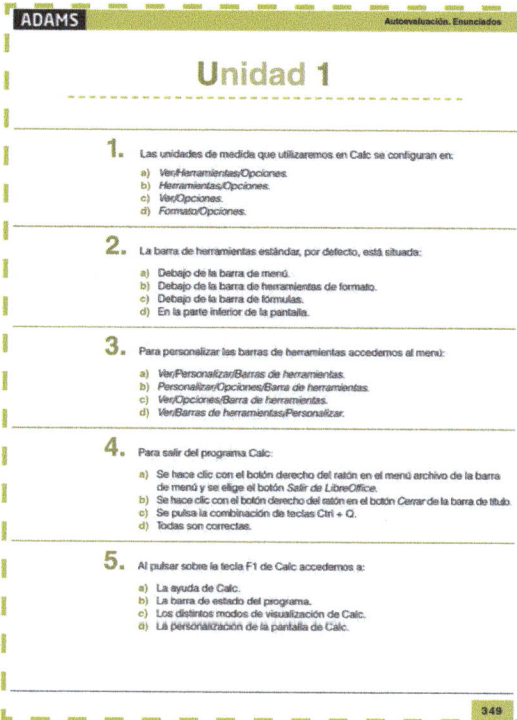

Unidad 1

1. Las unidades de medida que utilizaremos en Calc se configuran en:

a) Ver/Herramientas/Opciones.
b) Herramientas/Opciones.
c) Ver/Opciones.
d) Formato/Opciones.

2. La barra de herramientas estándar, por defecto, está situada:

a) Debajo de la barra de menú.
b) Debajo de la barra de herramientas de formato.
c) Debajo de la barra de fórmulas.
d) En la parte inferior de la pantalla.

3. Para personalizar las barras de herramientas accedemos al menú:

a) Ver/Personalizar/Barras de herramientas.
b) Personalizar/Opciones/Barra de herramientas.
c) Ver/Opciones/Barra de herramientas.
d) Ver/Barras de herramientas/Personalizar.

4. Para salir del programa Calc:

a) Se hace clic con el botón derecho del ratón en el menú archivo de la barra de menú y se elige el botón Salir de LibreOffice.
b) Se hace clic con el botón derecho del ratón en el botón Cerrar de la barra de título.
c) Se pulsa la combinación de teclas Ctrl + Q.
d) Todas son correctas.

5. Al pulsar sobre la tecla F1 de Calc accedemos a:

a) La ayuda de Calc.
b) La barra de estado del programa.
c) Los distintos modos de visualización de Calc.
d) La personalización de la pantalla de Calc.

349

Autoevaluaciones

Incorporadas en los Contenidos Extra, te ayudarán a comprobar el grado de asimilación de la materia estudiada, en base a las competencias a adquirir y sus criterios de realización.

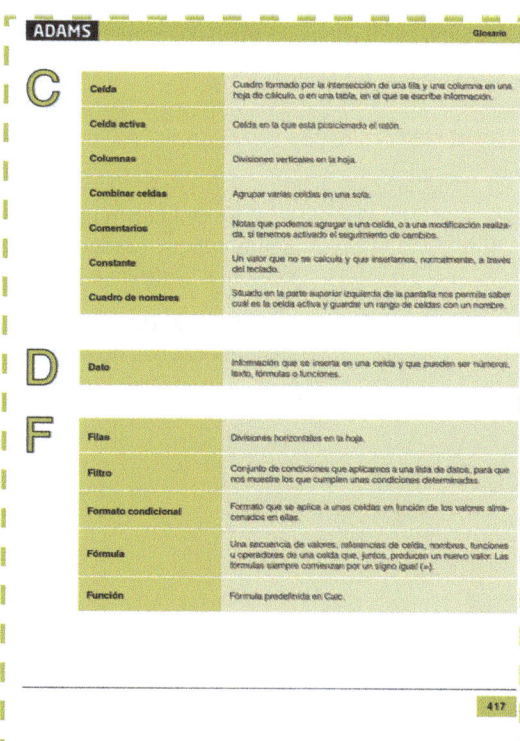

C

Celda	Cuadro formado por la intersección de una fila y una columna en una hoja de cálculo, o en una tabla, en el que se escribe información.
Celda activa	Celda en la que está posicionado el ratón.
Columnas	Divisiones verticales en la hoja.
Combinar celdas	Agrupar varias celdas en una sola.
Comentarios	Notas que podemos agregar a una celda, o a una modificación realizada, si tenemos activado el seguimiento de cambios.
Constante	Un valor que no se calcula y que insertamos, normalmente, a través del teclado.
Cuadro de nombres	Situado en la parte superior izquierda de la pantalla nos permite saber cuál es la celda activa y guardar un rango de celdas con un nombre.

D

Dato	Información que se inserta en una celda y que pueden ser números, texto, fórmulas o funciones.

F

Filas	Divisiones horizontales en la hoja.
Filtro	Conjunto de condiciones que aplicamos a una lista de datos, para que nos muestre los que cumplen unas condiciones determinadas.
Formato condicional	Formato que se aplica a unas celdas en función de los valores almacenados en ellas.
Fórmula	Una secuencia de valores, referencias de celda, nombres, funciones u operadores de una celda que, juntos, producen un nuevo valor. Las fórmulas siempre comienzan por un signo igual (=).
Función	Fórmula predefinida en Calc.

417

Glosario

Te ayudará a comprender mejor el significado de algunas palabras. Se incluyen en los Contenidos Extra.

Bibliografía y Webgrafía

Para ampliar tus conocimientos en caso de considerarlo necesario. Se incluyen en los Contenidos Extra.

En nuestra página web **www.adams.es** estarás al día en cuanto a información sobre cursos, productos y servicios se refiere, además tendrás la opción de dirigirnos cualquier consulta o sugerencia a través de **adams@adams.es**

Esperando haber cumplido el objetivo propuesto, expresamos al alumno nuestros mejores deseos de éxito.

ADAMS

ADAMS

Índice

Iconos

 Definición

 Nota

 Ejemplo

 Objetivos logrados

 Información

 Recuerda

 Importante

Familia profesional: **ADMINISTRACIÓN Y GESTIÓN**

H. Q	Módulos certificado	Correspondencia con el Catálogo Modular de Formación Profesional		
		H. CP	Unidades formativas	Horas
120	MF0233_2: Ofimática	190	UF0319: Sistema Operativo, Búsqueda de la Información: Internet/Intranet y Correo Electrónico	30
			UF0320: Aplicaciones Informáticas de Tratamiento de Textos	30
			UF0321: Aplicaciones Informáticas de Hojas de Cálculo	50
			UF0322: Aplicaciones Informáticas de Bases de Datos Relacionales	50
			UF0323: Aplicaciones Informáticas para Presentaciones: Gráficas de Información	30

UNIDAD DIDÁCTICA 1

Conceptos generales y características fundamentales de la aplicación de hoja de cálculo

Objetivos

- ☑ Identificar las pantallas principales de LibreOffice y Calc.
- ☑ Conocer las principales teclas y funciones del teclado.
- ☑ Aprender a usar la ayuda de Calc.
- ☑ Utilizar las combinaciones de teclas como atajos para realizar tareas habituales.

Contenido

Introducción

En esta primera unidad estudiaremos la forma de instalar e iniciar la aplicación de hojas de cálculo del paquete ofimático de LibreOffice y procederemos a su configuración. Analizaremos detenidamente todos los elementos que encontraremos en la pantalla principal de la hoja de cálculo.

1. Instalación e inicio de la aplicación

1.1. Instalación

Calc es una herramienta para el trabajo con hojas de cálculo que se instala con el paquete ofimático de LibreOffice.org y que nos permite trabajar con una gran cantidad de datos y números. Gracias a la gran variedad de funciones que la integran podemos realizar cálculos matemáticos, estadísticos, técnicos y financieros.

Para instalar la suite ofimática podemos descargarla de la página de LibreOffice, http://www.libreoffice.org, escogiendo la opción adecuada para nuestro sistema operativo.

Una vez descargados los ficheros necesarios, seguiremos los pasos requeridos para el proceso de instalación en el sistema operativo.

Al finalizar la instalación de la suite ofimática LibreOffice ya tendremos la herramienta Calc disponible en nuestro ordenador.

Calc guarda las hojas de cálculo en su formato nativo, OpenDocument (.ods), pero también puede abrir hojas de cálculo Microsoft Excel y guardar en ese formato.

Puedes exportar al formato de documento portable (.pdf) para que tus datos se pueden ver en una amplia gama de dispositivos y plataformas.

Calc puede leer archivos .xlsx creados con Microsoft Office para Windows o para Mac OS X.

1.2. Inicio

Para acceder a la aplicación podemos hacerlo de varias formas:

- Podemos ejecutar Calc a través del acceso directo que se creó en el escritorio (si dejamos seleccionada esa opción) cuando realizamos la instalación.

  Hacemos un doble clic sobre el acceso directo y, en la ventana que se visualiza, seleccionamos Libro de Calc.

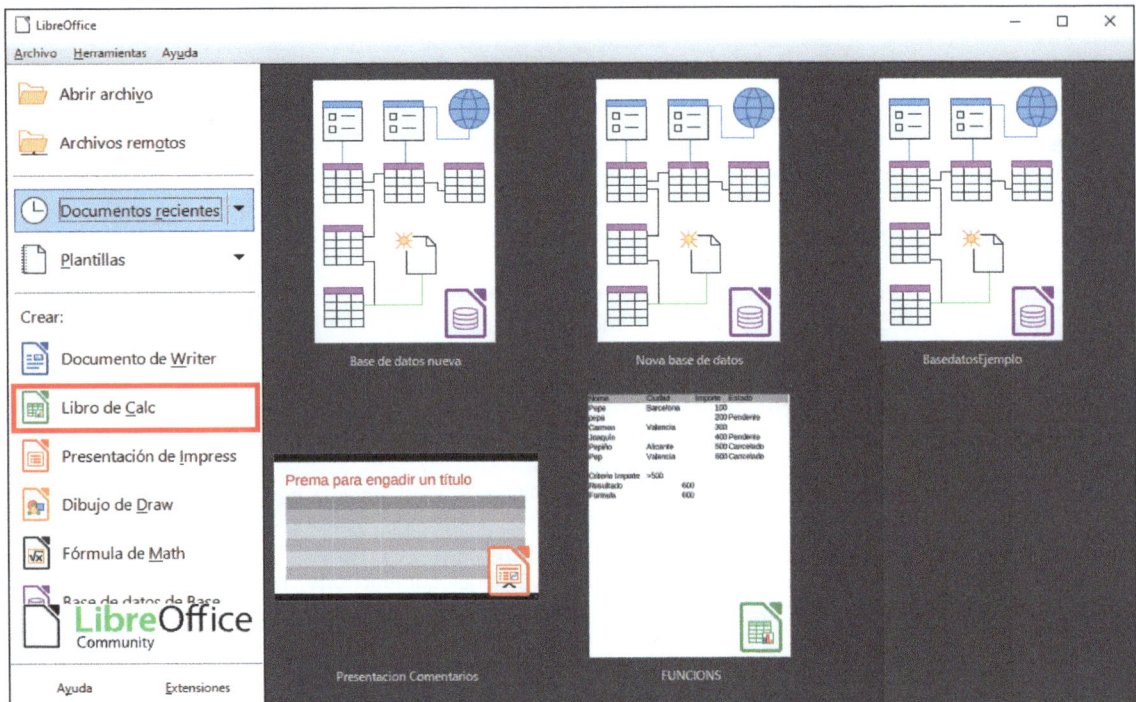

LibreOffice/Libro de Calc

- Si no disponemos del acceso directo:

  - Accederemos a la aplicación a través del botón de *Inicio* de Windows.

  - Localizamos la aplicación pulsando el botón *Todas las aplicaciones*.

  - Y seleccionamos *LibreOffice*.

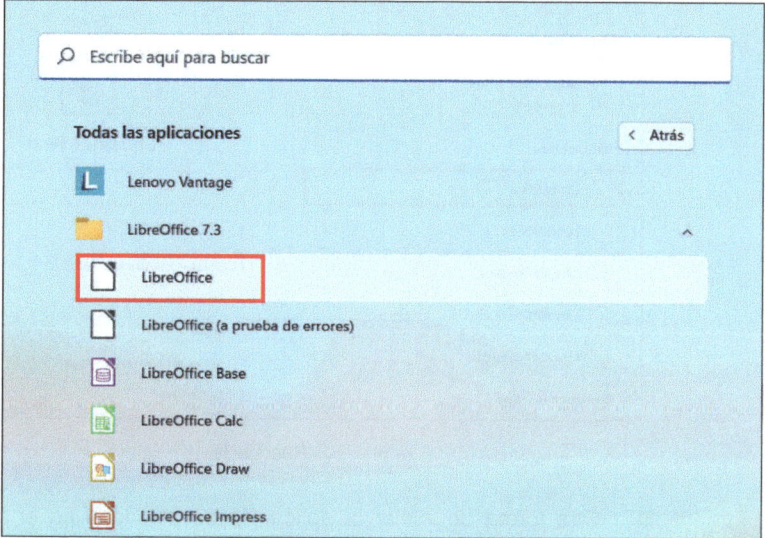

Inicio/Todas las aplicaciones/LibreOffice

◾ Otra opción es utilizar el botón de *Búsqueda* de la barra de tareas de Windows, en el cuadro de búsqueda escribimos *LibreOffice* y, en el apartado de *Aplicaciones*, pulsamos en *LibreOffice*.

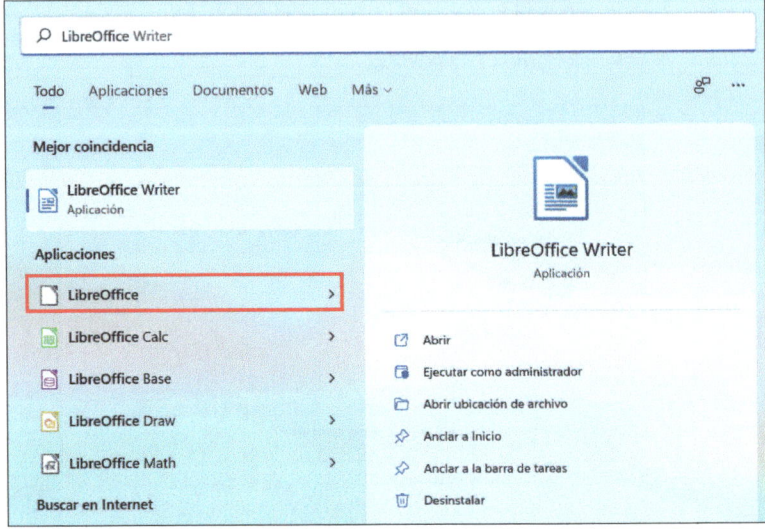

Búsqueda

◾ Otra forma de iniciar la aplicación es pulsando en el acceso directo de *LibreOffice Calc* cuando accedemos a *Inicio/Aplicaciones* o cuando busca-mos con el botón de *Búsqueda*.

Al seleccionar el acceso directo de *LibreOffice Calc* accederemos de una forma más directa a la aplicación.

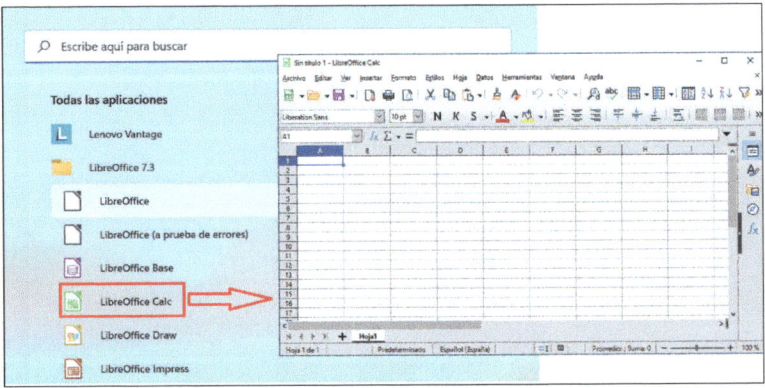

Todas las aplicaciones

2. Configuración de la aplicación

2.1. Introducción

Podemos establecer diversas opciones de configuración en Calc desde el menú *Herramientas/Opciones*.

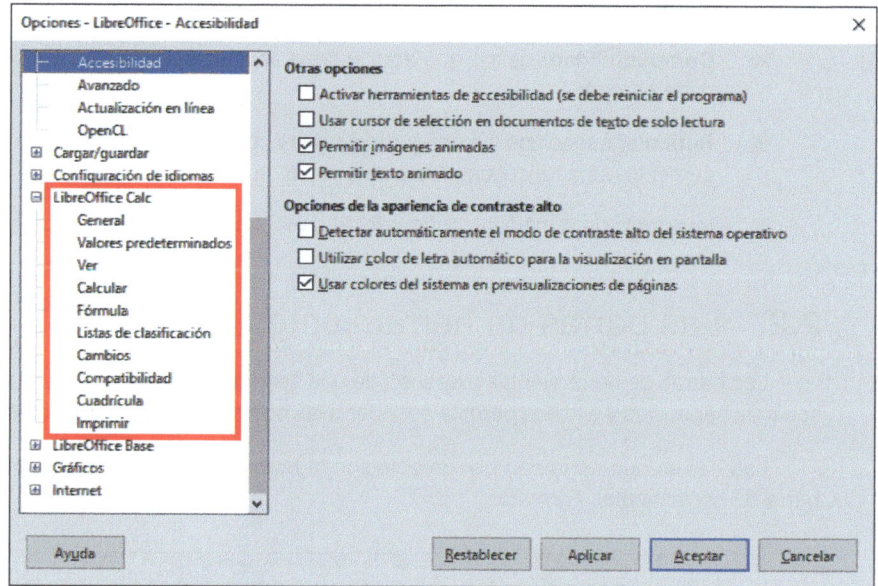

Opciones - LibreOffice – Accesibilidad

- **General:** define una serie de datos para la configuración general de los documentos de hoja de cálculo, como las unidades de medida, los enlaces al abrir un documento o la configuración de la entrada de datos.

- **Valores Predeterminados:** define la configuración predeterminada para el número de hojas al crear un documento nuevo y el nombre que, por defecto, tendrá la hoja al crearla.

- **Ver:** disponemos de varios apartados en los que podremos configurar diversos aspectos relacionamos con la visualización de datos, objetos y diseño de nuestra hoja de cálculo.

- **Calcular:** define la configuración de cálculo de las hojas y algunos aspectos de su comportamiento.

- **Fórmula:** establece las opciones de sintaxis de fórmulas y carga de archivos para LibreOffice Calc.

- **Listas de clasificación:** se muestran todas las listas ya predefinidas y las creadas por el usuario para agilizar la entrada de datos en la hoja cuando estos se utilizan de una forma habitual.

- **Cambios:** si tenemos la opción de control de cambios activada en nuestra hoja, nos permite asignar un color para identificar los cambios realizados en el documento.

- **Compatibilidad:** define qué acción tiene asociada una serie de teclas para cada categoría.

- **Retícula:** especifica la configuración de la cuadrícula en las páginas del documento. Esta retícula ayuda a determinar la posición exacta de los objetos.

- **Imprimir:** determina la configuración de impresión de las hojas de cálculo.

2.2. Las barras de herramientas

Las barras de herramientas disponen de una serie de botones para las tareas que son más habituales y ello nos permite acceder a las opciones de una forma más rápida.

Las barras que aparecen por defecto son la barra de herramientas *Estándar* y la barra de herramientas *Formato*:

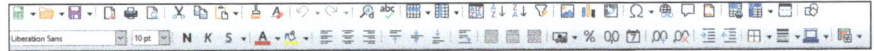

Barra de herramientas Estándar y Formato

Pero Calc dispone de más barras de herramientas, algunas de ellas se visualizan automáticamente al realizar algún proceso, pero se pueden activar o desactivar manualmente según nos interese. Para activar o desactivar la visualización de las barras de herramientas haremos clic el menú *Ver/Barra de herramientas*:

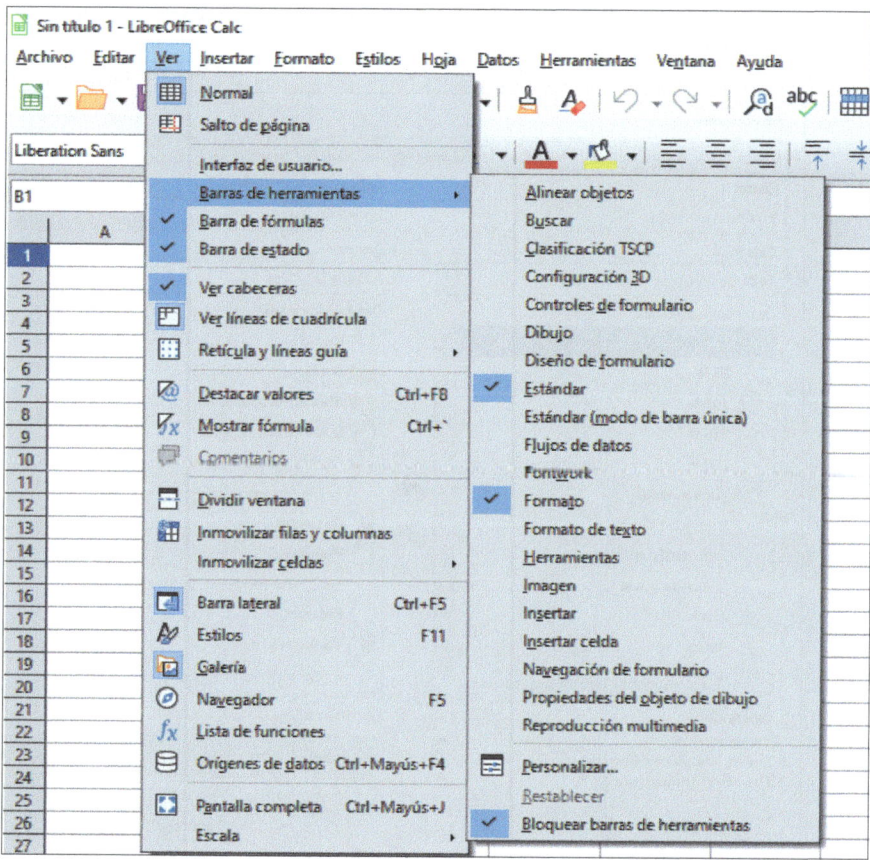

Ver/Barra de herramientas

2.3. Personalizar menús

La barra de menús, al igual que las barras de herramientas, también la podemos personalizar, añadiendo o eliminando opciones.

Para personalizar la barra de menú accedemos a ***Ver/Barra de herramientas/Personalizar***:

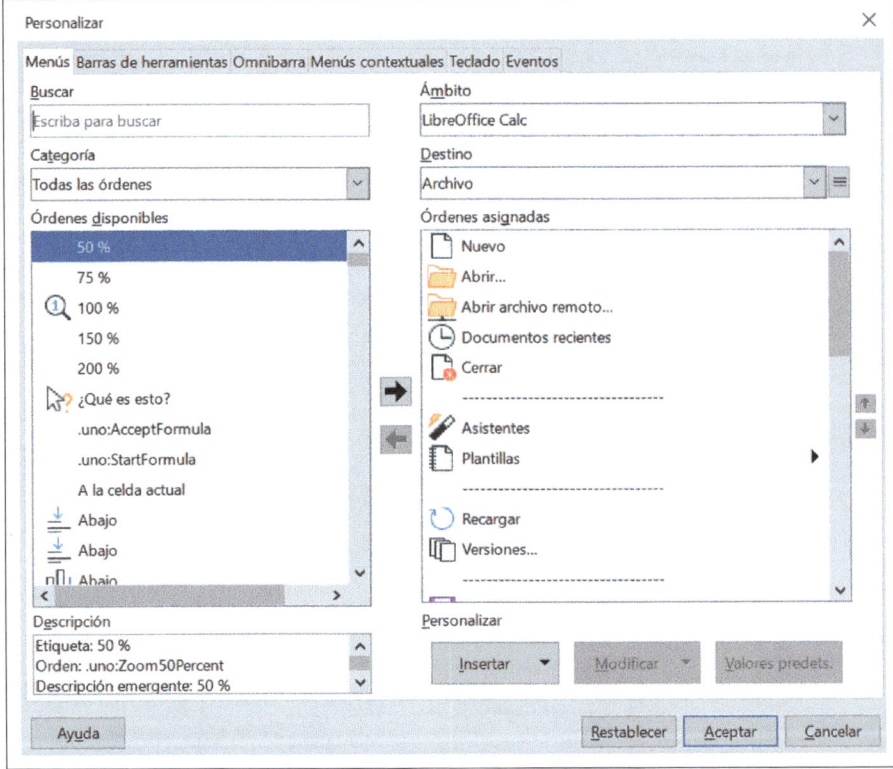

Personalizar

3. Entrada y salida del programa

Como cualquier otra aplicación que se ejecuta en el entorno del sistema operativo Windows, Calc se puede iniciar de varias formas, pero la forma rápida es haciendo clic en el acceso directo que tenemos en el escritorio y luego seleccionando *LibreOffice Calc*.

Para salir del programa se puede hacer de tres formas:

■ Hacer clic con el botón izquierdo del ratón en el menú Archivo de la cinta de opciones y elegir la opción *Salir de LibreOffice*.

■ Hacer clic con el botón izquierdo del ratón sobre el botón cerrar de la barra de título.

■ Pulsando la combinación de teclas Ctrl+Q.

Si pulsamos en el botón de cerrar que hay a la altura de la barra de menú, cerramos el documento que tenemos abierto, pero no nos salimos de LibreOffice, sino que se nos muestra la ventana principal. .

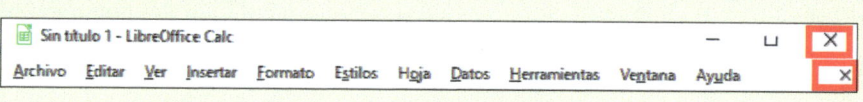

Botón cerrar

4. Descripción de la pantalla de la aplicación de hoja de cálculo

4.1. Descripción de los elementos de la ventana de trabajo

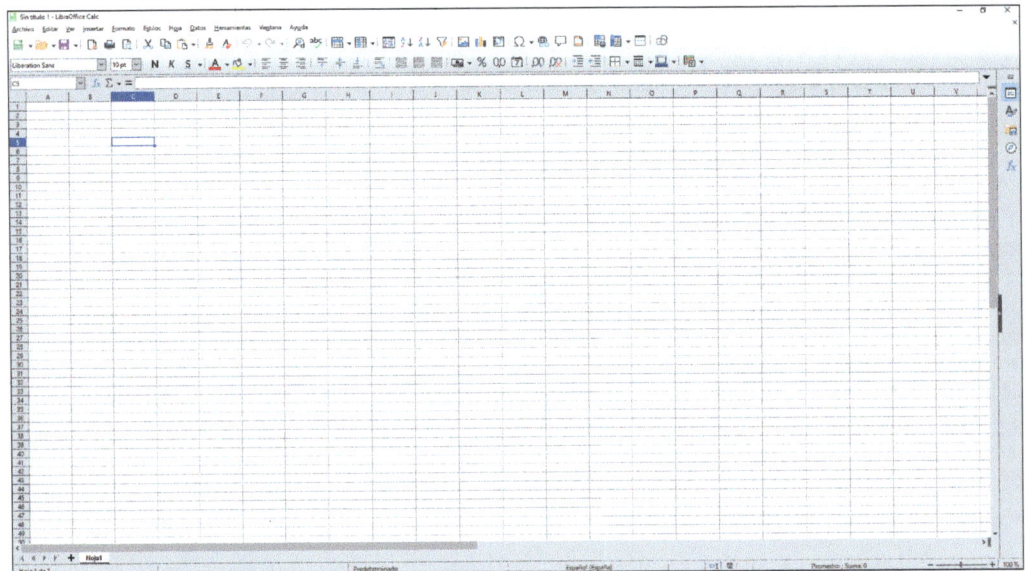

4.1.1. Barra de título

En el icono de control se despliegan una serie de opciones para el control de la ventana. Al crear un documento nuevo estamos creando un "libro", al cual, por defecto, le pone como nombre *Sin título 1*. Al guardar el fichero se solicitará el nombre con el que queremos guardarlo.

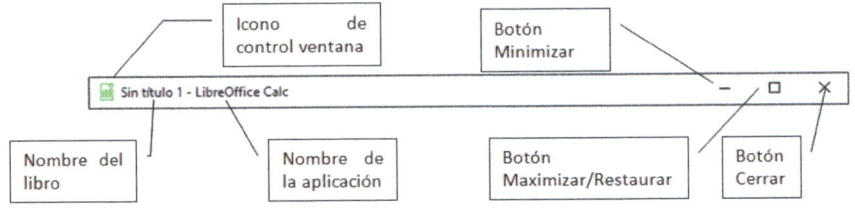

Partes de la barra de título

4.1.2. Barra de menús

Desde aquí tendremos acceso a todas las opciones de la aplicación.

| Archivo | Editar | Ver | Insertar | Formato | Estilos | Hoja | Datos | Herramientas | Ventana | Ayuda |

Barra de menús

■ **Archivo:** contiene diversas opciones relacionadas con el libro que tenemos abierto (guardar, cerrar, imprimir, etc.) o cerrar la aplicación.

■ **Editar:** contiene las opciones relacionadas con la edición del libro (copiar, pegar, buscar, reemplazar, etc.).

■ **Ver:** nos permite controlar la visualización de diversos elementos de la ventana (barras de desplazamiento, barra de estado, etc.), así como la configuración de las barras de herramientas y otras funciones relacionadas con la visualización.

■ **Insertar:** contiene diversas opciones que nos permiten insertar distintos elementos en el libro, como, por ejemplo, imagen, gráfico, cuadro texto, etc.

■ **Formato:** en el menú de Formato podemos aplicar formato a las celdas, a su contenido, a los objetos insertados, etc.

■ **Estilos:** podemos aplicar diversos formatos a través de los estilos ya creados, así como crear, modificar o eliminar los estilos.

■ **Hoja:** desde este menú podemos modificar y gestionar las hojas y sus elementos.

■ **Datos:** como su nombre indica, en este menú encontraremos las opciones para trabajar con los datos de la hoja (ordenar, filtrar, definir intervalos, crear tablas dinámicas, etc.).

■ **Herramientas:** en este menú disponemos de opciones para realizar la corrección ortográfica y gramatical, crear formularios, crear macros, proteger la hoja, etc.

■ **Ventana:** nos permite gestionar las ventanas abiertas cuando en cada una de ellas se muestra un libro, o crear y cerrar ventanas.

■ **Ayuda:** nos permite obtener ayuda de la aplicación de diversas formas, saber la versión que tenemos instalada y hacer donaciones, además de otras opciones.

4.1.3. Barra de herramientas

Disponen de una serie de botones para las tareas que son más habituales, permitiéndonos acceder a las opciones de una forma más rápida.

Como ya comentamos, disponemos de varias barras de herramientas.

4.1.4. Barra de fórmulas

Podremos visualizar las fórmulas, asignar un nombre a una serie de celdas, seleccionar funciones, aceptar y cancelar los datos introducidos.

La siguiente imagen nos muestra los elementos de la barra de fórmulas sin haber insertado ningún dato en la celda:

Barra de fórmulas

- **Cuadro de nombres:** muestra la referencia de la celda activa en cada momento.

  Nos mostrará el nombre con el que tenemos guardadas una serie de celdas.

  Si insertamos una operación de cálculo en la celda (suma, resta, etc.) nos mostrará el nombre de la función.

- **Asistente de funciones:** nos servirá de guía para crear las fórmulas.

- **Seleccionar funciones:** nos permite seleccionar entre una lista de funciones de uso muy frecuente. Por defecto, aparece seleccionada la función suma (Σ).

- **Fórmula:** al pulsar este botón se inserta en la celda activa el símbolo igual (=) para insertar una fórmula.

  Si tenemos insertada una fórmula, al pulsar el botón, nos permite modificarla.

- **Línea de entrada:** aquí insertamos, modificamos o eliminamos el texto, la fórmula o la cantidad.

  También podemos hacer estas operaciones directamente en la celda.

- **Expandir la barra de fórmulas:** cuando en la línea de entrada la información introducida ocupa más de una línea.

La siguiente imagen nos muestra la apariencia que tiene la barra de fórmulas cuando tenemos datos insertados en la celda:

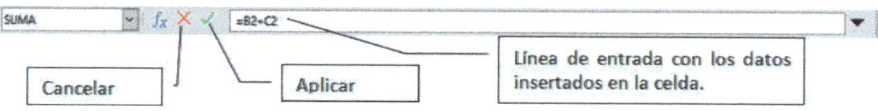

Barra de fórmulas con datos

4.1.5. Área de trabajo o del documento

Zona en la que vamos a insertar datos, funciones, gráficos, etc.

Esta dividida en columnas y filas; la intersección de una fila con una columna se denomina celda.

Una celda puede contener texto, números, fecha, instrucciones, funciones u otros datos.

4.1.6. Barra de lateral

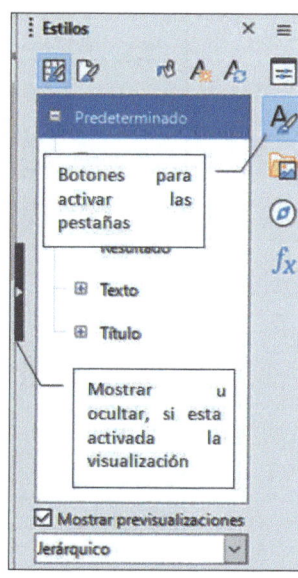

La barra lateral es un elemento vertical de la interfaz gráfica que, principalmente, proporciona propiedades contextuales, gestión de estilos, navegación por documentos y funciones de galería multimedia.

Se encuentra acoplada en el lado derecho o izquierdo del área de visualización del documento y contiene una barra de pestañas (Propiedades, Estilos, Galería, Navegador y Funciones) cuyos botones muestran las distintas pestañas.

4.1.7. Área de hojas

Las pestañas de hojas permiten acceder a una determinada hoja de forma directa.

Los controles de desplazamiento permiten mover las pestañas de hojas en el caso de que hubiera tantas hojas que no se pudieran ver todas las pestañas.

También disponemos de un botón para añadir nuevas hojas al libro.

Partes de la barra lateral

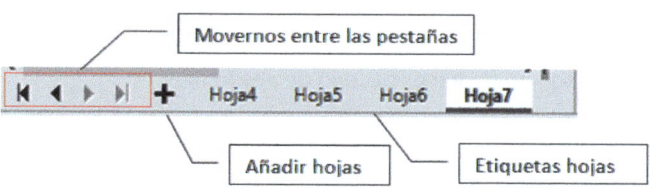

Partes del área de hojas

4.1.8. Barra de estado

Se encuentra en la parte inferior de la ventana principal de Calc. En ella aparece información relativa a las tareas que estamos realizando en cada momento en la hoja de cálculo, así como información sobre la hoja actual.

4.2. Cuadro de diálogo Abrir

El cuadro de diálogo *Abrir* se utiliza para recuperar los ficheros que se tengan almacenados.

Para seleccionar la opción *Abrir* podemos hacerlo desde el menú *Archivo* o con la combinación de teclas Ctrl+O.

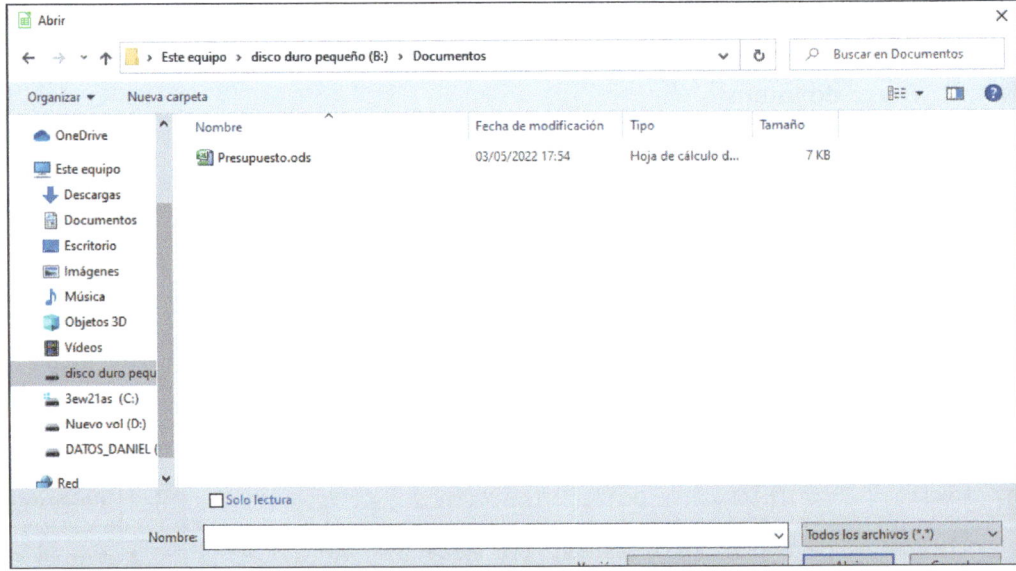

Cuadro de diálogo Abrir

4.3. Guardar

Para guardar un fichero podemos hacerlo de tres formas:

- Haciendo clic en el menú *Archivo/Guardar*.

- Pulsando el botón *Guardar* en la barra de herramientas estándar.

- Pulsando la combinación de teclas Ctrl+G.

Al seleccionar cualquiera de estas opciones se nos mostrará el cuadro de diálogo en el que debemos indicar la unidad de disco, carpeta y nombre con el que se quiere almacenar el libro.

5. Ayuda de la aplicación de hoja de cálculo

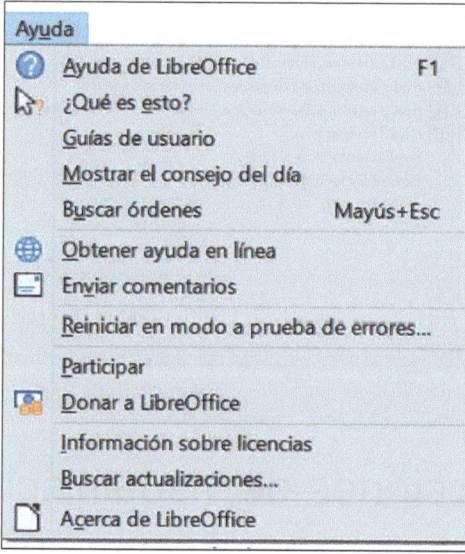

Ayuda

- **Ayuda LibreOffice:** en el caso de que no tengamos instalada la ayuda en nuestro ordenador nos aparecerá un cuadro de diálogo y nos dará la opción de Leer ayuda en línea, que abre la página principal de la Ayuda de LibreOffice de la aplicación que está siendo usado en ese momento, en este caso, Calc.

  Podemos desplazarnos a través de las páginas de la Ayuda a través del índice o por medio de la opción *Buscar*.

- **Guías de usuario:** nos carga una página en la que podemos encontrar manuales sobre las distintas aplicaciones que componen LibreOffice.

■ **Buscar órdenes:** esta opción es muy útil cuando no sabemos o no nos acordamos del menú en el que tenemos la opción. En el cuadro que nos muestra escribimos la orden o lo que deseamos hacer.

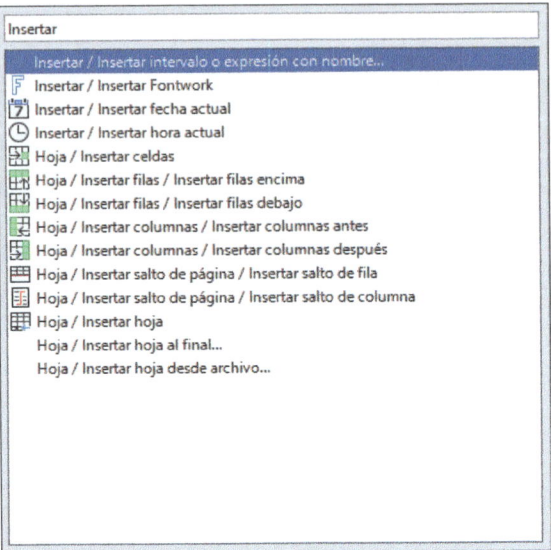

Insertar

6. Opciones de visualización (zoom, vistas, inmovilización de zonas de la hoja de cálculo, etc.)

Existen diversos modos de visualización de la información para mejorar nuestras consultas o la introducción de datos.

■ El modo de vista, que por defecto, tenemos al crear un nuevo libro es *Normal*, pero disponemos de otro modo de vista que nos permite ver los saltos de página y las áreas de impresión definidas en la hoja: vista *Salto de página*.

■ La opción *Pantalla completa* (Ctrl+Mayús+J o *Menú/Pantalla completa*) oculta los menús y barras de herramientas en Calc.

■ Mediante el zoom podemos ampliar ciertas zonas de nuestra hoja de cálculo para trabajar con más comodidad.

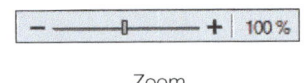

Zoom

■ En hojas de cálculo que tienen mucha información podemos dividir la ventana en dos partes, en sentido horizontal o en sentido vertical.

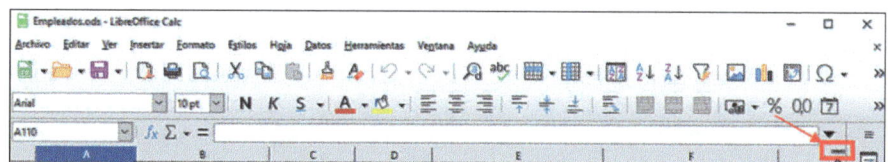

Dividir la pantalla

■ También podemos dividir la hoja (o quitar la división) en *Ver/Dividir ventana*, tomando como base para hacer la división la celda activa en la que estemos situados en el momento que ejecutamos la orden. En este caso utilizaremos esta opción para quitar la división.

Desde el menú Ver se pueden bloquear filas, columnas o ambas para que, al desplazarnos en la hoja de cálculo, los datos de esas filas o columnas se visualicen siempre.

Para salir del modo de Pantalla completa, hacemos clic con el ratón en el botón Pantalla completa o pulsando la tecla Esc (Escape) del teclado.

Resumen

Calc es una herramienta para el trabajo con hojas de cálculo de LibreOffice.org.

LibreOffice es una suite ofimática libre y gratuita.

En esta unidad, hemos visto el modo de configurar Calc, a través de *Herramientas/ Opciones*.

En la interface de Calc nos encontramos los menús y barras de herramientas, que podemos personalizar a través de *Ver/Barra de herramientas/Personalizar*.

Calc está compuesta de otros elementos como:

- Barra de título.

- Barra de fórmulas.

- Área de trabajo.

- Barras de desplazamiento.

- Área de hojas.

- Barra de estado.

- Barra lateral.

Si lo necesitamos, podemos obtener ayuda de la aplicación en el menú *Ayuda*.

Hemos aprendido a utilizar los distintos modos de visualización de la hoja de cálculo: *Normal, Salto de página, Dividir ventana e Inmovilizar filas y columnas*, que podemos encontrar en el menú *Ver*.

UNIDAD DIDÁCTICA 2

Desplazamiento por la hoja de cálculo

Objetivos

☑ Ser capaces de desplazarnos a lo largo de la hoja utilizando como instrumentos el teclado y el ratón.

☑ Aprender a utilizar las barras de desplazamiento vertical y horizontal.

Contenido

Introducción

1. Mediante el teclado

2. Mediante el ratón

3. Grandes desplazamientos

4. Barras de desplazamiento

Resumen

Introducción

En esta segunda unidad estudiaremos la manera de desplazarnos por una hoja de cálculo. Existen numerosas opciones, mediante el teclado y mediante el ratón.

Veremos también cómo desplazarnos rápidamente de un fichero de cálculo a otro, si tenemos varios abiertos a la vez.

1. Mediante el teclado

→	Se desplaza a la celda situada en la parte derecha de la celda activa.
←	Se desplaza a la celda situada en la parte izquierda de la celda activa.
↑	Se desplaza a la celda situada en la parte superior de la celda activa.
↓	Se desplaza a la celda situada en la parte inferior de la celda activa.
Inicio	Mueve la celda activa a la primera celda de la fila actual.
Fin	Mueve la celda activa a la última celda que contiene valores de la fila actual.
Re Pág	Mueve la celda una pantalla hacia arriba.
Av Pág	Mueve la celda una pantalla hacia abajo.
Ctrl + Inicio	Mueve la celda activa la primera celda de la hoja (A1).
Ctrl + Fin	Mueve la celda activa a la última celda que contiene datos.
Ctrl + ←	Mueve la celda activa al borde izquierdo del área actual de datos. Si la columna de la izquierda de la celda activa está vacía, se desplaza hacia la izquierda hasta la siguiente columna que tenga datos.
Ctrl + →	Mueve la celda activa al borde derecho del área actual de datos. Si la columna de la derecha de la celda activa está vacía, se desplaza hacia la derecha hasta la siguiente columna que tenga datos.
Ctrl + ↑	Mueve la celda activa al borde superior del área actual de datos. Si la fila de la superior de la celda activa está vacía, se desplaza hacia la arriba hasta la siguiente fila que tenga datos.

Ctrl + ↓	Mueve la celda activa al borde inferior del área actual de datos. Si la fila de la inferior de la celda activa está vacía, se desplaza hacia la abajo hasta la siguiente fila que tenga datos.
Ctrl + Re Pág	Se desplaza una hoja a la izquierda. En la previsualización de impresión: se desplaza a la página para imprimir anterior.
Ctrl + Av Pág	Se desplaza una hoja a la derecha. En la previsualización de impresión: se desplaza a la página para imprimir siguiente.
Alt + Re Pág	Se desplaza una pantalla a la izquierda.
Alt + Av Pág	Se desplaza una pantalla a la derecha.
Enter (en un intervalo seleccionado)	Mueve el cursor una celda hacia abajo. Para especificar la dirección en que se mueve el cursor, vamos a **Herramientas/ Opciones/LibreOffice Calc /General** y cambiamos el valor de la opción **La tecla Intro mueve la selección hacia**.
Mayús+Enter	Mueve el cursor una celda hacia arriba, tenemos que hacer 2 pulsaciones, ya que la primera edita la celda. Para especificar la dirección en que se mueve el cursor, vamos a **Herramientas/Opciones/LibreOffice Calc/General** y cambiamos el valor de la opción **La tecla Intro mueve la selección hacia**.
Tab	Mueve el cursor una celda hacia la derecha.
Mayús + Tab	Mueve el cursor una celda hacia la izquierda.
F5	Muestra el cuadro de diálogo **Navegador**. Este cuadro de diálogo permite escribir las coordenadas **Letra de columna y Número de fila** de la celda a la que quiera desplazarse.

2. Mediante el ratón

- **Activar una celda.** El uso del ratón permite activar rápidamente una celda determinada simplemente colocando sobre ella el puntero del ratón y haciendo clic.

- **Desplazamiento con la rueda del ratón.** Utilizando la rueda del ratón podemos desplazarnos verticalmente por la hoja de cálculo, hacia arriba o hacia abajo. Algunos ratones, además, nos ofrecen la posibilidad de desplazarnos horizontalmente a la derecha e izquierda.

- **Barras de desplazamiento.** Utilizando el ratón y la barra de desplazamiento horizontal y vertical también podemos desplazarnos por la hoja de cálculo.

- **Desplazarnos entre hojas.** Cuando tenemos varias hojas, el ratón nos permite seleccionar la hoja de cálculo en la que queremos trabajar.

3. Grandes desplazamientos

En Calc es posible tener más de un libro de trabajo a la vez. Una vez abiertos, vendría muy bien disponer de la posibilidad de moverse rápidamente de un libro a otro.

Para desplazarnos de un libro a otro disponemos del menú *Ventana*, donde encontraremos los diversos libros abiertos y, simplemente, tendremos que pulsar el nombre del libro al que deseamos desplazarnos.

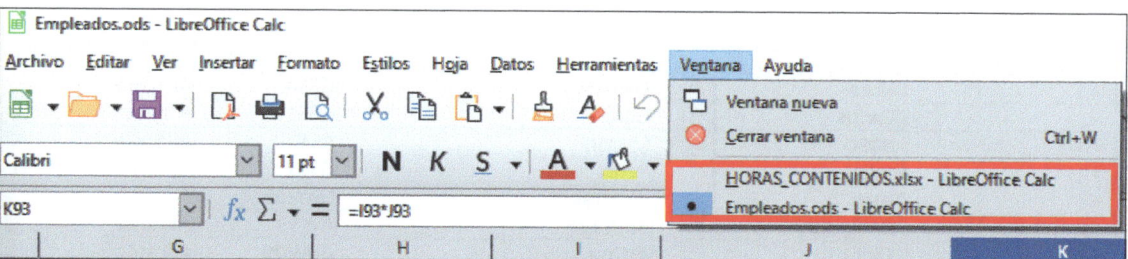

Menú Ventana

El documento actual aparece con un círculo en la parte izquierda.

En documentos extensos podemos dividir la pantalla.

Otra opción para movernos rápido es crear una ventana nueva del documento con la opción Ventana nueva, de esta forma podemos tener en pantalla dos partes distintas del mismo documento en dos ventanas.

4. Barras de desplazamiento

Para movernos hacia arriba y hacia abajo una fila o columna dentro de un documento de Calc, podemos pulsar las flechas de desplazamiento situadas en los extremos:

	A	B	C	D	
1	CEMPLEADO	NOMBRE	APELLIDO	CÓDIGO	DIVIS
2	1 Javier	Desdén	GBS45	Alicante	
3	2 Carlos	García	GBS16	Alicante	
4	3 Isaac	Martín	AS12	Alicante	
5	4 Julia	Pérez	GS07	Alicante	
6	9 Juan	Alcatraz	GBW05	Alicante	
7	5 Guillermo	Andrada	AW59	Alicante	
8	7 Tachi	Artesa	GBW09	Alicante	
9	10 Alma	Elvira	GW04	Alicante	
10	6 Adán	García	GBW77	Alicante	
11	11 Simón	Lillo	AW39	Alicante	
12	8 Hermes	López	GW37	Alicante	
13	12 Ernestina	Queso	GBW47	Alicante	
14	13 Carlos	Randazzo	GBW66	Alicante	

Hoja1 Hoja2 Hoja3 Hoja4

Flechas de desplazamiento

Pero también podemos usar la barra de desplazamiento:

	A	B	C	D	E
1	CEMPLEADO	NOMBRE	APELLIDO	CÓDIGO	DIVIS
2	1 Javier	Desdén	GBS45	Alicante	
3	2 Carlos	García	GBS16	Alicante	
4	3 Isaac	Martín	AS12	Alicante	
5	4 Julia	Pérez	GS07	Alicante	
6	9 Juan	Alcatraz	GBW05	Alicante	
7	5 Guillermo	Andrada	AW59	Alicante	
8	7 Tachi	Artesa	GBW09	Alicante	
9	10 Alma	Elvira	GW04	Alicante	
10	6 Adán	García	GBW77	Alicante	
11	11 Simón	Lillo	AW39	Alicante	
12	8 Hermes	López	GW37	Alicante	
13	12 Ernestina	Queso	GBW47	Alicante	
14	13 Carlos	Randazzo	GBW66	Alicante	

Hoja1 Hoja2 Hoja3 Hoja4

Barra de desplazamiento

Resumen

A lo largo de esta unidad didáctica hemos aprendido a desplazarnos a lo largo de la hoja, tanto con el ratón, como con el teclado y las barras de desplazamiento.

Hemos visto que la forma más rápida es utilizar el teclado a través de las teclas de desplazamiento.

Hemos aprendido que hay teclas que, en combinación con la tecla Ctrl o Mayús, nos permite otros tipos de desplazamiento como, por ejemplo, ir a la última celda con datos (Ctrl + Fin) o desplazarnos a la celda anterior (Mayús + Tab).

Por último, hemos visto las formas de desplazarnos dentro del documento, en horizontal o vertical, con las barras de desplazamiento.

UNIDAD DIDÁCTICA 3

Introducción de datos en la hoja de cálculo

Objetivos

⊡ Aplicar el formato preciso a los datos y celdas de acuerdo con el tipo de información que contienen facilitando su tratamiento posterior.

Contenido

Introducción

En esta tercera unidad vamos a estudiar la forma de introducir datos en la hoja de cálculo, veremos qué tipos de datos podemos introducir y las características específicas de cada uno de ellos.

En las hojas de cálculo se pueden introducir diferentes tipos de datos: textos o caracteres, datos numéricos y fórmulas matemáticas.

1. Datos numéricos

Son números los dígitos del 0 al 9 o los símbolos utilizados para realizar cálculos matemáticos [+, -, *, /, ( ), etcétera].

Cuando se escriben números en una celda estos se ajustan automáticamente a la derecha.

Se puede convertir un dato numérico en texto, colocando el símbolo ' al principio de la cadena que se introduce en la celda. En este caso, al ser una cadena de texto, se alineará a la izquierda.

En las celdas con números también aparecen otros símbolos, como % (para indicar que la celda contiene un porcentaje), los símbolos monetarios (€, $) y los signos de puntuación, como el punto y la coma (para expresar la coma decimal).

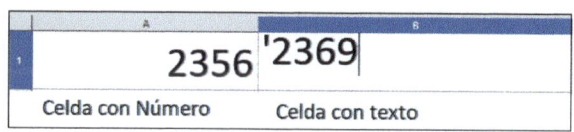

Celda con número/celda con texto

2. Datos alfanuméricos

Calc entiende que son caracteres las letras del alfabeto, los números que están mezclados con letras y/o símbolos especiales.

A
Pedro
25 Horas
25-52-52-52
@sinson
#623 maria
(Ocho mil)

Ejemplo de datos alfanuméricos

Por defecto, se alinean a la izquierda dentro de la celda.

Cuando un texto no cabe en una celda aparece ocupando parte de las celdas de su izquierda (siempre y cuando la celda de la izquierda esté vacía), aunque eso no quiere decir que esté introducido en varias celdas.

Cuando en la celda izquierda hay texto escrito, se mostrará un triángulo en color rojo que nos indica que no se está mostrando todo el texto.

Este texto es muy largo		Celda de la derecha sin dato
Este texto es▶Aqui hay algo	escrito	Celda de la derecha con dato

Ejemplo

Si queremos insertar un salto de línea en el texto que estamos escribiendo en una celda, para que el texto ocupe varias líneas en vez de una sola, presionamos las teclas Ctrl + Intro.

3. Fecha/hora

Para insertar una fecha podemos escribirla en diferentes formatos, pudiendo utilizar el guion (-) o la barra inclinada (/), para separar día, mes y año.

Algunos de los formatos que podemos utilizar para una fecha son los siguientes:

■ 25/05/2023

■ 25 de mayo 2023

■ 25-mayo-2023

■ 25-05-2023

Para insertar una hora también podemos utilizar distintos formatos, separando horas, minutos y segundos por dos puntos (:). Por ejemplo:

■ 13:00

■ 13:00:25

■ 13:00 AM

■ 13:00 PM

Tanto las fechas como las horas las podemos utilizar para realizar cálculos, ya que Calc almacena estos datos como valores numéricos.

4. Fórmulas

Normalmente, las hojas de cálculo se utilizan para realizar cálculos con los datos insertados en las celdas, por ello, en Calc tenemos la posibilidad de introducir fórmulas en las celdas.

*Una **fórmula** es una expresión matemática o lógica que devuelve un resultado.*

Una fórmula empieza siempre con el símbolo "=" y puede contener:

* Números del 0 al 9.

* Operadores matemáticos (*, /,+,-,%,^).

* Operadores de texto &.

* Operadores lógicos (=, <, >, <>, <=; >=).

* Funciones de Calc.

Cuando insertamos una fórmula en una celda, se nos mostrará en esa misma celda el resultado.

La fórmula podremos verla en la línea de entrada de la barra de fórmulas.

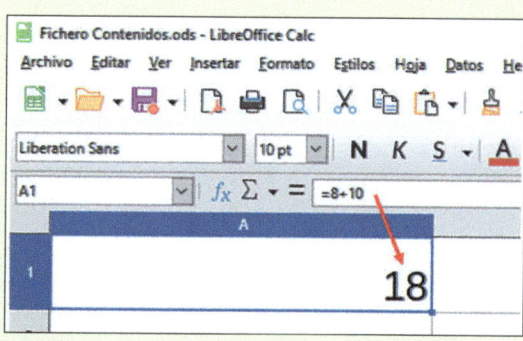

Ejemplo de cómo se ven las fórmulas y el resultado

5. Funciones

*Podemos definir a una **función** como una operación predefinida por Calc que opera sobre uno o más valores (argumentos) en un determinado orden.*

Para introducir una función es imprescindible, al igual que en las fórmulas, escribir primero el signo "=", el cual irá seguido de la función (con o sin espacio entre ambos).

Las funciones pueden tener diferente estructura dependiendo de la operación que realicen.

En general, la estructura de una función atiende a la siguiente expresión:

=FUNCIÓN(argumento1;argumento2;...;argumentoN)

Es indiferente que el texto se introduzca en mayúsculas o minúsculas.

Con el estudio de este epígrafe hemos alcanzado el objetivo CE1.3 En casos prácticos de confección de documentación administrativa, científica y económica, a partir de medios y aplicaciones informáticas de reconocido valor en el ámbito empresarial:

● *Aplicar fórmulas y funciones sobre las celdas o rangos de celdas, nombrados, o no, de acuerdo con los resultados buscados, comprobando su funcionamiento y el resultado que se prevé.*

Resumen

En esta unidad hemos estudiado la manera de introducir datos en la hoja de cálculo.

Hemos analizado los datos que se pueden introducir y las características específicas de cada uno de ellos:

- **Datos numéricos:** son los dígitos del 0 al 9 o los símbolos utilizados para realizar cálculos matemáticos.

- **Datos alfanuméricos:** son las letras del alfabeto y los números que están mezclados con letras.

- **Fechas y horas:** son almacenados como datos numéricos.

- **Fórmula:** es una expresión matemática o lógica que devuelve un resultado, que puede contener números, operadores matemáticos, de texto, lógicos y funciones de Calc.

- **Funciones:** operación predefinida por Calc que opera sobre uno o más valores (argumentos) en un determinado orden.

UNIDAD DIDÁCTICA 4

Edición y modificación de la hoja de cálculo

Objetivos

⊡ Crear hojas de cálculo agrupándolas por el contenido de sus datos en libros convenientemente identificados y localizados, y con el formato preciso a la utilización del documento.

Contenido

Introducción

Resumen

Introducción

En esta unidad vamos a estudiar la edición y modificación de la hoja de cálculo.

Veremos la diferencia entre rangos, columnas y filas y la manera de seleccionarlos.

Podremos modificar datos mediante la edición del contenido de una celda, borrando dicho contenido, buscando y remplazando datos o utilizando el corrector ortográfico.

1. Selección de hoja de cálculo

1.1. Rangos

1.1.1. Introducción

*Un **rango** es un conjunto de una o más celdas, que pueden estar juntas o separadas.*

Está definido por las coordenadas de la celda superior izquierda y las coordenadas de la celda inferior derecha del rango, separadas por dos puntos.

Un rango puede tener múltiples formas: una columna, una fila, una sola celda, etc.

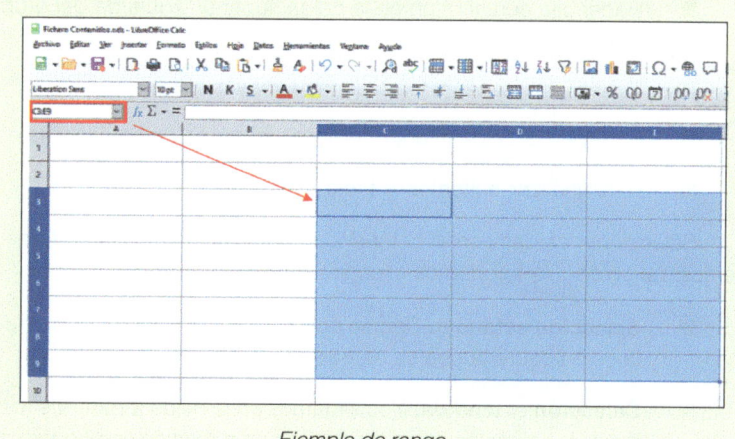

Ejemplo de rango

1.1.2. Selección de celdas

Seleccionar un rango de celdas con el ratón:

- Hacer clic en la celda del extremo superior del grupo de celdas a seleccionar.

- Sin soltar el botón izquierdo del ratón, arrastrar en horizontal, en diagonal o en vertical. Vemos cómo las celdas seleccionadas van cambiando de color.

- Al acabar de seleccionar celdas, soltar el botón izquierdo del ratón y el rango queda delimitado.

Seleccionar un rango de celdas con el teclado:

- Hacer clic con el ratón en la celda superior izquierda del grupo de celdas a seleccionar.

- Pulsar y mantener pulsada la tecla Mayús.

- Con las teclas de movimiento de los cursores, nos desplazamos hasta abarcar el rango de celdas deseado.

- Para finalizar, soltamos la tecla Mayús.

Otra posibilidad de seleccionar un rango de celdas con el teclado:

- Hacer clic con el ratón en la celda superior izquierda del grupo de celdas a seleccionar.

- Pulsar y mantener pulsada la tecla Mayús.

- Pulsar en la celda inferior derecha del grupo de celdas a seleccionar.

- Para finalizar, soltamos la tecla Mayús.

Seleccionar celdas con el botón *Modo de selección*. En la barra de estado disponemos del botón 🔲 podemos escoger entre:

- **Selección estándar.** Opción por defecto. Una pulsación del ratón selecciona la celda sobre la que se ha pulsado.

- **Selección extendida.** Nos situamos en la celda a partir de la que deseamos hacer la selección y con las flechas de dirección nos podemos ir desplazando mientras se van seleccionando las celdas. También podemos (una vez seleccionada la celda a partir de la que deseamos) pulsar con el ratón en la última celda que deseemos seleccionar; se seleccionan todas las celdas comprendidas entre ambas.

- **Selección de añadido.** Permite añadir otra celda a las marcadas pulsando en ella con el ratón.

Si deseamos seleccionar todas las celdas de la hoja, podemos hacerlo de cualquiera de las siguientes maneras:

- Editar/Seleccionar Todo.

- Con la combinación de teclas Ctrl+E.

- Pulsando con el botón izquierdo del ratón en la zona gris que tenemos justo encima de la etiqueta de la fila 1:

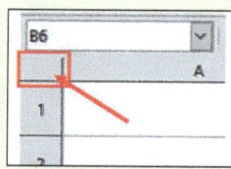

Botón para seleccionar todas las celdas de la hoja

1.1.3. Selección múltiple, rangos separados

Para seleccionar rangos de celdas separados o no adyacentes (seleccionar rangos múltiples) con el teclado:

- Seleccionar el primer rango.

- Pulsar la tecla Ctrl.

- Marcar el resto de celdas sin soltar Ctrl.

1.1.4. Rangos tridimensionales

Un **rango tridimensional** es un rango que abarca una serie de celdas, pero en más de una hoja de cálculo.

Para seleccionar un rango tridimensional:

- Nos situamos en la primera hoja de cálculo y marcamos las celdas del rango.

- Pulsamos la tecla Mayús y, sin soltarla, hacemos clic con el puntero del ratón en la etiqueta de la última hoja cuyo rango queremos seleccionar.

Otra manera de seleccionar celdas es con el botón Modo de selección de la barra de estado y eligiendo la opción Selección de añadido.

1.2. Columnas

1.2.1. Introducción

Otra manera es colocarnos sobre una celda y pulsar la combinación de teclas Ctrl + Barra espaciadora, se seleccionará toda la columna de la celda activa.

También podemos seleccionar una columna en el menú Editar/ Seleccionar/ Seleccionar columna.

Para seleccionar una columna hay que hacer clic sobre el indicador de la columna que se quiere seleccionar:

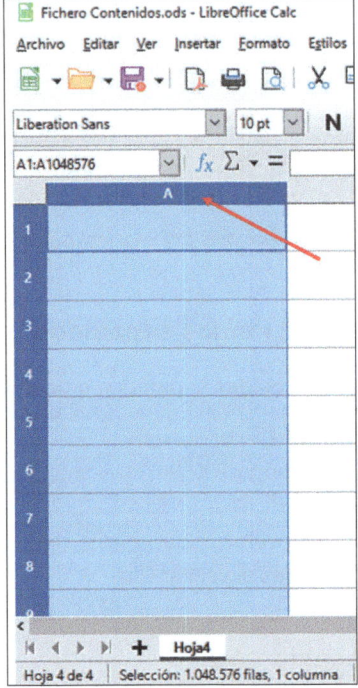

Columna seleccionada

1.2.2. Seleccionar varias columnas adyacentes

Para seleccionar varias columnas adyacentes podemos hacerlo de dos formas:

- Haciendo clic sobre el indicador de columna y arrastrando con el ratón el resto de los indicadores de columnas que queramos seleccionar.

- Seleccionado la primera columna, pulsando la tecla Mayús y, manteniéndola pulsada, hacer clic sobre la última columna que se quiere seleccionar.

1.2.3. Seleccionar varias columnas no adyacentes

Para seleccionar varias columnas no adyacentes:

- Hacer clic sobre el indicador de columnas.

- Pulsar y mantener la tecla Ctrl.

- Hacer clic en cada uno de los indicadores de columnas.

1.3. Filas

1.3.1. Introducción

Para seleccionar una fila hay que hacer clic sobre el indicador de la fila que se quiere seleccionar.

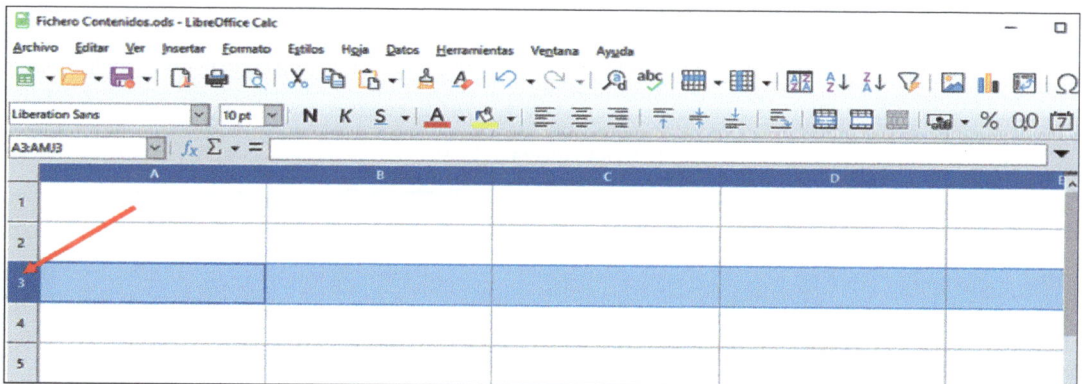

Celda seleccionada

Si nos colocamos sobre una celda y pulsamos la combinación de teclas Mayús + Barra espaciadora se seleccionará toda la fila de la celda activa.

1.3.2. Seleccionar varias filas adyacentes

Para seleccionar varias filas adyacentes podemos hacerlo de dos maneras:

- Haciendo clic sobre el indicador de fila y arrastrando con el ratón al resto de los indicadores de fila que se quieran seleccionar.

- Seleccionando la primera fila, pulsando y manteniendo la tecla Mayús y hacemos clic en la última fila que se quiera seleccionar.

1.3.3. Seleccionar varias filas no adyacentes

Para seleccionar varias filas no adyacentes:

- Hacemos clic sobre el indicador de fila.

- Pulsamos y mantenemos la tecla Ctrl.

- Hacemos clic en cada uno de los indicadores de fila.

1.4. Hojas

1.4.1. Introducción

Cuando en un libro tenemos varias hojas se nos puede presentar la necesidad de realizar una acción en varias de ellas. Para ello, primero tenemos que seleccionarlas.

La hoja activa es la hoja sobre la que estamos trabajando y se distingue porque nos aparece con el fondo en color blanco y con una línea gruesa en la parte inferior.

Hoja activa

1.4.2. Seleccionar hojas adyacentes

Para seleccionar hojas adyacentes podemos hacerlo de dos maneras:

- Clicando sobre la etiqueta de la hoja, pulsamos y mantenemos pulsada la tecla Mayús y hacemos clic sobre la etiqueta de la última hoja que deseamos seleccionar.

- Desde el menú de *Editar/Seleccionar/Seleccionar hojas*. En el cuadro de diálogo que se muestra clicamos encima de la primera hoja, pulsamos la tecla Mayús y hacemos clic con el ratón en la última hoja que deseamos seleccionar.

1.4.3. Seleccionar hojas no adyacentes

Para seleccionar hojas no adyacentes:

- Hacer clic sobre la etiqueta de la hoja.

- Pulsar y mantener la tecla Ctrl.

- Hacer clic sobre la etiqueta de hoja que deseamos seleccionar.

Etiquetas de hoja

Podemos seleccionar hojas adyacentes en el menú de Editar/Seleccionar/Seleccionar hojas.

En el cuadro de diálogo que se muestra:

- *Clicamos encima de la primera hoja.*
- *Pulsamos la tecla Ctrl.*
- *Hacemos clic con el ratón en las etiquetas de hoja que deseamos seleccionar.*

1.4.4. Seleccionar todas las hojas

A veces vamos a tener la necesidad de seleccionar todas las hojas del libro, para aplicar un formato, para copiarlas, etc.

Para seleccionar todas las hojas, la manera más fácil y rápida es: menú *Editar/Seleccionar/Seleccionar todas las hojas*.

2. Modificación de datos

2.1. Edición del contenido de una celda

Para modificar el contenido completo de una celda:

- Seleccionamos la celda.

- Escribimos el nuevo contenido.

- Pulsamos la tecla Intro, Tab. etc. para aceptar el cambio.

Si solo deseamos modificar o cambiar parte del contenido de una celda:

- Seleccionamos la celda.

- Hacemos doble clic con el botón izquierdo.

- Realizamos el cambio.

- Pulsamos la tecla Intro, Tab. etc. para aplicar el cambio.

2.2. Borrado del contenido de una celda o rango de celdas

Para eliminar el contenido de una celda o de un rango de celdas:

- Seleccionar las celdas.

- Pulsar la tecla Supr o Retroceso.

2.3. Uso del corrector ortográfico

Cal tiene la posibilidad de verificar la corrección ortográfica de los textos que componen sus hojas de cálculo.

Las palabras que el corrector detecte como incorrectas nos las va a subrayar en color rojo.

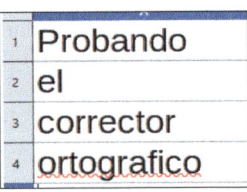

Ejemplo de cómo subraya el corrector una palabra incorrecta

Para ejecutar el corrector ortográfico pulsamos en el botón [abc ✓], que tenemos en la barra de herramientas estándar o pulsando la tecla de función F7.

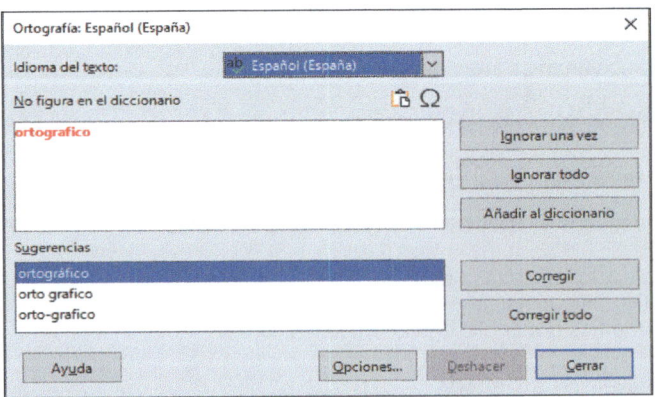

Cuadro de diálogo Ortografía

■ **Idioma del texto:** especifica el idioma que se utilizará en la revisión ortográfica. También podemos cambiarlo en la barra de estado.

Las entradas de idioma tienen una marca delante si la corrección ortográfica está activa para dicho idioma:

Icono de corrección automática

■ **No figura en el diccionario:** en este cuadro nos indica la palabra que el corrector detecta como incorrecta.

■ **Sugerencias:** este cuadro nos facilita una serie de palabras que podemos utilizar para sustituir a la incorrecta.

■ **Ignorar una vez:** omite la palabra desconocida y continúa con la revisión ortográfica.

■ **Ignorar todo:** omite todas las apariciones de la palabra incorrecta.

■ **Añadir al diccionario:** añade la palabra desconocida a un diccionario de usuario.

■ **Corregir:** sustituye la palabra incorrecta con la sugerencia que seleccionemos. En el caso de que no haya ninguna sugerencia que sea la correcta, podemos hacer la corrección manualmente en el apartado *No figura en el diccionario*.

■ **Corregir todo:** sustituye todas las apariciones de la palabra incorrecta por la sugerencia que seleccionemos.

■ **Opciones:** abre un cuadro de diálogo donde se pueden seleccionar los diccionarios del usuario y establecer las reglas para la revisión ortográfica:

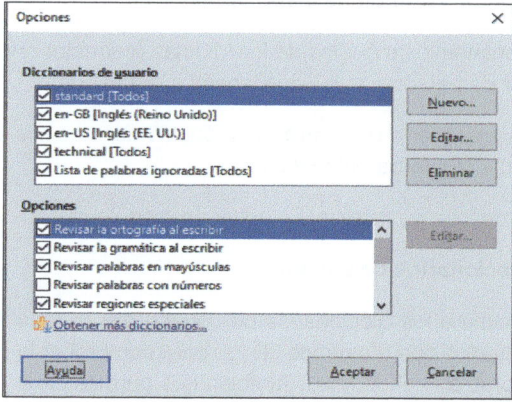

Cuadro de diálogo Opciones

2.4. Ayuda a la escritura

En el botón de *Opciones* del corrector ortográfico podemos acceder al cuadro de diálogo para seleccionar los diccionarios del usuario y establecer las reglas para la revisión ortográfica.

También podemos acceder a este cuadro de diálogo a través de Herramientas/Opciones/Configuración de idiomas/Ayuda a la escritura.

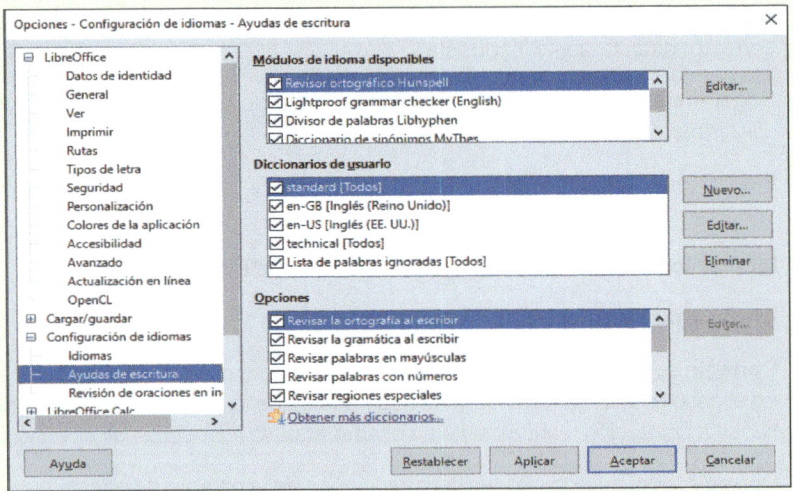

Opciones - Configuración de idiomas - Ayuda de escritura

■ **Módulo de idiomas disponibles**

Contiene los módulos de los idiomas (corrector ortográfico, gramatical, divisor de palabras, etc.) que tenemos instalados.

Para activar o desactivar un módulo hacemos clic en la casilla situada en la parte izquierda del módulo.

Si deseamos modificar o editar un módulo pulsamos en el botón de Editar.

■ **Diccionarios de usuario**

Enumera los diccionarios de usuario disponibles. Nos permite seleccionar aquellos que queremos utilizar para comprobar la ortografía y dividir las palabras a final de línea. También nos permite crear nuevos diccionarios, editarlos o eliminarlos.

■ **Opciones**

Disponemos de distintas opciones relacionadas con la revisión ortográfica y división de palabras como la revisión ortográfica y gramatical al escribir, la comprobación del uso de mayúsculas y minúsculas, la revisión de palabras que contengan números, etc.

2.5. Uso de las utilidades de búsqueda y reemplazo

2.5.1. Buscar

La opción *Buscar* nos permite localizar un texto dentro del documento. Al seleccionar la opción, se nos activa la barra de herramientas de buscar, en la parte inferior de la ventana.

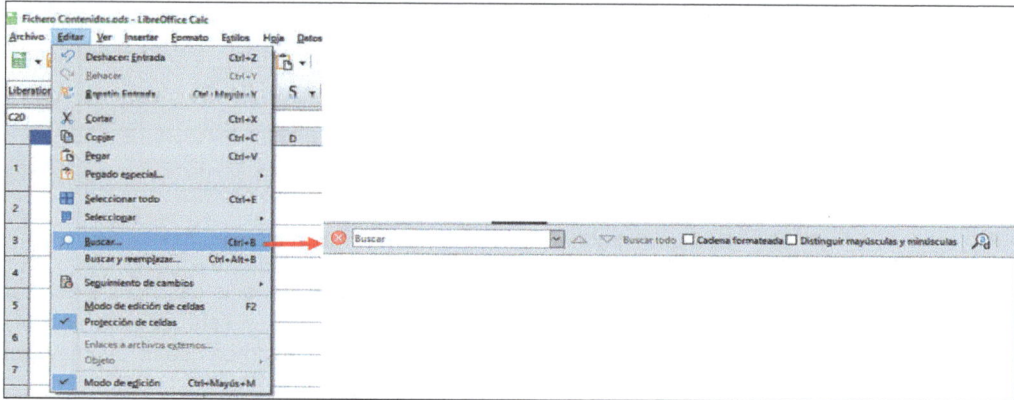

Editar/Buscar

2.5.2. Buscar y reemplazar

Si lo que deseamos, además de localizar una cadena de texto en el documento, es sustituirla por otra distinta, tendremos que ir a *Editar/Buscar y reemplazar*.

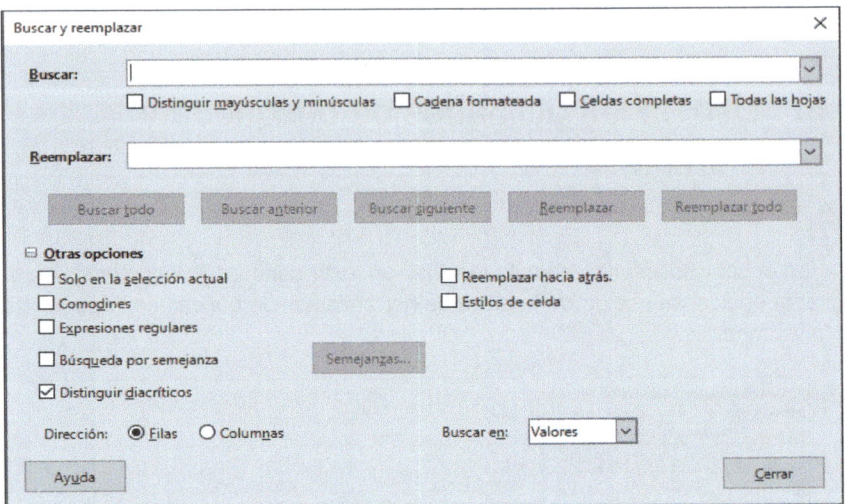

Buscar y reemplazar

- **Buscar:** introducimos la cadena de texto a buscar.

- **Distinguir entre mayúsculas y minúsculas:** si la casilla está desactivada, no distingue entre mayúsculas y minúsculas, si está activada encontrará la cadena de texto, tal cual esté escrita, teniendo en cuenta las mayúsculas y minúsculas.

- **Cadena formateada:** el contenido de las celdas puede formatearse de varias formas. Por ejemplo, un número se puede formatear como moneda para que se muestre con un símbolo monetario, por ejemplo €.

  Si activamos esta casilla podemos indicar que nos busque el símbolo del €, aunque sea un símbolo que corresponde a un formato de celda y que no lo hemos introducido nosotros.

- **Celdas completas:** busca palabras completas o celdas que sean idénticas al texto de búsqueda.

- **Todas las hojas:** realizar la búsqueda en todas las hojas del libro.

- **Reemplazar:** texto de sustitución.

- **Buscar todo:** buscar la cadena de texto en la hoja actual o en todas las hojas, según lo hayamos configurado.

- **Buscar anterior:** busca hacia atrás desde la posición en la que estemos.

- **Buscar siguiente:** busca hacia delante desde la posición en la que estemos.

- **Reemplazar:** sustituye el texto buscado y continua con la siguiente búsqueda.

- **Reemplazar todo:** sustituye el texto buscado en toda la hoja actual o en todas las hojas del libro, según tengamos configurado.

- **Opciones:** en este apartado disponemos de una serie de opciones de búsqueda y sustitución avanzadas.

- **Dirección**: permite definir el orden para realizar la búsqueda, en filas o columnas.

- **Buscar en:**

  - **Valores:** busca los caracteres especificados.

  - **Comentarios:** busca los caracteres especificados en los comentarios insertados en las celdas.

  - **Formulas:** busca los caracteres especificados en fórmulas y en valores fijos, insertados en las celdas. Por ejemplo, podemos buscar fórmulas que contengan el texto "Producto".

3. Inserción y eliminación

3.1. Celdas

Al insertar celdas en una hoja de cálculo, el resto de las celdas se desplazan hacia abajo o hacia la derecha, según nos convenga.

Para insertar una celda podemos hacerlo de varias formas:

→ Desde la opción *Hoja/Insertar celdas*.

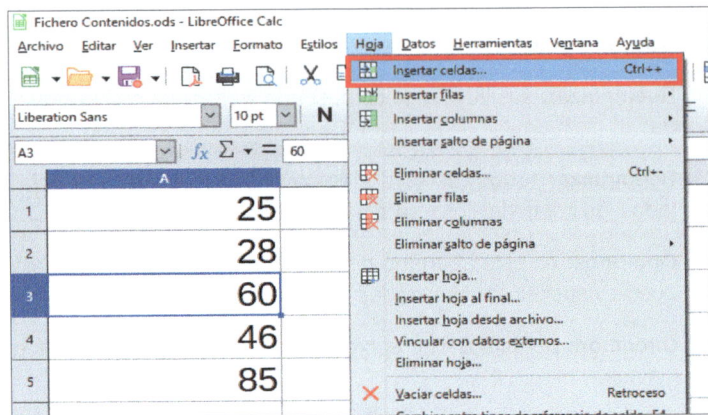

Hoja/Insertar celdas

→ Desde el menú de contexto.

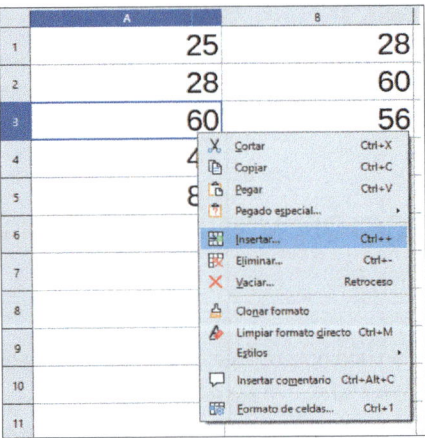

Menú contextual

→ Utilizando las teclas "Ctrl" + "+".

→ Desde la barra de herramientas. Para ello, primero tendremos que activar la barra de herramientas Insertar celdas: *Ver/Barra de herramientas/Insertar celda.*

Insertar celda

3.2. Filas

Podemos insertar filas de varias maneras:

→ Desde el menú *Hoja/Insertar filas.*

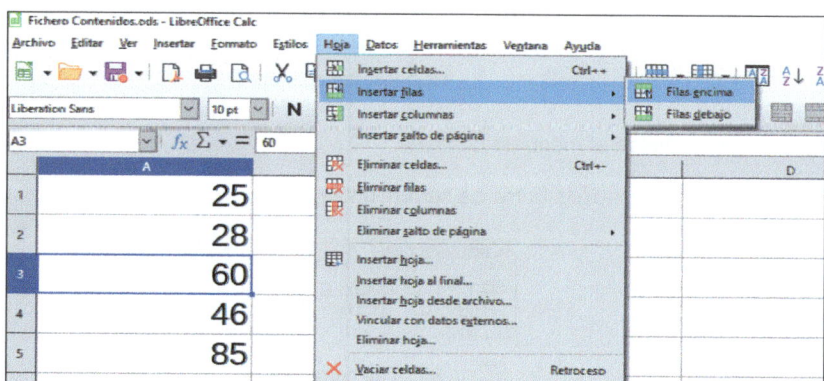

Hoja/Insertar filas

→ Con el menú de contexto.

→ Desde la barra de herramientas.

Insertar celda

3.3. Columnas

Para insertar columnas también podemos hacerlo de varias maneras:

→ Desde menú *Hoja/Insertar Columna*.

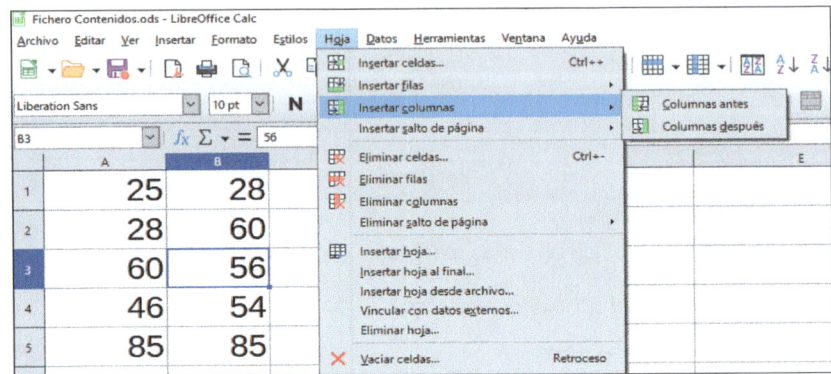

Hoja/Insertar columnas

Si queremos insertar columnas no adyacentes, tenemos que seleccionar las columnas con la tecla Ctrl y, posteriormente, seleccionar la opción para insertar las columnas.

Si, por el contrario, las columnas que deseamos insertar son adyacentes, tendremos que seleccionar las columnas utilizando la tecla Mayús, antes de seleccionar la opción insertar columnas.

→ Desde el menú de contexto.

→ Utilizando la barra de herramientas.

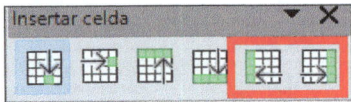

Barra de herramientas

3.4. Eliminar celdas, filas y columnas

Cuando borramos celdas, filas o columnas, los datos almacenados en ellas se eliminarán.

Para eliminar celdas, filas o columnas podemos hacerlo de diferentes maneras:

→ Desde el menú *Hoja/Eliminar celdas*.

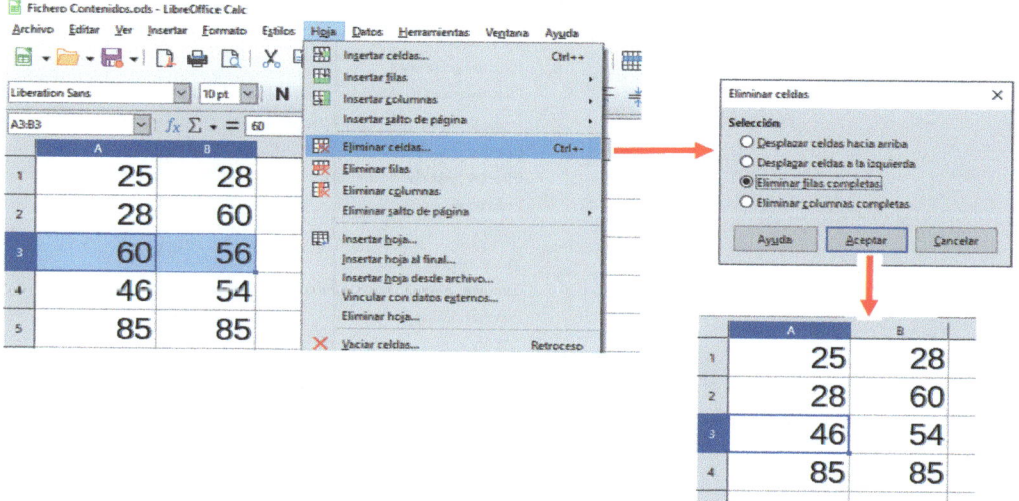

Eliminar celdas

→ Con el menú de contexto.

→ Utilizando la combinación de teclas "Ctrl" + "-".

→ Pulsando la tecla Retroceso.

3.5. Insertar, eliminar y renombrar hojas

3.5.1. Insertar hoja

Dos opciones que nos llevarán al mismo cuadro de diálogo:

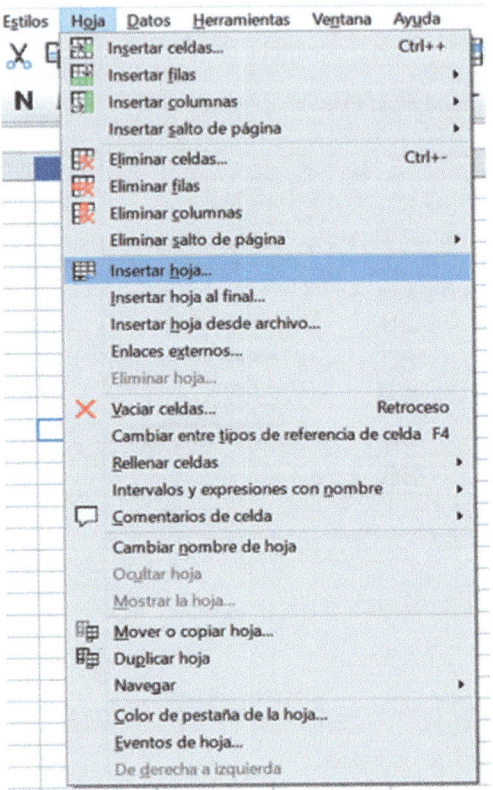

Hoja/Insertar hoja

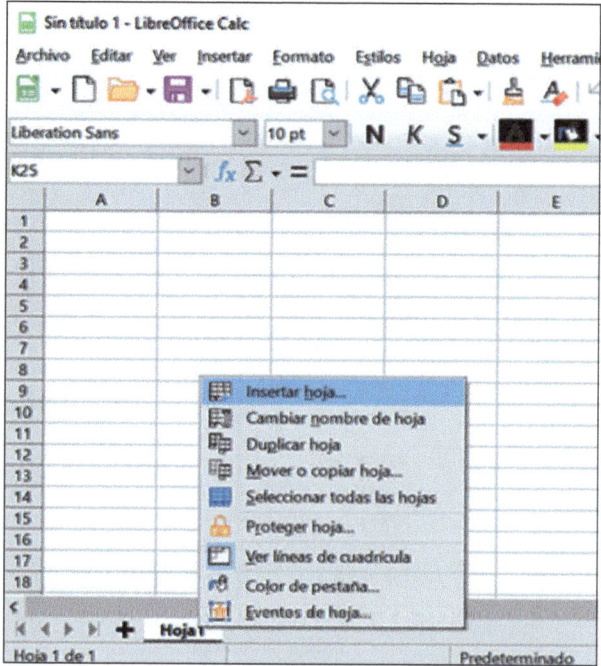

Botón derecho

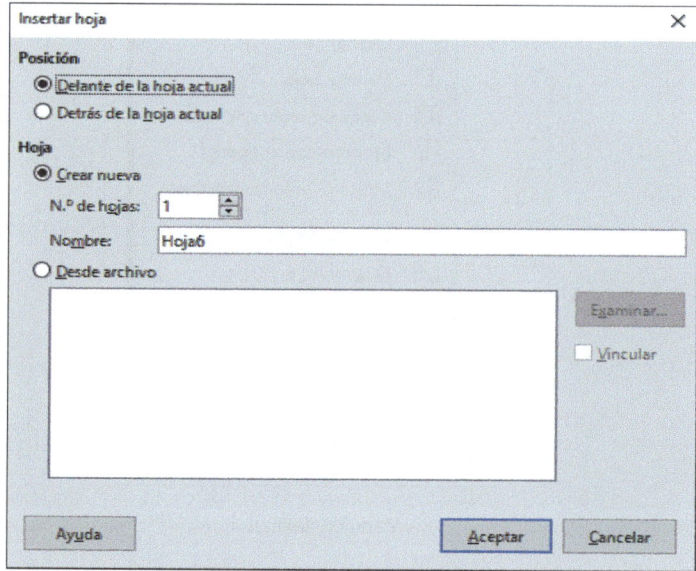

Cuadro de diálogo Insertar hoja

3.5.2. Eliminar hoja

Dos opciones que nos llevarán al mismo cuadro de confirmación:

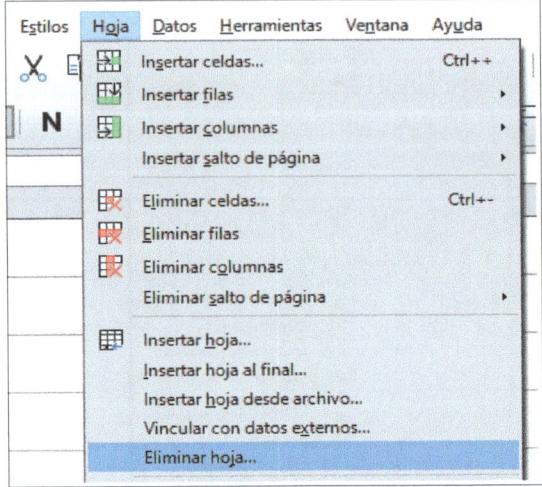

Hoja/Eliminar hoja

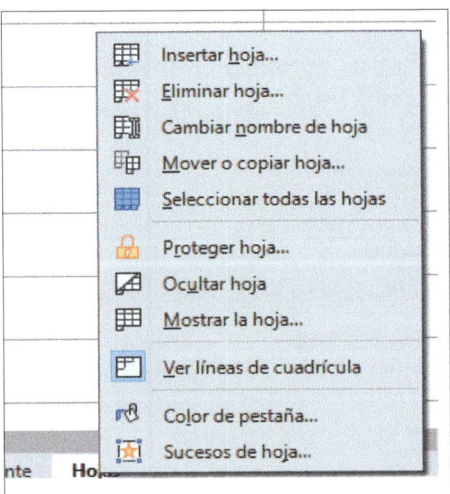

Menú contextual

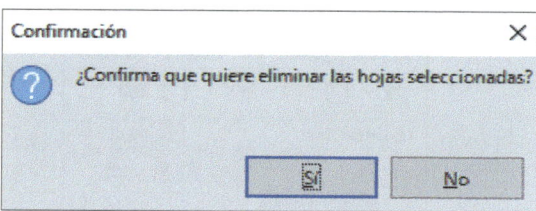

Confirmación

3.5.3. Renombrar hoja

Dos opciones que nos llevarán al mismo cuadro de diálogo:

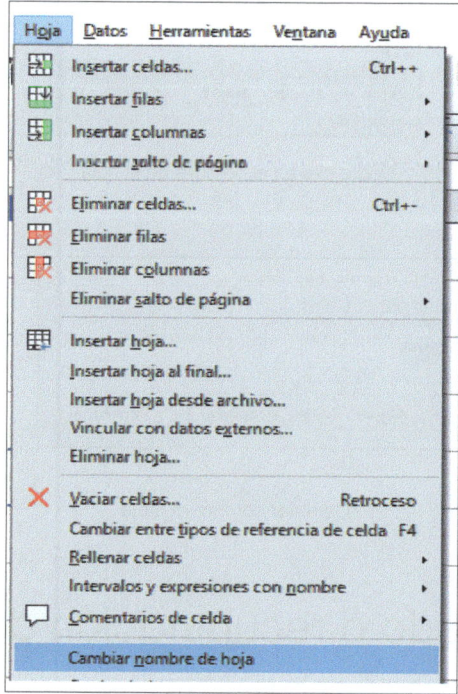

Hoja/Cambiar nombre de hoja

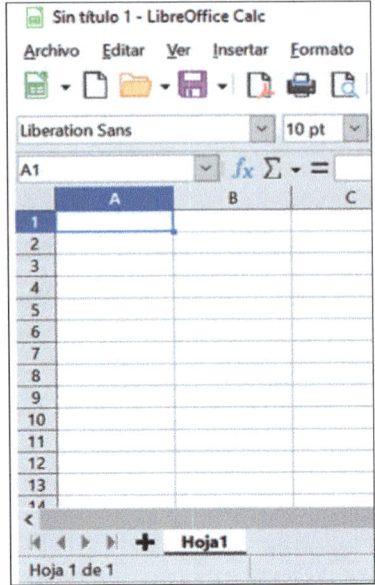

Doble clic en el nombre de la hoja

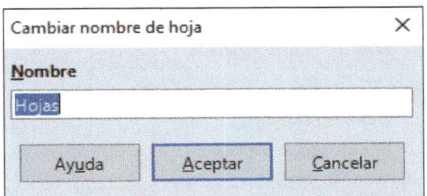

Cambiar nombre de hoja

4. Copiado o recuperación de celdas

4.1. Celdas o rangos de celdas

Para copiar o mover una celda o un rango de celdas podemos hacerlo a través de menú *Editar*, con las opciones de:

- *Copiar* (Ctrl + C), si deseamos duplicar los datos.

- *Cortar* (Ctrl + X), cuando queremos mover los datos.

- *Pegar* (Ctrl + V), para indicar la posición en la que deseamos copiar o mover los datos.

4.2. Hojas de cálculo

Las hojas de cálculo, al igual que las celdas y rango de celdas, podemos copiarlas y moverlas dentro del mismo libro o a otro libro distinto.

El proceso podemos hacerlo con los menús o con el ratón.

Dos opciones que nos llevarán al mismo cuadro de diálogo:

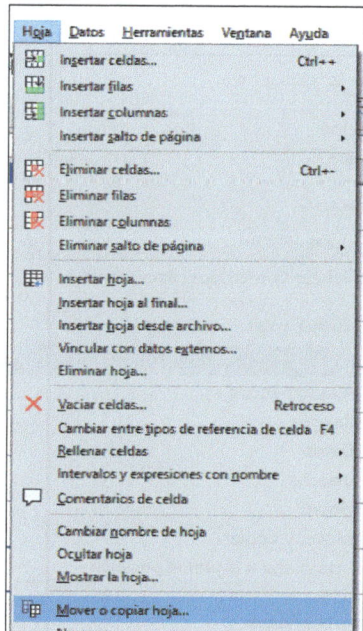

Hoja/Mover o copiar hoja

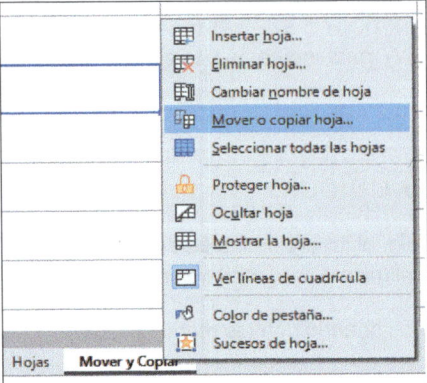

Botón derecho encima de la etiqueta de la hoja

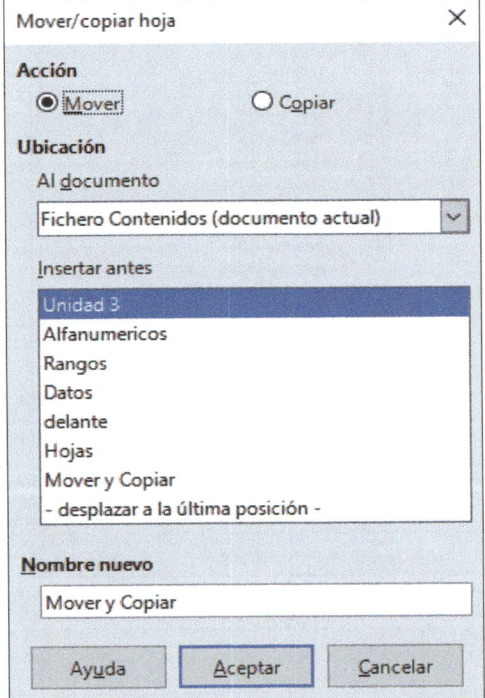

Mover/copiar hoja

Para copiar o mover las hojas con el ratón procedemos de la misma forma que para las celdas.

Si pulsamos encima de una etiqueta y arrastramos, movemos la hoja. Dos pequeños triángulos negros nos mostrarán la posición en la que se moverá o copiará la hoja.

Mover la hoja

*Para **copiarla** pulsaremos la tecla Ctrl mientras arrastramos.*

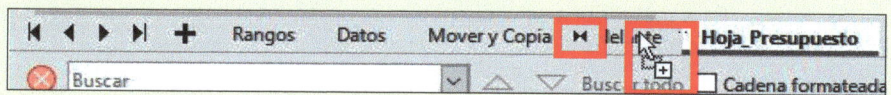

Copiar la hoja

Con el estudio de este unidad hemos alcanzado el objetivo CE1.3 En casos prácticos de confección de documentación administrativa, científica y económica, a partir de medios y aplicaciones informáticas de reconocido valor en el ámbito empresarial:

- *Aplicar el formato preciso a los datos y celdas de acuerdo con el tipo de información que contienen, facilitando su tratamiento posterior.*

Resumen

A lo largo de esta unidad:

■ Hemos visto las distintas formas de seleccionar celdas, rangos y hojas: con el ratón, con el teclado, con el botón *Modo selección*.

■ Para realizar una selección de celdas, rangos u hojas no adyacentes utilizamos la tecla Ctrl.

■ Para realizar una selección de celdas, rangos u hojas adyacentes utilizamos la tecla Mayús.

■ Para seleccionar columnas podemos pulsar en la etiqueta de la columna (letra columna).

■ Para seleccionar filas podemos pulsar en la etiqueta de la fila (número fila).

■ Para realizar cambios en las celdas podemos seleccionar la celda e insertar el nuevo dato. Si deseamos editar el contenido de la celda hacemos doble clic en la celda.

■ Para borrar el contenido de una celda utilizamos la tecla Supr o Retroceso.

■ Hemos visto cómo realizar una revisión ortográfica y gramatical, con la opción *Ortografía*.

■ En documentos extensos podemos utilizar la opción Buscar para localizar un texto.

■ Si deseamos realizar una sustitución del texto por otro utilizamos la opción *Buscar y reemplazar*.

■ Para insertar y eliminar filas, celdas, columna u hojas podemos utilizar el menú de *Hoja*.

UNIDAD DIDÁCTICA 5

Almacenamiento y recuperación de un libro

Objetivos

- ☑ Crear libros nuevos, guardarlos y abrir libros ya existentes.
- ☑ Crear un duplicado de un libro, realizando una copia del mismo en otros formatos o modalidades.

Contenido

Introducción

Resumen

Introducción

A lo largo de esta unidad aprenderemos a crear un libro nuevo a partir de una plantilla en blanco o utilizando una plantilla existente que contenga algunos datos, diseño o formato que queramos usar.

Estudiaremos cómo guardar los cambios realizados en un libro y la manera de duplicar o cerrar dicho libro.

1. Creación de un nuevo libro

1.1. En blanco

Para crear un libro nuevo de Calc en blanco, seleccionamos *Archivo/Nuevo/Hoja de cálculo*.

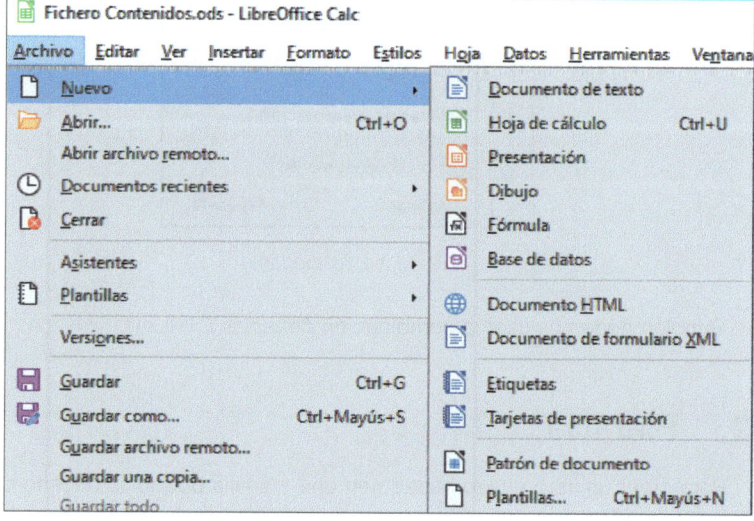

Archivo/Nuevo/Hoja de cálculo

Otra manera de crear un libro nuevo sería pulsando en la flecha que aparece a la derecha del botón Nuevo de la barra de herramientas estándar y seleccionado Hoja de cálculo.

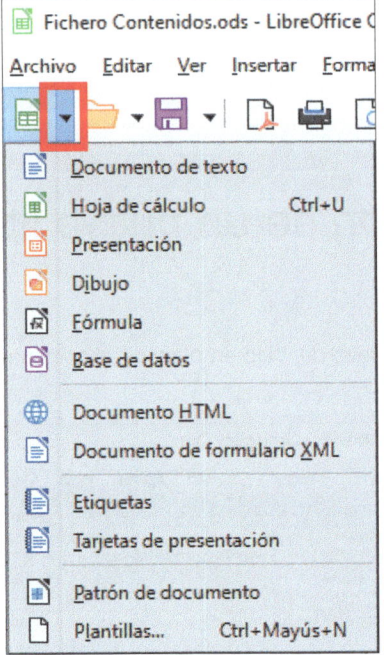

Flecha desplegable

También podemos usar la combinación de teclas CTRL+U.

1.2. Plantilla

Para crear un libro nuevo basado en una plantilla podemos hacerlo desde menú *Archivo/Nuevo/Plantillas*.

También podemos crearlo pulsando en la flecha que aparece a la derecha del botón Nuevo de la barra de herramientas estándar y seleccionando *Plantillas*.

Otra manera sería usando la combinación de teclas CTRL+Mayús+N.

Todas las opciones abren el mismo cuadro de diálogo:

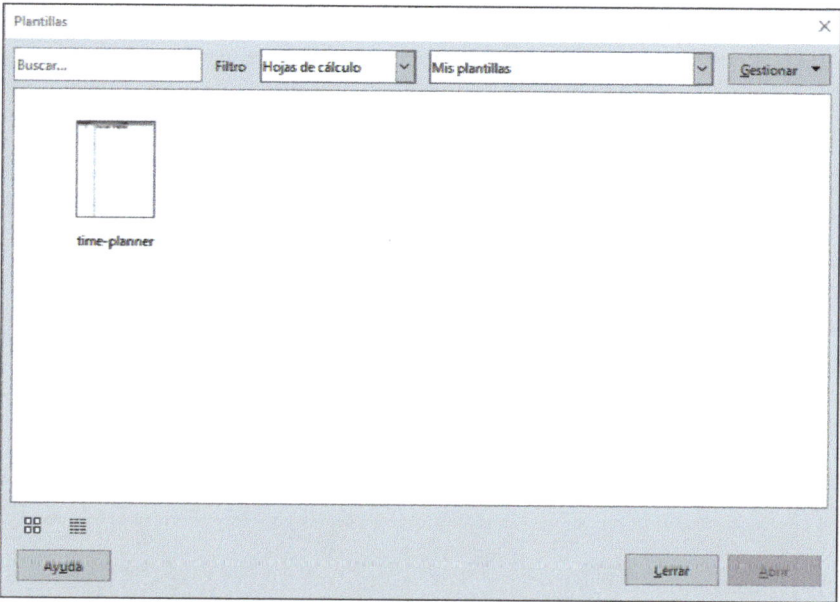

Cuadro de diálogo Plantillas

Calc no dispone de plantillas de hoja de cálculo, pero podemos descargarlas desde la página, pulsando en el botón *Gestionar* y seleccionando *Extensiones*.

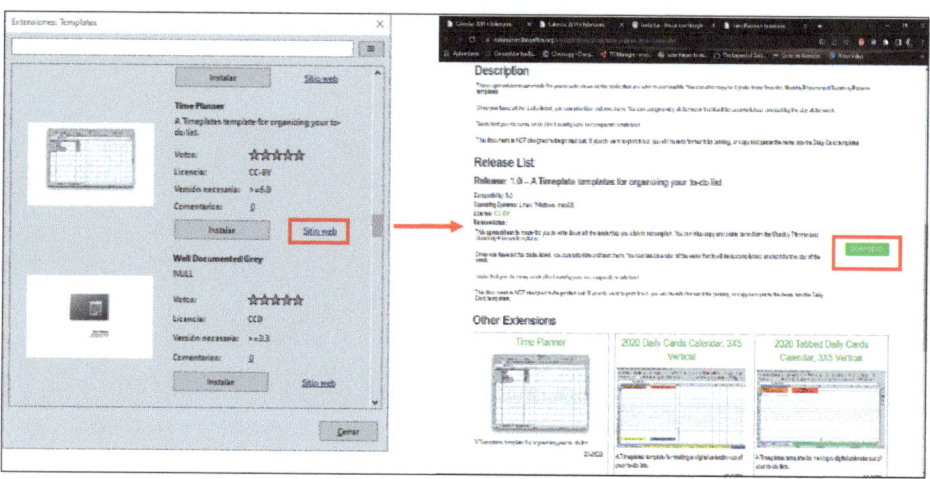

Cómo ir al sitio web para descargar las plantillas

Una vez descargado el fichero, en la ventana de *Plantillas/Filtro* seleccionamos *Hoja de Cálculo y Mis plantillas* y, a continuación, seleccionamos *Gestionar/Importar* para localizar la plantilla descargada.

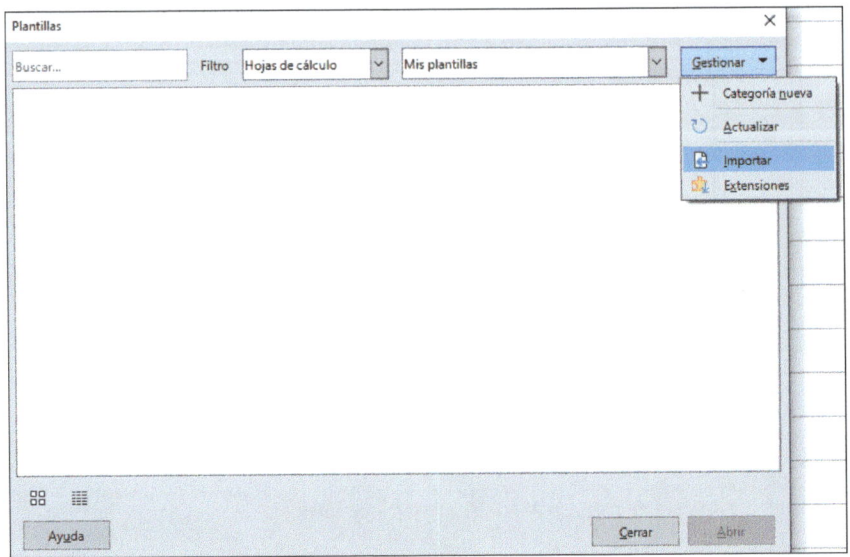

Importar

Ya aparecería en la ventana de las plantillas. Así que, el último paso será hacer un doble clic con el botón izquierdo del ratón encima del fichero de plantilla.

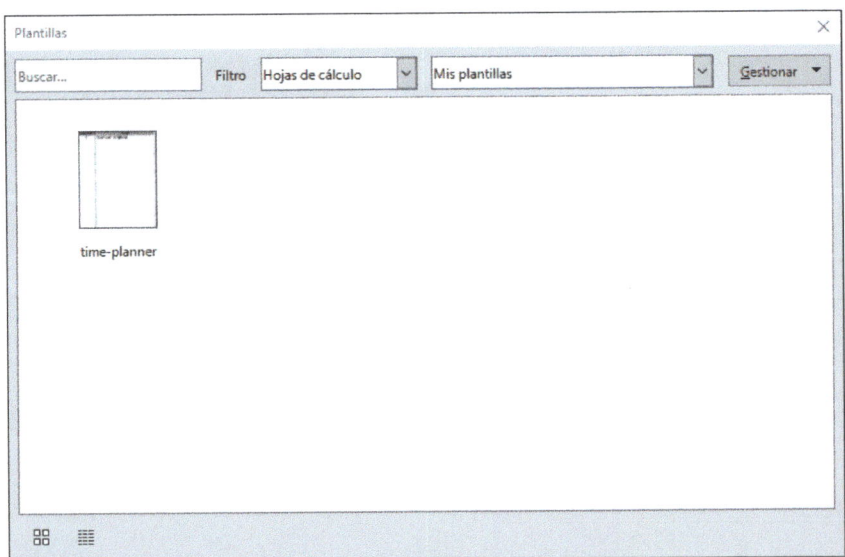

Plantillas

2. Abrir un libro ya existente

Para abrir un libro que está guardado podemos hacerlo de varias formas:

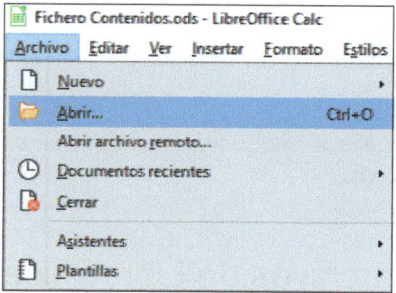

Archivo/Abrir

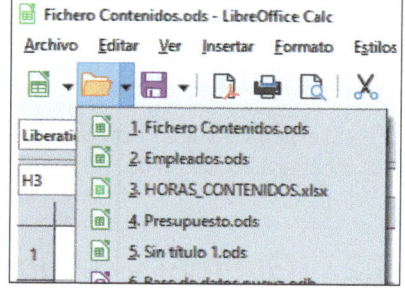

Flecha desplegable del botón Abrir

En menú Archivo/ Documentos recientes podemos abrir los ficheros que hayamos utilizado recientemente con la aplicación LibreOffice.

3. Guardado de los cambios realizados en un libro

3.1. Introducción

Para guardar un libro nuevo, o uno en el que hemos realizado cambios, realizaremos una de las siguientes operaciones:

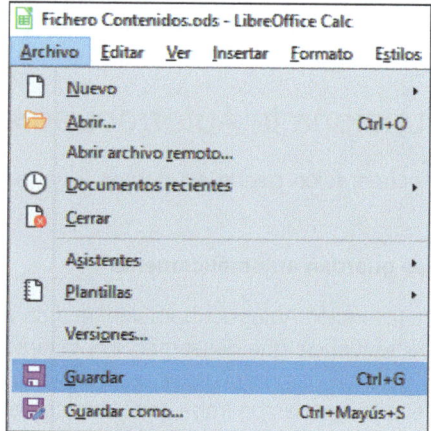

Archivo/Guardar

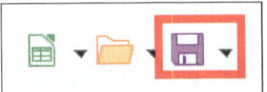

Icono Guardar de la barra de herramientas estándar

Si el fichero ya estaba guardado, al pulsar la opción *Guardar* no se nos solicita ninguna información, porque el fichero se guardará con el mismo nombre y en la misma ubicación en la que estaba.

Si el fichero que se está guardando es nuevo, al seleccionar la opción *Guardar*, se nos mostrará el cuadro de diálogo *Guardar como*.

3.2. Guardar y recuperar archivos de LibreOffice automáticamente

La función Autorrecuperación no debe ser usada para reemplazar a la tarea de guardar manualmente el trabajo realizado haciendo clic en *Guardar*. Guardar regularmente un archivo es la manera más segura de conservar el trabajo realizado. Sin embargo, a veces, el programa de Calc se puede cerrar antes de haber guardado los cambios en el archivo que estamos usando por diferentes motivos:

- Un corte de corriente eléctrica.

- El sistema se vuelve inestable por otro programa.

- Se produce algún tipo de error en el propio programa de LibreOffice.

- Se cierra el archivo sin guardarlo correctamente.

3.3. Cómo funciona la Autorrecuperación

La opción Autorrecuperación puede ayudarnos a no perder el trabajo realizado de dos formas:

- **Los datos se guardan automáticamente**

  Si se habilita la función Autorrecuperación, el archivo se guarda automáticamente con la frecuencia que deseemos. Por lo tanto, si llevamos mucho rato trabajando, pero olvidamos guardar un archivo, o se corta la corriente, el archivo en el que estábamos trabajando contendrá todo o parte del trabajo que hemos realizado desde la última vez que se guardó manualmente.

■ **El estado del programa se guarda automáticamente**

Una ventaja adicional de habilitar la función Autorrecuperación consiste en que algunos aspectos del estado del programa se recuperan cuando se reinicia el programa después de haberse cerrado de manera anómala.

3.4. Configurar la Autorrecuperación

■ Menú *Herramientas/Opciones*.

■ Clic en **General** dentro del apartado *Guardar*.

■ Activamos la casilla de verificación **Guardar datos de recuperación automática cada**.

■ En la casilla que tenemos a la izquierda insertamos cada cuánto tiempo deseamos que se realice el autoguardado.

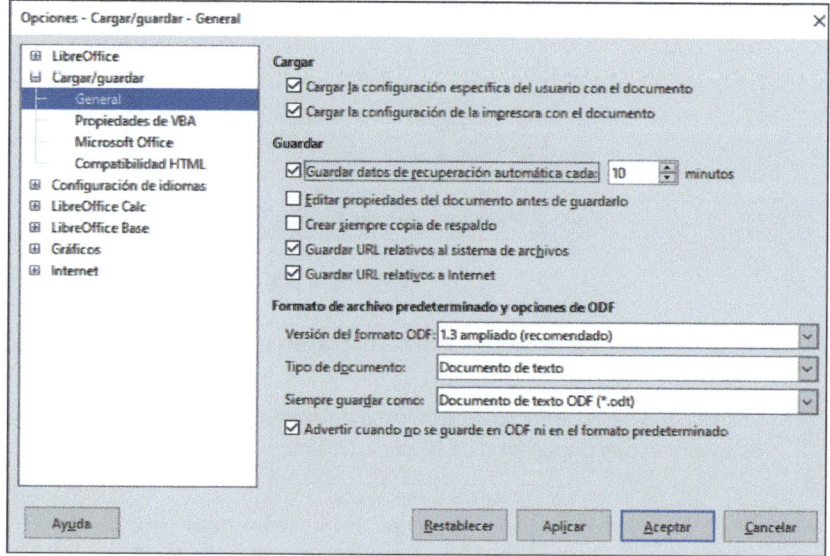

Opciones - Cargar/guardar - General

4. Creación de una copia de un libro

4.1. Crear una copia

■ Abrimos el libro del que deseamos hacer la copia.

■ Seleccionamos *Archivo/Guardar una copia*.

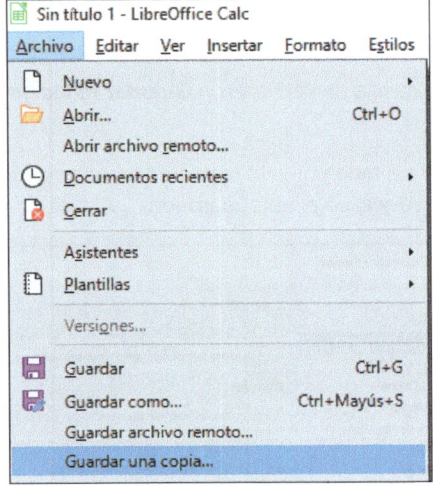

Archivo/Guardar una copia

■ Indicamos la ubicación de la copia, así como el nombre y tipo de documento.

 *Si hacemos clic en la flecha de la derecha del botón Guardar en la barra de herramientas estándar, también disponemos de la opción Guardar una copia.*

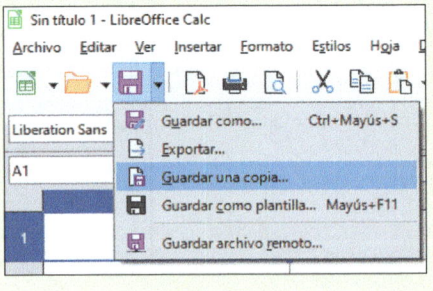

Guardar una copia

4.2. Crear una copia de respaldo

La opción de **Crear una copia de respaldo** de *Herramientas/Opciones/Guardar/ General* nos permite guardar la versión antigua del archivo en el directorio de copias de respaldo, cada vez que guardemos la versión actual del archivo. Esto nos genera un duplicado del libro.

Para ello tenemos que activar la casilla *Crear copia de respaldo*.

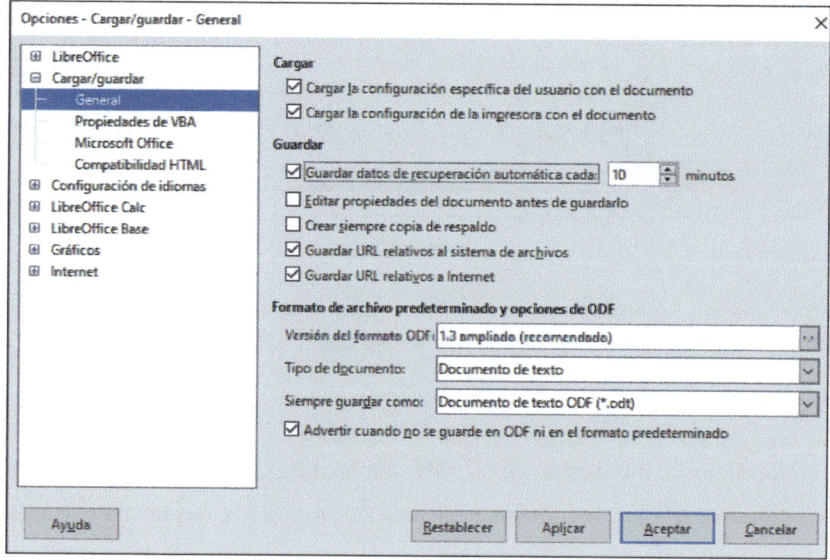

Opciones - Cargar/guardar – General

Para cambiar el directorio donde se almacenarán estas copias de respaldo, debemos hacerlo en Herramientas/ Opciones/ LibreOffice/Rutas.

5. Cerrado de un libro

Cuando terminamos de trabajar con un libro debemos cerrarlo. Para ello disponemos de varias opciones:

■ Clic en el botón **Cerrar** que está a la altura de la barra de menú.

■ Menú **Archivo/Cerrar**.

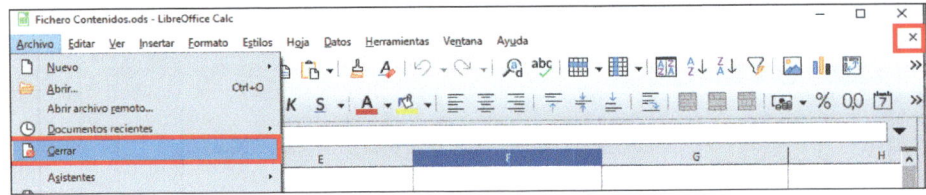

Archivo/Cerrar

 *Si en el libro que estamos cerrando hemos realizado cambios y no han sido guardados, se mostrará un mensaje de aviso en el que podremos seleccionar entre:*

- **Guardar.** *Se guardará la información y, posteriormente, el fichero será cerrado.*

- **No guardar.** *No se guardan los cambios realizados y el documento de cierra. Esto puede significar la pérdida de los cambios realizados o, incluso, la pérdida del libro.*

- **Cancelar.** *Se cancela la acción de cerrar y volvemos al libro que permanece abierto.*

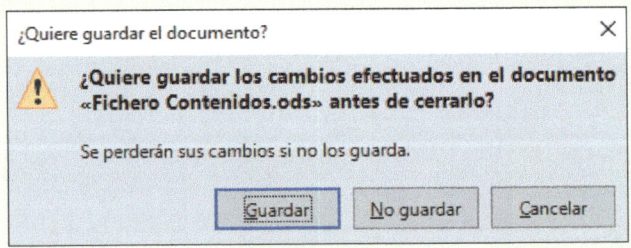

Mensaje de aviso

Resumen

A lo largo de esta unidad hemos aprendido a:

 Crear un nuevo libro a través de la opción ***Archivo/Nuevo/Hoja de cálculo*** (Ctrl + U) o utilizando una plantilla ***Archivo/Nuevo/Plantilla*** (Ctrl + Mayús + N).

 Abrir un libro existente desde la opción ***Archivo/Abrir*** (Ctrl + O).

 Guardar un libro abierto haciendo clic en ***Archivo/Guardar*** (Ctrl + G).

 Configurar el autoguardado para la autorrecuperación en ***Herramientas/ Opciones/General/Guardar***.

 Crear una copia de seguridad para crear un duplicado del libro con la opción Crear copia de respaldo.

 Crear un duplicado del libro a través de la opción ***Archivo/Guardar una copia***.

 Cerrar un libro en ***Archivo/Cerrar***.

UNIDAD DIDÁCTICA 6

Operaciones con rangos

Objetivos

- ▣ Realizar el relleno rápido de rangos mediante las dos opciones que ofrece la herramienta, el relleno y las operaciones de autorrelleno.

- ▣ Aprender a seleccionar varios rangos, rangos múltiples y tridimensionales.

- ▣ Crear nombres de rango mediante el cuadro de nombres, a partir de una selección y mediante el cuadro de diálogo *Nombre nuevo*.

Contenido

Introducción

1. Relleno rápido de un rango

2. Selección de varios rangos (rango múltiple, rango tridimensional)

Resumen

Introducción

En esta unidad aprenderemos a realizar operaciones con rangos, como realizar un relleno rápido de rangos o seleccionar varios rangos.

Veremos las opciones que nos ofrece Calc para nombrar un rango y el uso de dichos nombres de rango en fórmulas.

1. Relleno rápido de un rango

Para escribir rápidamente un mismo valor o texto en un rango de celdas:

- Seleccionamos el rango a rellenar.

- Introducimos el valor de relleno.

- Pulsamos Alt e INTRO simultáneamente.

Otra funcionalidad que podemos utilizar para insertar datos en un rango de celdas es la opción **Relleno automático**. Para ello:

- Insertamos un valor o texto en una celda.

- Pulsamos el botón *Aplicar* de la barra de fórmulas para aceptar el dato y quedarnos en la misma celda.

- Desplazamos el ratón a la esquina inferior derecha de la celda (control de relleno) y, cuando se transforme en una cruz, pulsamos y arrastramos.

Podemos utilizar el *Relleno automático* para generar secuencias crecientes de valores u otro tipo. Así, si en una celda ponemos el valor 2 y en otra celda el valor 4, seleccionamos las dos celdas y aplicamos el relleno automático, se genera la serie 2,4,6, 8,..., Calc calcula la diferencia entre los dos valores introducidos en la celda: 4-2 =2 y le suma esta diferencia al valor anterior: 2+2=4, 4+2=6, etc.

También podemos utilizar **listas de ordenación**. Calc ya tiene definidas unas por defecto, que son los días de la semana y los meses del año.

Para crear estas listas:

■ Vamos a *Herramientas/Opciones/LibreOffice Calc/Lista de clasificación*.

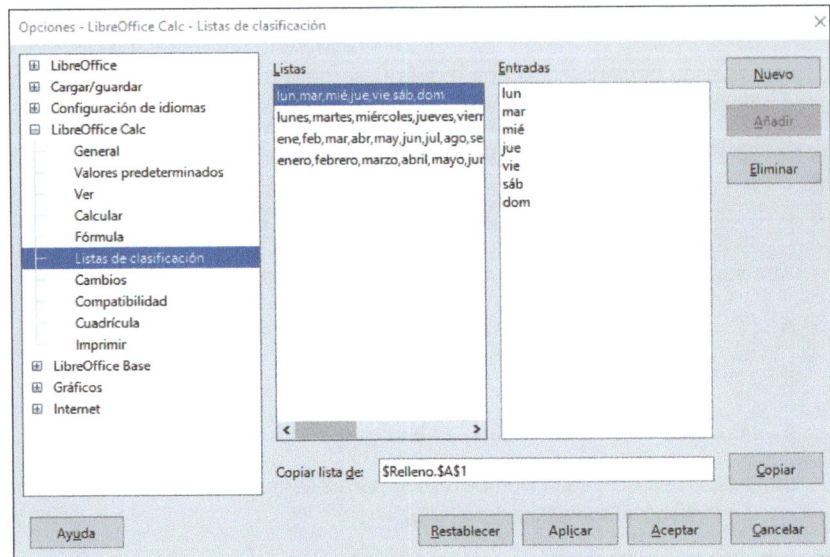

Opciones - LibreOffice Calc - Listas de clasificación

■ Este cuadro de diálogo nos muestra las listas que ya están predefinidas en el apartado *Listas* y, en la parte de la derecha, las entradas que forma esa lista. Pero para crear una nueva lista pulsaríamos en *Nuevo*.

2. Selección de varios rangos (rango múltiple, rango tridimensional)

2.1. Rango múltiple

Para seleccionar un rango múltiple:

■ Seleccionamos el primer rango.

■ Manteniendo pulsada la tecla Ctrl, vamos añadiendo los demás con el ratón

	A	B	C	D
1		25		
2		25		
3		25		
4		25		
5		25		
6		25		
7				
8				
9				
10				
11				
12				

Ejemplo

2.2. Rango tridimensional

Para crear un rango tridimensional los pasos a seguir son los siguientes:

- Seleccionamos las hojas.

- Una vez tenemos las hojas seleccionadas, seleccionamos las celdas en una de las hojas.

- Comprobar que en todas las hojas seleccionadas tenemos el mismo rango de celdas marcado.

Los rangos tridimensionales nos permiten realizar operaciones que son comunes a varias hojas.

*Un **rango tridimensional es** un rango que abarca una serie de celdas, pero en más de una hoja de cálculo.*

*Para seleccionar hojas no consecutivas pulsamos la tecla **Ctrl** mientras pulsamos en las etiquetas de hojas.*

*Para seleccionas hojas consecutivas, seleccionamos la primera, mantenemos la tecla **Mayús** pulsada y pulsamos en la última hoja que deseamos seleccionar.*

3. Nombres de rango

Los nombres de rangos nos permiten guardar con un nombre un rango de celdas o una celda.

3.1. Sintaxis de los nombres de rango

A la hora de guardar un rango de celdas con un nombre debemos tener en cuenta unas reglas relacionadas con la sintaxis:

- El primer carácter tiene que ser una letra o un guion bajo.

- Después se pueden utilizar letras, números, puntos o guiones bajos.

- Se puede usar un solo carácter para el nombre, pero nunca las letras "c" o "C", ni "r" o "R".

- No se admiten espacios. Para separar dos palabras debemos usar separadores como el carácter del guion bajo "_" y el punto ".".

- La longitud máxima es de 255 caracteres.

- Se distingue entre mayúsculas y minúsculas.

- Los nombres no pueden ser iguales a la referencia de una celda, como "C$5" o "A1B1".

3.2. Ámbito de un nombre de rango

*El **ámbito de un nombre de rango** es la ubicación en la que es válido dicho nombre de rango para una hoja de cálculo específica o para todo el libro.*

Todos los nombres de rango tienen un ámbito.

Un nombre de rango debe ser único en su ámbito, Calc no deja definir nombres que no sean únicos en su ámbito.

Lo que sí se puede hacer es definir el mismo nombre, pero en ámbitos diferentes.

3.3. Creación de un nombre de rango

Para crear un nombre de rango mediante el cuadro de nombres:

- Seleccionamos la celda o rango de celdas a nombrar.

- Escribimos en el cuadro de nombres el nombre que queremos dar a dicho rango y pulsamos Intro para que quede guardado.

- Creamos otro nombre de rango a partir de una selección. Seleccionamos las celdas a nombrar y las que contienen los nombres que vamos a asignarles, que, en este caso, es la selección anterior.

- Accedemos al menú *Hoja/Intervalo y expresiones con nombre/Crear.*

- Marcamos *Fila superior*, que será la que se utilice como nombre de rango y hacemos clic en *Aceptar*.

Hay otra manera de crear nombres de rango: mediante la opción *Definir* que se encuentra en *Hoja/Intervalo y expresiones con nombre.*

3.4. Uso de los nombres de rango de fórmulas

Vamos a verlo a través de los pasos de un ejemplo:

- En un libro en blanco, en la celda C3 introducimos el valor 30 y en la celda D3 2,5 y guardamos estas dos celdas con un nombre utilizando el cuadro de nombres.

- Seleccionamos la celda C3 y le ponemos el nombre de "C_1".

- Seleccionamos la celda D3 y le ponemos el nombre de "C_2".

- En la celda E3 vamos a insertar una fórmula para que nos multiplique los dos valores. Para ello vamos a utilizar los nombres que le hemos asignado a la celda C3 y D3. Para poner los nombres de rango de cada celda primero lo haremos escribiendo y luego usando las opciones del menú.

- Le damos al Intro y ya tenemos el resultado de la multiplicación.

3.5. Gestionar nombres

Calc tiene una opción que nos permite trabajar con todos los nombres de rango definidos en un libro.

Podemos acceder a esta opción de tres formas:

- A través del menú: *Hoja/Intervalo y expresiones con nombre/Gestionar.*

- Utilizando el botón desplegable del cuadro de nombres y seleccionando la opción *Gestionar Nombres...*

■ Pulsar a combinación de teclas Ctrl+F3.

Formas de acceder a la gestión de nombres

3.6. Eliminar un nombre de rango

Para eliminar el nombre de un rango accedemos al cuadro de diálogo de *Gestionar nombres*:

■ Seleccionamos el/los rango/s.

■ Pulsamos el botón *Eliminar*.

■ Pulsamos en el botón Aceptar.

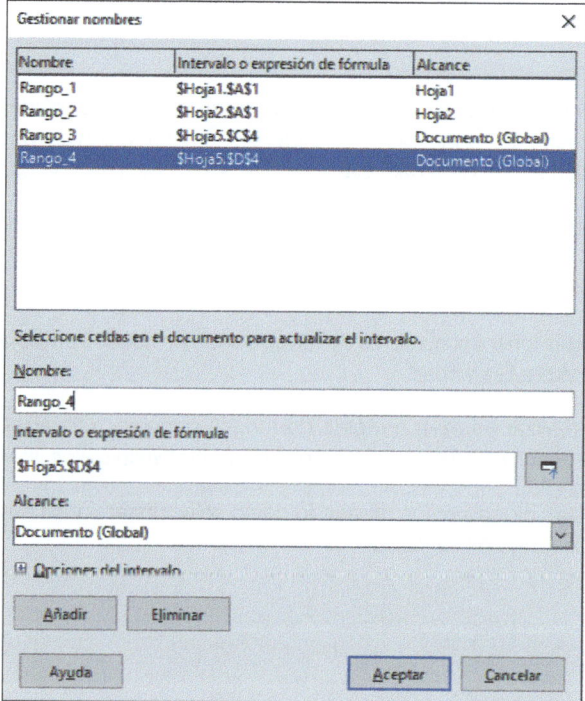

Gestionar nombres

3.7. Eliminar un nombre de rango

Para modificar el nombre de un rango:

■ **Seleccionar el nombre de rango** que se quiera modificar.

■ En la casilla **Nombre** escribimos el nuevo nombre

■ Pulsamos en **Aceptar**.

Con el estudio de esta unidad hemos alcanzado el objetivo CE1.3 En casos prácticos de confección de documentación administrativa, científica y económica, a partir de medios y aplicaciones informáticas de reconocido valor en el ámbito empresarial:

● *Aplicar fórmulas y funciones sobre las celdas o rangos de celdas, nombrados, o no, de acuerdo con los resultados buscados, comprobando su funcionamiento y el resultado que se prevé.*

Resumen

Un rango viene determinado por las coordenadas de las celdas superior izquierda e inferior derecha del rango. Si vamos a trabajar a menudo con un rango de celdas es difícil recordar dichas coordenadas, Calc nos ofrece la posibilidad de ponerles un nombre.

Podemos crear un nombre de rango a través del cuadro de nombre de la barra de fórmulas y *Hoja/Intervalo y expresiones con nombre/Definir* y *Hoja/Intervalo y expresiones con nombre/Crear*.

Para gestionar los nombres de rango podemos hacerlo en *Hoja/Intervalo y expresiones con nombre/Gestionar*.

Para realizar un relleno rápido de rangos podemos utilizar el relleno automático y listas de ordenación *Herramientas/Opciones/LibreOffice Calc/Lista de clasificación*.

En esta unidad hemos repasado cómo seleccionar varios rangos y cómo usar los nombres de rango en fórmulas.

UNIDAD DIDÁCTICA 7

Modificación de la apariencia de una hoja de cálculo

Objetivos

- ⊡ Conocer y saber aplicar las diferentes operaciones de formato de celda, formatos de número, de alienación, de fuente, de bordes, de relleno y de protección.

- ⊡ Conocer las diferentes opciones de formato existentes de las hojas de cálculo.

- ⊡ Utilizar autoformatos y estilos predefinidos.

Contenido

Introducción

1. Formato de celda

2. Combinar y separa celdas

3. Anchura y altura de las columnas y filas

4. Ocultando y mostrando columnas, filas u hojas de cálculo

5. Formato de la hoja de cálculo

6. Cambio de nombre de una hoja de cálculo

7. Formatos condicionales

8. Autoformatos o estilos predefinidos

Resumen

Introducción

En esta unidad estudiaremos cómo modificar el formato de la hoja de cálculo.

Aprenderemos a cambiar el formato de las celdas, modificar la anchura y altura de columnas y filas, así como ocultar y mostrar columnas, filas y hojas de cálculo.

Veremos las opciones que nos ofrece Calc para nombrar un rango y el uso de dichos nombres de rango en fórmulas.

1. Formato de celda

1.1. Introducción

Hay muchas formas de poder cambiar el formato numérico a una o varias celdas:

■ Desde la opción *Celdas*, situado en el menú de *Formato*:

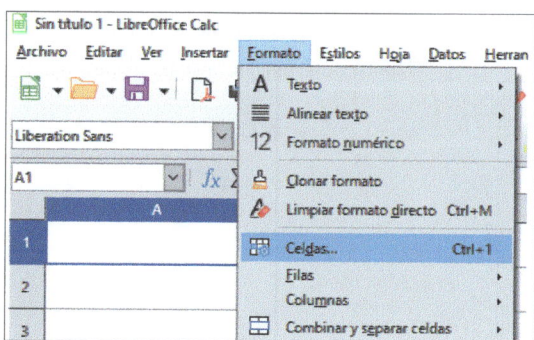

Formato/Celdas

A través del menú de contexto, que aparece al pulsar con el botón derecho del ratón sobre la celda o celdas seleccionadas y seleccionando la opción *Formato de celdas*. Se mostrará un cuadro de diálogo, *Formato de celdas* con las diferentes opciones de formato.

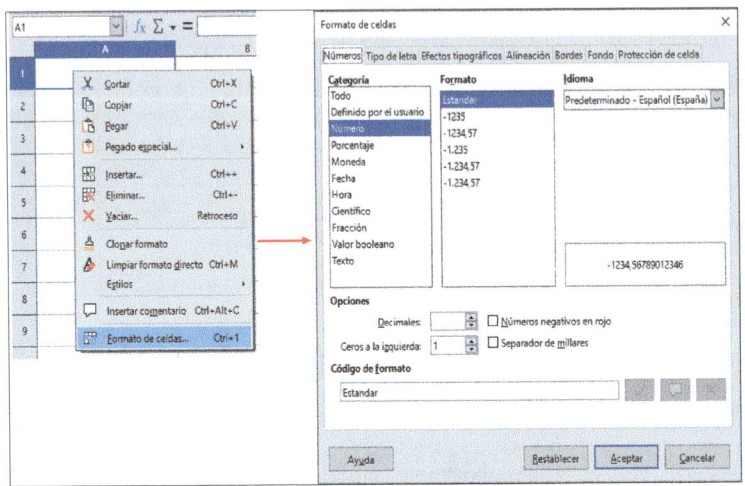

Menú contextual/Formato de celdas

■ También podemos utilizar la barra lateral para aplicar los formatos.

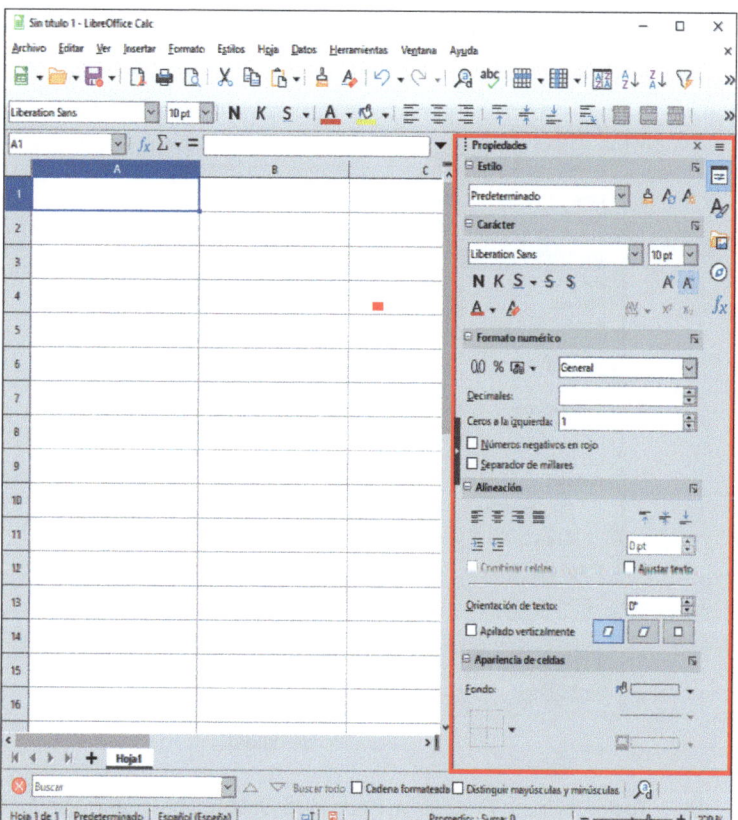

Barra lateral Propiedades

1.2. Número

A través de esta pestaña podemos asignar formatos a los números con símbolos de moneda, formato de porcentajes, de fecha, número de decimales etc.

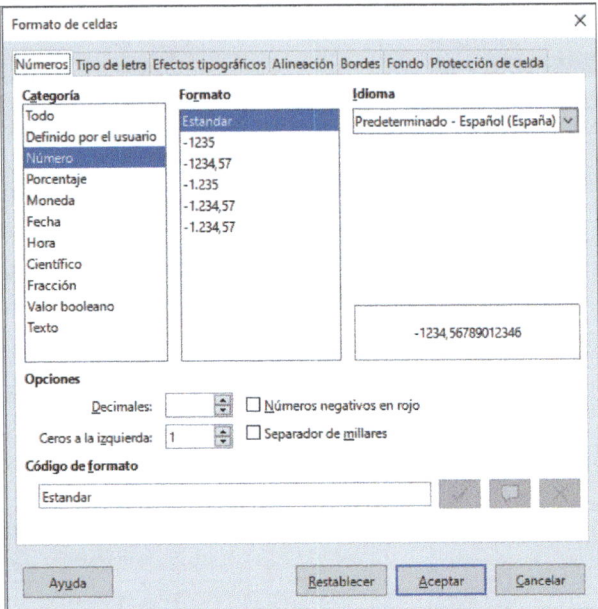

Formato de celdas

- **Todo:** formato predeterminado que Calc aplica cuando se inserta un número, texto, fecha, etc. La mayor parte de los números a los que se aplica el formato con la opción General se muestran tal y como se escriben. No obstante, si la celda no es lo suficientemente ancha para mostrar todo el número, el formato General redondea los números con decimales.

  El formato General también usa la notación científica (exponencial) para los números grandes (12 o más dígitos).

- **Definido por el usuario:** permite modificar una copia de un código de formato de número existente. Se usa para crear un formato personalizado que se agregue a la lista de códigos de formato de número.

- **Porcentaje:** multiplica el valor de la celda por 100 y muestra el resultado con un símbolo de porcentaje (%). Puede especificar el número de posiciones decimales que se desea usar, número de ceros a la izquierda, si los números negativos se muestran en color rojo o si se utiliza separador de miles...

- **Moneda:** se usa con los valores monetarios y muestra el símbolo de moneda predeterminado junto a los números. Se puede especificar el número de posiciones decimales que se va a usar, el uso de un separado de miles y el modo en que se muestran los números negativos.

  La configuración del idioma garantiza la conservación de los formatos de moneda, aunque el documento se abra en un sistema operativo con una configuración de idioma distinta.

- **Fecha:** muestra los números de serie que representan fechas y horas, como valores de fecha, según el idioma especificados.

- **Hora:** muestra los números de serie que representan las horas, como valores de hora, según el tipo y la configuración regional (ubicación) especificados.

- **Científico:** muestra un número en notación exponencial, en el que se reemplaza parte del número por En, donde E (exponente) multiplica el número anterior por 10 elevado a n.

  Por ejemplo, un formato científico de 2 decimales muestra 12345678901 como 1,23E+10; 1,23 se multiplica por 10 elevado a la décima potencia.

  Se puede especificar el número de posiciones decimales que se desea usar.

- **Fracción:** muestra un número como fracción, según el tipo de fracción que se especifique.

- **Valor booleano:** muestra en la celda el valor *true* y *false* como verdadero y falso, dependiendo del idioma seleccionado. Cualquier valor numérico distinto de cero es considerado verdadero. El cero se considera valor falso.

- **Texto:** se eliminará cualquier formato numérico y los datos de las celda serán tratados como texto, en lo que a propiedades de formato se refiere.

Desde la barra de herramientas podemos aplicar los siguientes formatos:

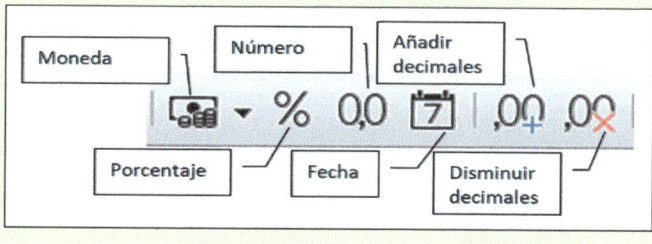

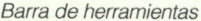

Barra de herramientas

1.3. Alineación

Desde esta pestaña podemos modificar la alineación vertical y horizontal del texto de las celdas y variar la orientación.

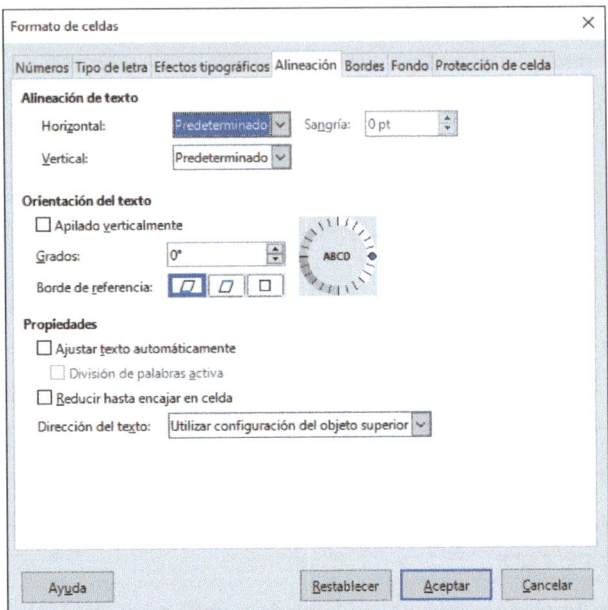

Ejemplo

■ **Alineación del texto en horizontal:** determina cómo se va a colocar la información horizontalmente dentro de la celda.

● **Izquierda.** Ajusta el dato a la izquierda y permite separar el dato del borde izquierdo de la celda, el número indicado por la caja sangría.

● **Centro.** Centra el dato dentro de la celda.

● **Derecha.** Ajusta el dato al lado derecho de la celda.

● **Justificado.** Aumenta la altura de la fila hasta que todo el texto quepa en la misma. Al mismo tiempo utiliza la alineación justificada.

● **Llenado.** Repite el dato dentro de la celda hasta que llene todo el ancho de celda.

● **Distribuida.** Este formato de alineación es similar a Justificar, pero admite sangrar el texto por los dos lados.

Algunos de estos formatos podemos aplicarlos a través de la barra de herramientas de Formato.

- **Alineación del texto en vertical:** determina cómo se va a colocar el texto verticalmente en la celda. Este formato solo se aprecia si la altura de la celda es superior a la del texto que contiene.

  - **Arriba.** Coloca el texto en la parte superior de la celda.

  - **Medio.** Coloca el texto centrado respecto a los bordes superior e inferior.

  - **Abajo.** Coloca el texto en la parte inferior de la celda.

  - **Justificado.** Aumenta la altura de la fila hasta que todo el texto quepa en la misma.

  - **Distribuido.** Reparte el texto verticalmente en la celda.

- **Apilado verticalmente:** coloca el texto sin inclinación con un carácter encima de otro.

- **Grados:** podemos definir los grados de inclinación del texto o arrastrando sobre el punto azul del botón giratorio situado a la izquierda (la rueda que contiene ABC).

- **Borde de referencia:** nos permite seleccionar la opción de posicionamiento cuando el texto está girado.

- **Ajustar automáticamente:** esta opción permite que el texto se coloque en varias líneas si es necesario, sin modificar el ancho de la columna, para que se muestre todo el contenido en su totalidad. Este formato puede provocar que la celda cambie el alto de la fila para permitir colocar todo el texto.

- **División de palabra activa:** permite activar o desactivar la inserción automática de guiones para la división de palabras, si hemos activado la opción de *Ajustar texto automáticamente*.

- **Reducir hasta encajar:** disminuye el tamaño del texto para que este se vea completo respetando el ancho de columna y alto de fila.

- **Dirección del texto:** permite la configuración para idiomas que escriben de derecha a izquierda, como el árabe.

Desde la barra de herramientas podemos añadir los siguientes formatos:

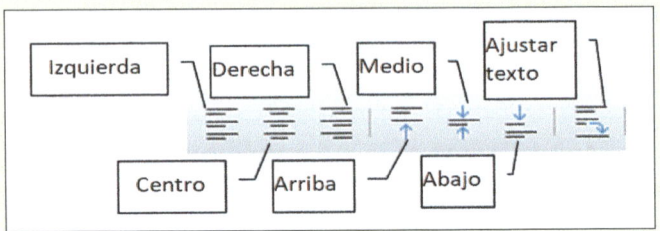

Formato alineación desde la barra de herramientas

1.4. Fuente

1.4.1. Tipos de letra

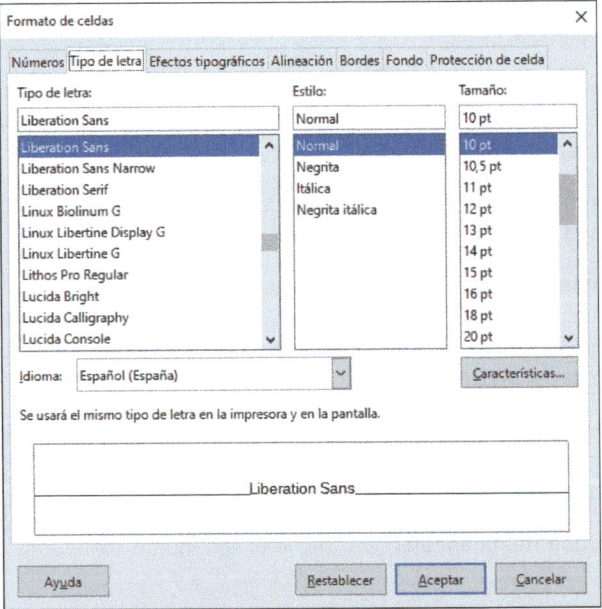

Formato de celdas/Tipo de letra

- **Tipos de letra:** el tipo de letra (fuente) es el nombre de los diferentes tipos de letra que se pueden utilizar para mostrar la información. La fuente determina el aspecto de las letras.

  En el cuadro desplegable de Tipo de letra aparecen los nombres de las fuentes que incluye Calc para su utilización.

Para seleccionar una fuente hacemos clic en el nombre de la fuente que aparece en la lista. Calc tiene una vista previa que muestra cómo quedaría esa fuente en las celdas seleccionadas.

- **Estilos:** los estilos nos permiten modificar algunos aspectos de la fuente.

  Sin entrar en el cuadro de diálogo podemos hacer que el texto aparezca en negrita pulsando la combinación de teclas Ctrl+N, o aplicar el estilo itálica (cursiva) pulsando la combinación de teclas Ctrl+I.

  Los estilos de las fuentes son prácticamente iguales, aunque podemos encontrar alguna fuente que no tenga todos los estilos o tenga alguno distinto.

- **Tamaño:** permite modificar el tamaño de la fuente.

- **Idioma:** idioma que se aplicará al realizar la corrección ortográfica.

1.4.2. Efectos tipográficos

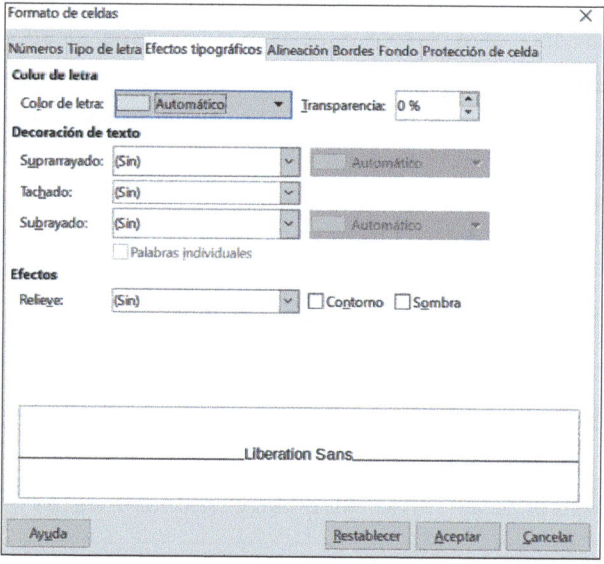

Formato de celdas/Efectos tipográficos

- **Color de letra:** con esta opción se puede determinar el color con el que va a aparecer el texto.

  Si pulsamos en el desplegable del comando nos muestra una amplia gama de colores a elegir.

■ **Trasparencia:** establece la transparencia del texto del carácter. El valor 100% significa completamente transparente, mientras que 0% significa nada transparente.

■ **Suprarrayado:** aplica un rayado por la parte superior del texto.

Si pulsamos en el desplegable del comando nos muestra una amplia gama de tipos de suprarrayado.

La casilla de la derecha se activará al seleccionar un valor de la lista.

■ **Tachado:** aplica un rayado por la parte central del texto.

Si pulsamos en el desplegable del comando podemos seleccionar el tipo de tachado a aplicar.

■ **Subrayado:** aplica un rayado por la parte inferior del texto.

Si pulsamos en el desplegable del comando nos muestra una amplia gama de tipos de subrayados.

La casilla de la derecha se activará al seleccionar un valor de la lista.

■ **Palabras individuales:** si seleccionamos el suprarrayado, tachado o subrayado y activamos esta opción, el efecto no se aplicará a los espacios que separan las palabras.

■ **Relieve:** permite aplicar al texto un efecto de Repujado, que hace que los caracteres parezcan elevados sobre el papel o Bajorrelieve, que hace que los caracteres parezcan estar presionados en la página.

■ **Contorno:** nos muestra solo el contorno de los caracteres.

Este efecto no se puede aplicar a todos los tipos de letra.

■ **Sombra:** añade una sombra en la parte inferior derechas de los caracteres.

Desde la barra de herramientas también podemos dar formato a la fuente:

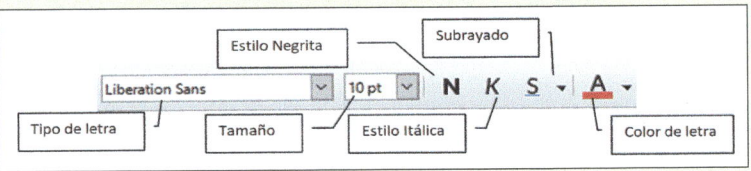

Barra de herramientas

1.5. Bordes

En esta pestaña podemos añadir o eliminar bordes, su disposición, estilo, grosor y color, a las celdas de la hoja de cálculo.

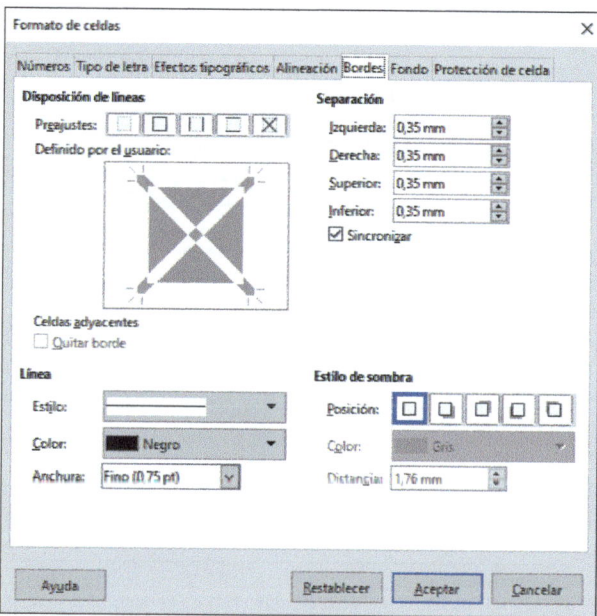

Formato de celdas/Bordes

- **Preajustes:** en este apartado podemos aplicar uno de los estilos que ya están predeterminados para seleccionar la zona de la celda o rango de celdas a las que deseamos aplicar el borde (ninguno, los cuatro bordes, solo borde izquierdo y derecho, solo borde superior e inferior, solo líneas diagonales). Dependiendo de si tenemos seleccionada un celda o rango presenta distintas opciones.

- **Definido por el usuario:** es este apartado podemos definir a qué zona deseamos aplicar el borde, pulsando sobre el dibujo aparece la zona en la que deseamos aplicar el borde.

- **Separación:** esta opción nos permite definir los márgenes internos de cada celda, de forma que el texto puede quedar más o menos separado del borde, dependiendo del valor que indiquemos en estas casillas.

Podemos establecer los márgenes de forma independiente para cada lado, pero si tenemos activada la casilla *Sincronizar*, al modificar un valor, se establece el mismo para los otros 3 lados.

■ **Línea:** en este apartado seleccionaremos el estilo de línea, color y anchura para el borde.

■ **Estilo de sombra:** permite aplicar un efecto de sombra a los bordes, seleccionando uno de los 4 estilos, pudiendo aplicarle un color a la sombra e indicar su anchura.

Desde la barra de herramientas también podemos aplicar bordes:

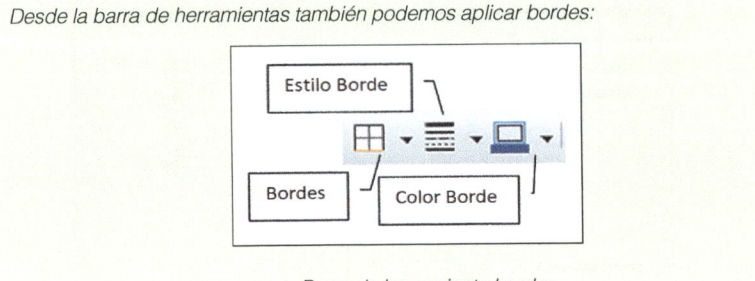

Barra de herramienta bordes

1.6. Relleno

Otra opción para aplicar formatos a las celdas en LibreOffice Calc es seleccionar un color de relleno para el fondo de la celda o del rango de celdas.

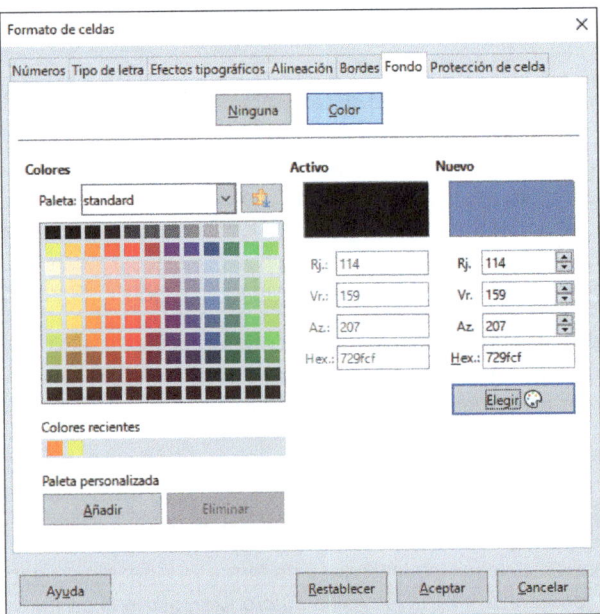

Formato de celdas/Fondo

- **Ninguna:** el botón *Ninguna* establece que las celdas o rango de celdas no tiene aplicado ningún fondo.

- **Color:** el botón *Color* nos permite definir un color de fondo, seleccionando en la casilla *Paleta* otra paleta con colores distintos, o estableciendo un color nuevo especificando con valores de rojo, verde y azul en los respectivos cuadros R, G y B.

  Los valores permitidos van del 0 al 255.

- **Elegir:** el botón *Elegir* nos abre un cuadro de diálogo que nos permite seleccionar un color deseado.

También podemos utilizar la barra de herramientas para aplicar relleno:

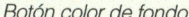

Botón color de fondo

1.7. Protección

En esta pestaña tenemos diferentes opciones de protección para la celda o intervalo de celdas seleccionadas.

Dependiendo de las casillas de verificación que marquemos, podremos ocultar los datos y fórmulas para que no se vean en la barra de fórmulas, así como proteger las celdas para que no sean modificadas.

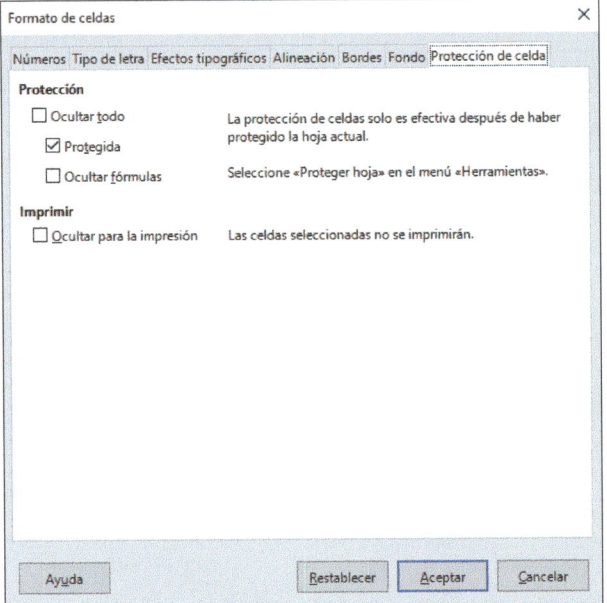

Formato de celdas/Protección de celdas

- **Ocultar todo:** oculta las fórmulas y el contenido de las celdas seleccionadas.

- **Protegida:** impide que se hagan cambios en las celdas modificadas.

- **Ocultar fórmulas:** oculta las fórmulas de las celdas seleccionadas.

- **Ocultar para la impresión:** cuando se imprima la hoja las celdas seleccionadas no se imprimirán.

2. Combinar y separa celdas

Para realizar este proceso tenemos varias posibilidades:

- En el menú *Formato/Combinar y separar celdas:*

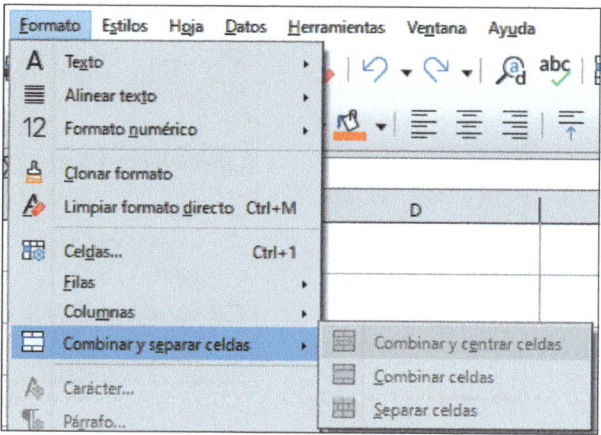

Formato/Combinar y separar celdas

- Pulsando en los botones de la barra de herramientas de formato:

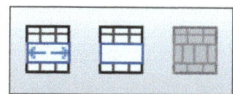

Botones barra de herramientas

Antes de combinar las celdas debemos seleccionar las que vamos a unir en una sola.

■ A través del menú de contextual (para ello hay que tener seleccionada más de una celda):

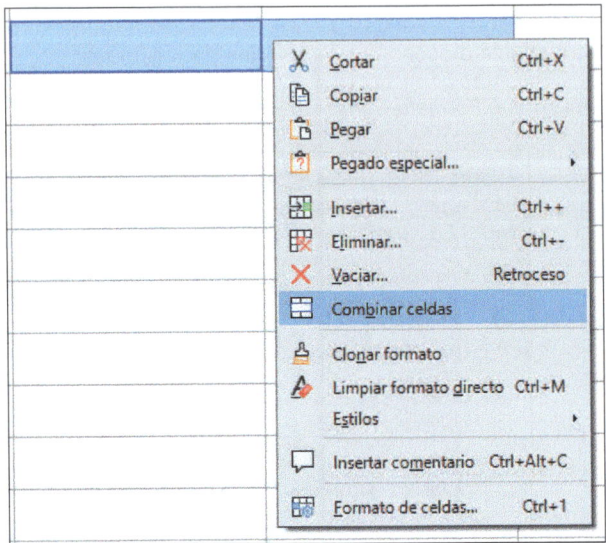

Menú contextual

3. Anchura y altura de las columnas y filas

3.1. Ancho de columna

En cualquier momento, se puede cambiar el ancho de una columna para visualizar los datos que no se ven, por ser más grandes que el ancho de la columna en la que se encuentran, o para ajustarlos al contenido.

Para modificar el ancho de columna podemos utilizar varios procedimientos:

■ Para asignar una medida determinada iremos al menú de *Formato/Columna, Anchura* o a través del **menú contextual**, pulsando el botón derecho de ratón encima de la etiqueta de fila.

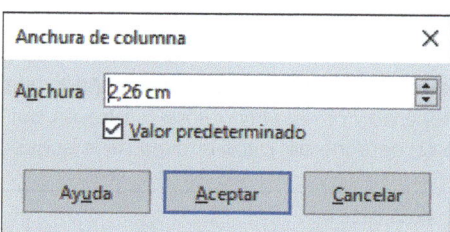

Anchura de columna

- Si no necesitamos una medida exacta podemos realizar el cambio de forma manual. Una vez seleccionada la columna o columnas pulsamos con el botón izquierdo del ratón en la línea que divide las columnas y arrastramos. Según arrastramos, Calc nos mostrará la anchura.

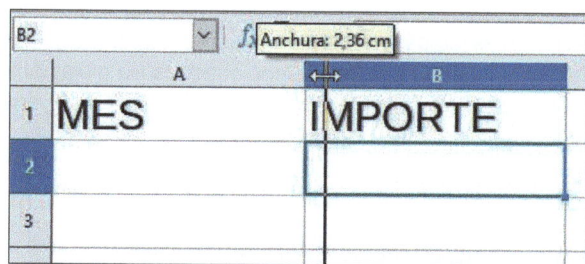

Forma manual

- Otra posibilidad que tenemos es ajustar el alto de la fila en función de la altura del texto. Para realizarlo podemos utilizar el menú *Formato/Fila/Altura Óptima* o hacer un doble clic con el ratón entre las líneas divisorias de la fila.

Si el ancho de columna se establece como "0" (cero), la columna se oculta.

Doble clic

3.2. Altura de fila

■ Para cambiar el alto de una o varias filas asignado una medida determinada, iremos al menú de *Formato/Fila/Altura* o a través del menú contextual, pulsando el botón derecho del ratón encima de la etiqueta de fila.

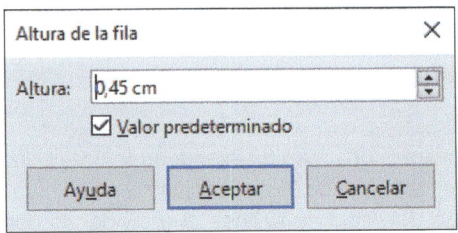

Altura de la fila

■ Si no necesitamos una medida exacta también podemos realizar el cambio de forma manual. Una vez seleccionada la fila o filas pulsamos con el botón izquierdo del ratón en la línea que divide las filas y arrastramos. Según lo hacemos, Calc nos mostrará la altura.

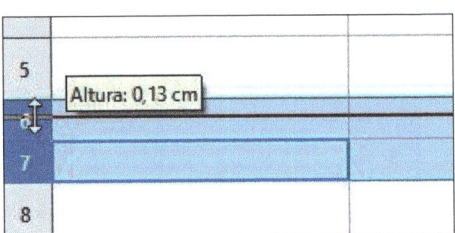

Forma manual

■ Otra posibilidad que tenemos es ajustar el alto de la fila en función de la altura del texto. Esto podemos hacerlo a través del menú *Formato/Fila/Altura Óptima* o haciendo un doble clic con el ratón entre las líneas divisorias de la fila.

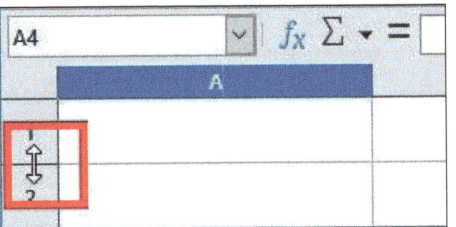

Ajustar el alto

4. Ocultando y mostrando columnas, filas u hojas de cálculo

4.1. Ocultando y mostrando columnas

Podemos **ocultar** las columnas utilizando la opción de menú *Formato/Columnas/Ocultar*á y ocultara la columna de la celda activa o las columnas que tengamos selec-cionadas.

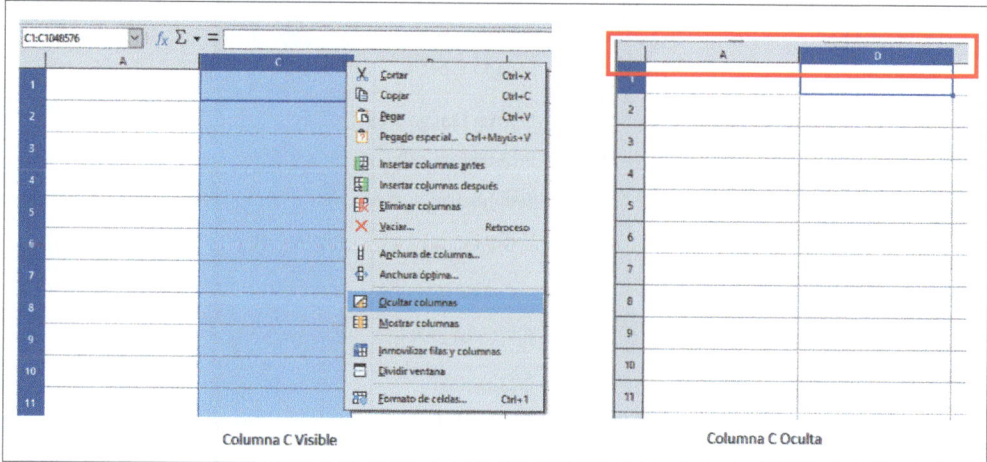

Columna C Visible   Columna C Oculta

Ejemplo de cómo ocultar una columna y cómo se visualizaría la tabla sin ella

El procedimiento para mostrar una columna/s oculta/s es:

- Seleccionar la/s columna/s anterior/es y posterior/es a la oculta.

- Ir a *Formato/Columnas/Mostrar* o seleccionar la opción *Mostrar columnas* del menú contextual.

4.2. Ocultando y mostrando filas

El procedimiento para **ocultar filas** es el mismo que para las columnas, con la única diferencia de que tenemos que seleccionar la opción *Formato/Filas/Ocultar* o seleccionar en el menú contextual *Ocultar filas*.

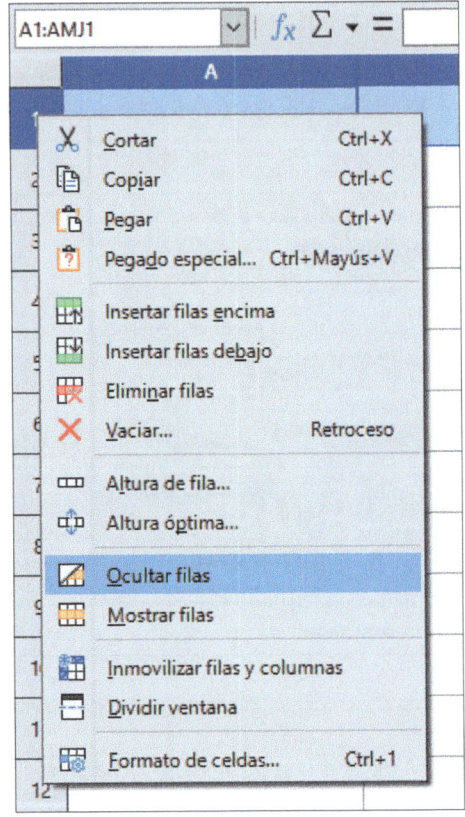

Menú contextual

El procedimiento para **mostrar** una fila/s oculta/s es:

- Seleccionar la/s fila/s anterior/es y posterior/es a la oculta.

- Ir a *Formato/Filas/Mostrar* o seleccionar la opción *Mostrar filas* del menú de contexto.

4.3. Ocultando y mostrando hojas

Para **ocultar** un/as hoja/as realizamos los siguientes pasos:

- Seleccionamos las hojas que deseamos ocultar.

- Hacemos clic en el menú de *Hoja/Ocultar hoja* o hacemos clic con el botón derecho del ratón en una de las hojas seleccionadas y, en el menú contextual, seleccionamos *Ocultar hoja*.

Para **mostrar** un/as hoja/as realizamos los siguientes pasos:

- Seleccionamos *Mostrar hoja* desde el menú *Hoja/Mostrar hoja* o a través del menú contextual, pulsando con el botón derecho del ratón encima de una etiqueta de hoja y seleccionando la opción.

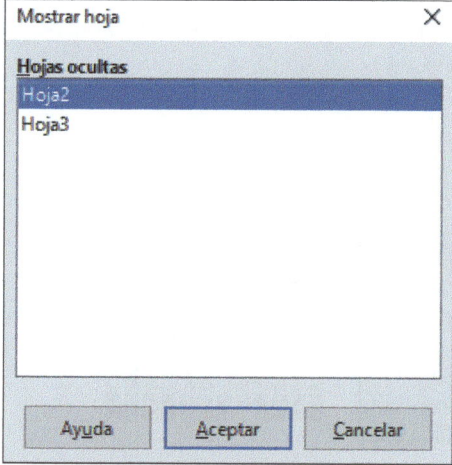

Cuadro de diálogo Mostrar hoja

- En el cuadro de diálogo que se nos muestre aparecen las hojas que están ocultas, seleccionamos las que queremos volver a mostrar y pulsamos en *Aceptar*.

5. Formato de la hoja de cálculo

De forma predeterminada, Calc proporciona una hoja de cálculo en cada libro.

Ya hemos visto que se pueden insertar hojas de cálculo adicionales, eliminarlas y ocultarlas, pero también podemos cambiar el color de la pestaña, por ejemplo, para destacar alguna hoja de cálculo.

Para cambiar el color a la pestaña realizamos los siguientes pasos:

- Seleccionamos las hojas a las que deseamos cambiar el color de la pestaña.

- Hacemos clic en el menú *Hoja/Color de pestaña de la hoja* o en el menú de contexto *Color de pestaña*.

- En el cuadro de diálogo *Color de pestaña* seleccionamos el color.

- Pulsamos en *Aceptar*.

Pasos para cambiar el color a la pestaña de hoja

Ejemplo de cómo cambiar el color de la pestaña de hoja

6. Cambio de nombre de una hoja de cálculo

Calc nombra las hojas existentes como Hoja1, Hoja2, Hoja3, Hoja4, etc. Este nombre que Calc asigna por defecto puede cambiarse, de manera que los nombres de las hojas sean más representativos a la hora de almacenar datos en ellas.

Para hacerlo podemos realizar cualquiera de los siguientes pasos:

- Seleccionar en el menú de *Hoja/Cambiar nombre de hoja*.

- Abrir con el botón derecho del ratón un menú contextual situándonos encima de la pestaña de la hoja y seleccionar *Cambiar nombre de hoja*.

- Hacer un doble clic en la pestaña de la hoja.

De cualquiera de las formas se mostrará el cuadro de diálogo *Cambiar nombre de Hoja* donde pondremos el nuevo nombre.

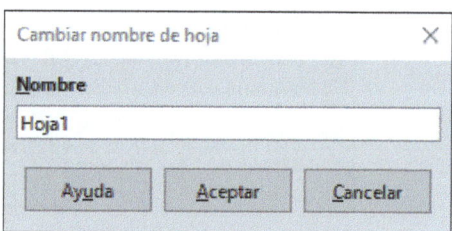

Cuadro de diálogo Cambiar nombre de Hoja

7. Formatos condicionales

7.1. Introducción

Los formatos condicionales en Calc permiten explorar y analizar los datos de forma visual. Facilitan el proceso de resaltar celdas o rangos de celdas interesantes o cambiar el aspecto de un rango en función de una condición.

Así se podrá determinar visualmente cuáles son los productos más vendidos, mostrar con un formato determinado los valores más altos y más bajos en un rango de celdas según un valor de corte, etc.

Podremos establecer formatos condicionales empleando escalas de colores, barras de datos, iconos, valores máximos y mínimos, por encima o por debajo de la media o utilizando una fórmula.

La opción para aplicar el formato condicional se encuentra dentro del menú *Formato/Condicional* o en el botón *Condición* de la barra de herramientas de formato.

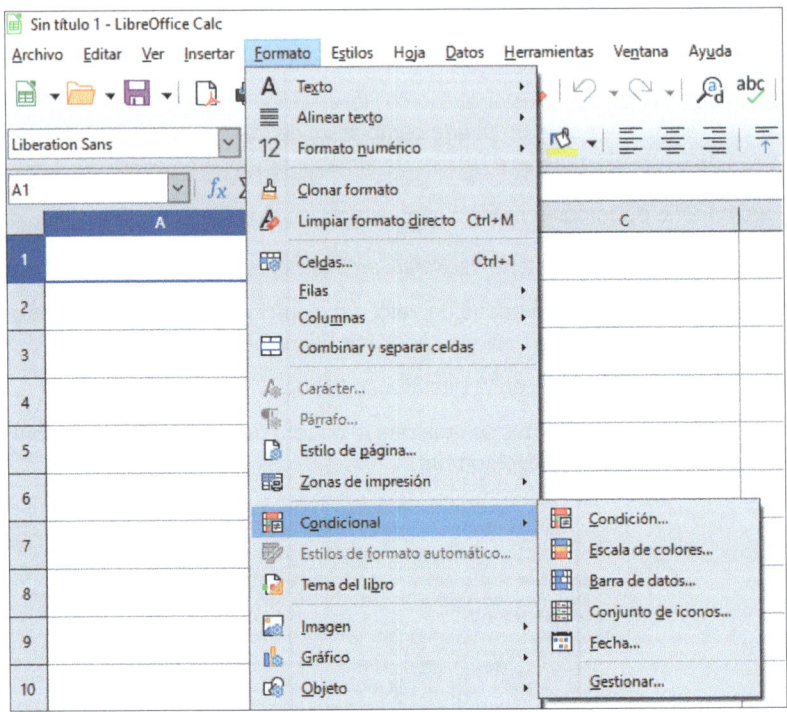

Formato/Condicional

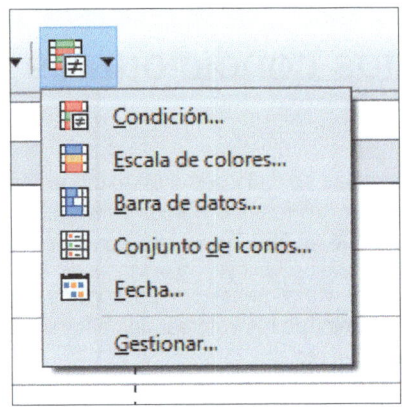

Botón Condición

7.2. Formato condicional empleando condición

El formato condicional es un tipo especial de formato que se aplica sobre una o más celdas, solo en caso de que se cumplan unas condiciones en función del valor contenido en las celdas.

Para establecer un formato condicional empleando una "condición":

■ Seleccionamos un rango de celdas, por ejemplo, B2:B12.

■ Vamos a menú *Formato/Condicional/Condición.*

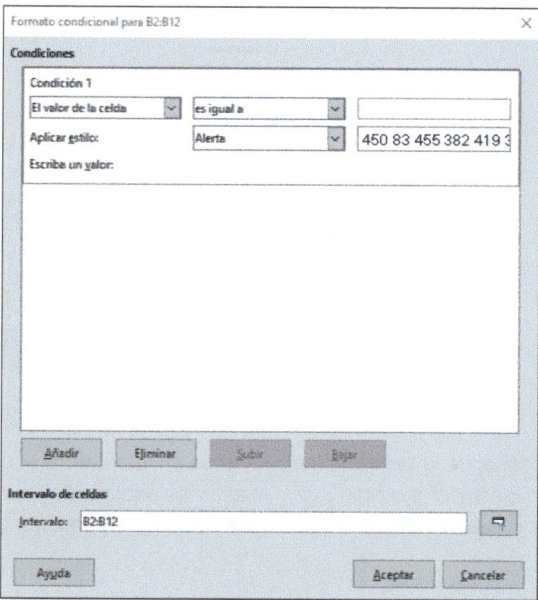

Cuadro de diálogo

- En *Condición 1*, con *El valor de la celda* ya seleccionado, desplegamos la lista que hay a continuación y elegimos la condición que deseemos. Por ejemplo, *es mayor que*.

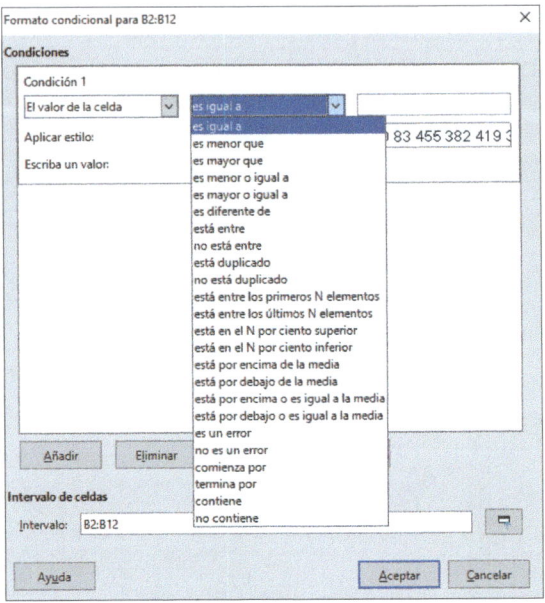

Desplegable

- En la casilla de la derecha introducimos el valor sobre el que se va a aplicar la condición, por ejemplo, *100*. Al estar seleccionada la condición *es mayor que*, aplicará el formato a las celdas que tengan un valor mayor de 100.

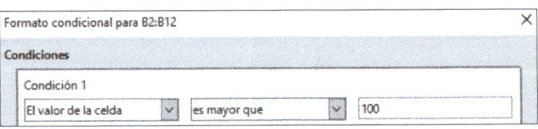

El valor de la ceda es mayor que 100

7.3. Formato condicional empleando escalas de colores

Permite comparar un rango de celdas utilizando una degradación de 2 o 3 colores. El tono del color representa los valores superiores e inferiores en el caso de utilizar una escala de 2 colores; y valores superiores, medios (percentil) e inferiores en el caso de utilizar una escala de 3 colores.

Para establecer un formato condicional empleando una escala de color:

■ Seleccionamos el rango de celdas.

■ Vamos a menú *Formato/Condicional/Escala de colores*.

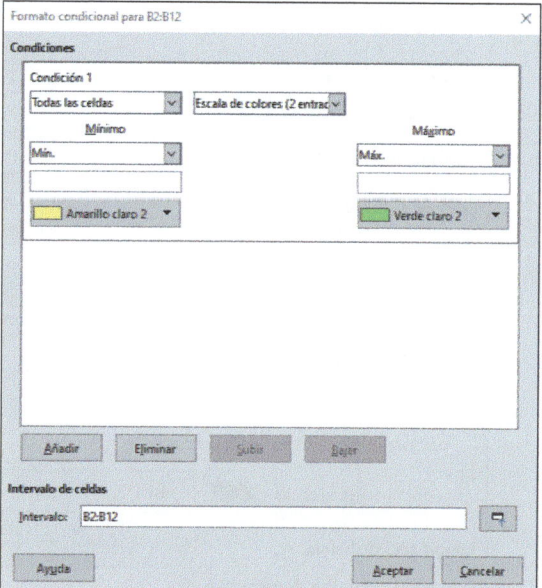

Cuadro de diálogo

■ Dejamos el valor de *Todas las celdas* y desplegamos la casilla de la derecha para seleccionar la opción deseada, por ejemplo, *Escala de colores (2 entradas)*.

7.4. Formato condicional empleando barra de datos

Usando la barra de datos en el formato condicional podemos ver el valor de una celda con relación a las demás, representado por una barra coloreada en la celda. A través de la longitud de esa barra se representa el valor de la celda. La barra más grande representa el valor mayor y la barra más corta el valor menor.

Para establecer un formato condicional empleando una escala de color:

■ Seleccionamos el rango de celdas.

■ Vamos a menú *Formato/Condicional/Barra de datos*.

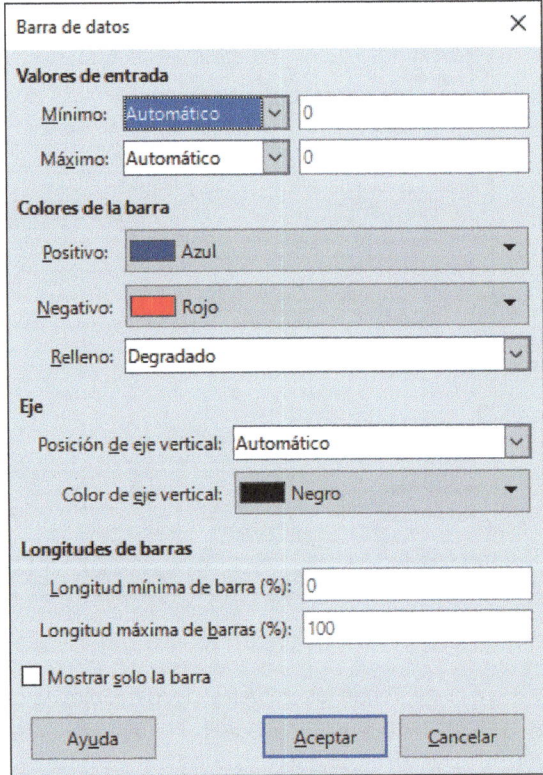

Cuadro de diálogo Barra de datos

7.5. Formato condicional empleando conjuntos de iconos

Usando un conjunto de iconos se puede establecer un formato condicional para clasificar o mostrar datos de tres a cinco categorías separadas por un valor concreto.

Cada icono representa un valor de cada celda.

Para establecer un formato condicional empleando una escala de color:

- Seleccionamos el rango de celdas.

- Vamos a menú *Formato/Condicional/Conjunto de iconos*.

- En la casilla de la derecha podemos seleccionar el número de iconos que deseamos, así como el icono.

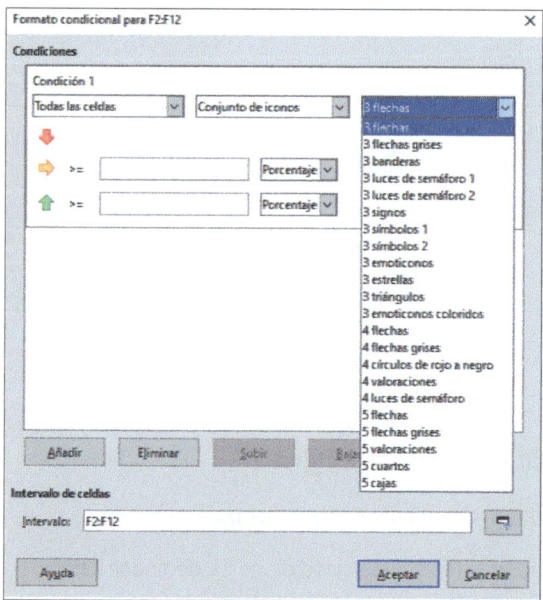

Cuadro de diálogo

Las condiciones se pueden indicar en relación a un valor *(Valor)*, al porcentaje de la cantidad de valores del intervalo *(Porcentaje)*, como el punto medio del valor del intervalo *(Percentil)* o a una fórmula *(Fórmula)*.

7.6. Formato condicional empleando conjunto de iconos

Esta opción aplicará un estilo definido en función de la fecha elegida en el cuadro combinado: Hoy - Ayer - Mañana - Últimos 7 días - Esta semana - Semana anterior.

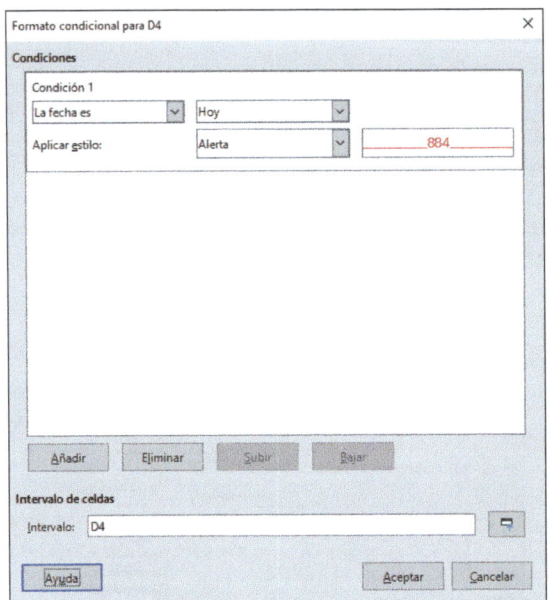

Cuadro de diálogo

7.7. Gestionar las reglas

Desde *Formato/Condicional/Gestionar* podemos:

- Ver todos los formatos condicionales de nuestra hoja.

- Eliminarlos todos o uno.

- Modificarlos.

- Crear una nueva regla de formato condicional.

Al seleccionar la opción **Gestionar** se muestra un cuadro de diálogo con una lista ordenada por rangos de aplicación con la primera condición que se aplica a cada rango.

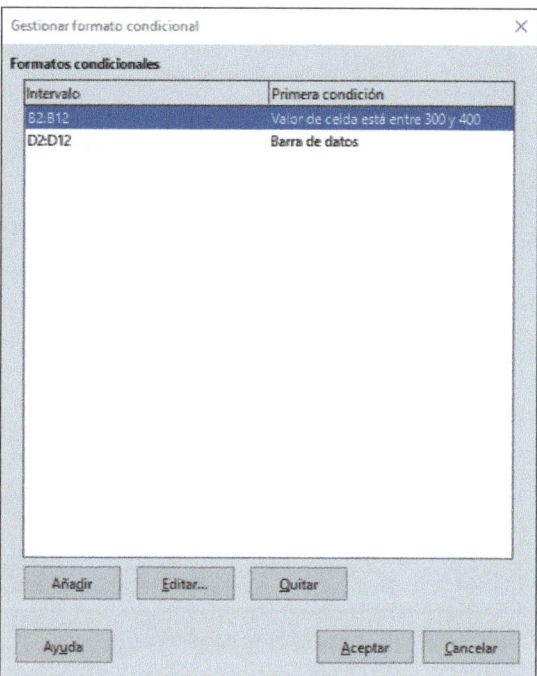

Gestionar formato condicional

Si pulsamos en Editar se mostrará el formato condicional del intervalo seleccionado y podremos modificar el tipo de opciones o el estilo a aplicar.

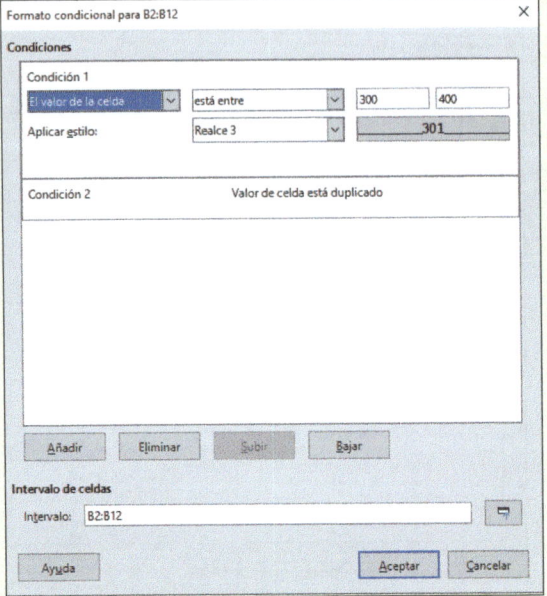

Editar formato condicional

8. Autoformatos o estilos predefinidos

8.1. Autoformatos

Para darles un formato atractivo a las celdas de forma rápida, Calc cuenta con la herramienta de formato automático, que podemos encontrar en el menú *Formato/Estilo de Formato automático*.

Para utilizar esta herramienta, previamente, debemos seleccionar la zona de la hoja en la que deseamos aplicar el autoformato.

La opción Estilo de Formato automático solo estará disponible cuando se selecciona un intervalo de 3 columnas y 3 filas como mínimo.

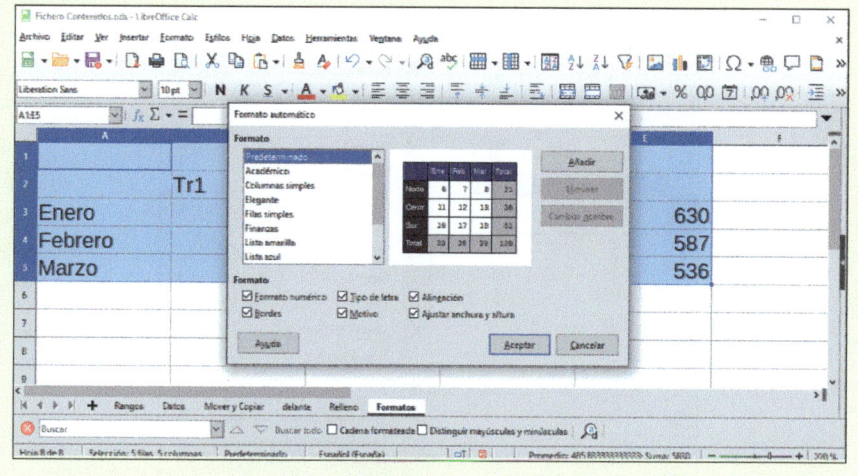

Cuadro de diálogo de Formato automático

- **Formato:** en esta sección se pueden seleccionar y deseleccionar las opciones de formato disponibles.

- **Añadir:** permite añadir el formato actual de un intervalo de al menos 4 × 4 celdas a la lista de formatos automáticos predefinidos.

- **Eliminar:** elimina el autoformato seleccionado, excepto el predeterminado.

- **Cambiar nombre:** permite cambiar el nombre al autoformato, excepto el predeterminado.

8.2. Estilos predefinidos

Otra forma de poder aplicar formato a las celdas es a través de los estilos.

*Podemos definir a los **estilos** como un conjunto de diversos formatos, que guardamos con un nombre y que, posteriormente, podremos aplicar a las celdas.*

Podemos acceder a ellos de varias maneras:

- Desde el menú *Estilos*:

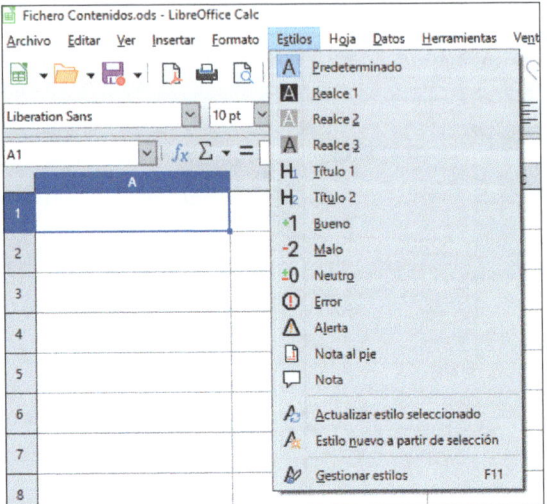

Menú Estilos desplegado

- Pulsando la tecla **F11**:

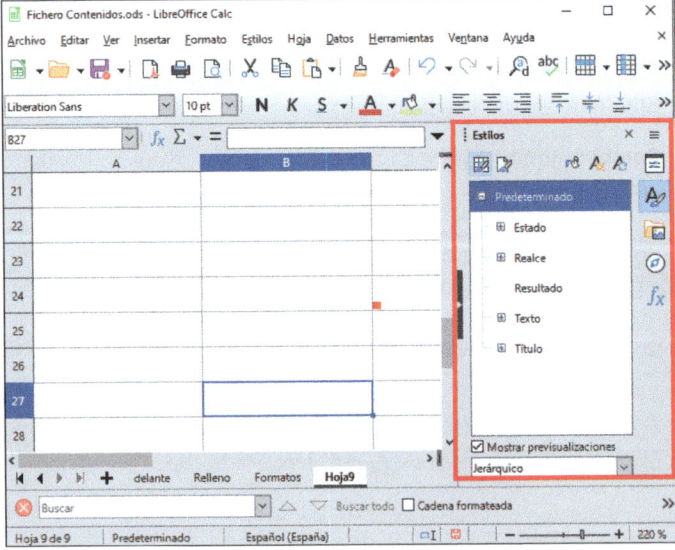

Estilos

■ Desde la barra lateral, haciendo clic en el botón ***Estilos***:

La barra lateral se puede activar en Ver/Barra Lateral o con CTRL+F5.

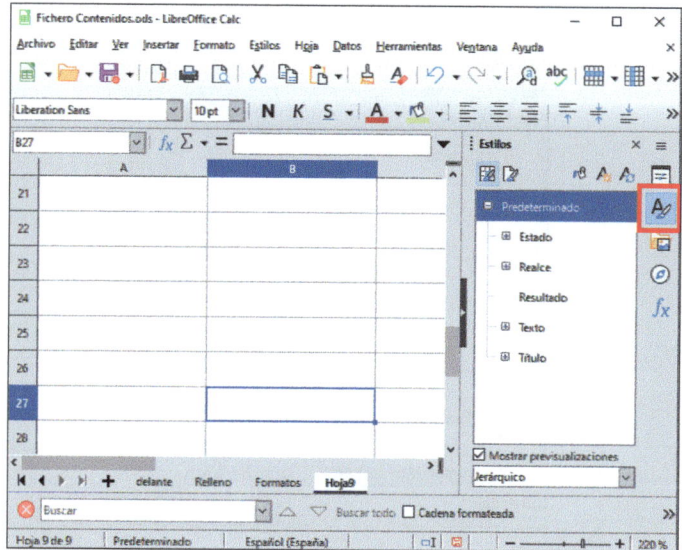

Barra lateral Estilos

Independientemente de la forma en que accedemos a los estilos, se mostrarán en la barra lateral.

El panel de la barra lateral nos muestra, en la parte superior, una barra de herramientas y, justo debajo, la lista de los estilos.

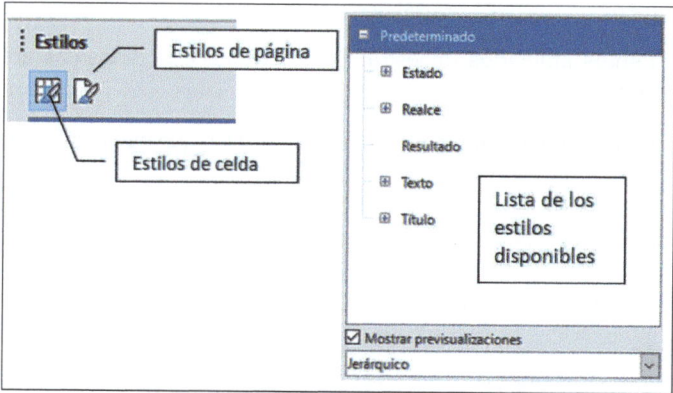

Estilos de página/Estilos de celda/Lista de estilos disponibles

Si pulsamos el signo + nos despliega los estilos de esa categoría.

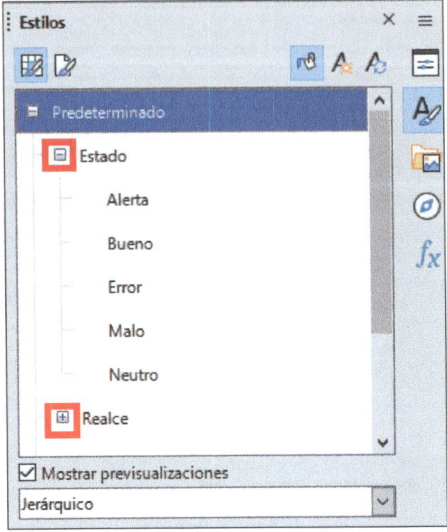

Lista de estilos

Esta lista desplegable nos permite organizar los estilos de distintas formas:

- **Jerárquico:** muestra los estilos organizados en grupos jerárquicos

- **Todos los estilos:** muestra todos los estilos ordenados por el nombre

- **Estilos ocultos:** muestra los estilos que hayamos ocultado, a través del menú de contexto del estilo

- **Estilos aplicados:** muestra solo los estilos que tengamos aplicados en la hoja actual.

- **Estilos personalizados:** muestra los estilos que hayamos creado.

8.3. Utilizar estilos de celda predeterminados

Para aplicar un estilo de celda a una celda o un rango realizamos los siguientes pasos:

- Seleccionamos la celda o rango de celdas.

- Accedemos al panel de estilos, si no lo tenemos visualizado.

■ Hacemos un doble clic sobre el estilo que deseamos aplicar.

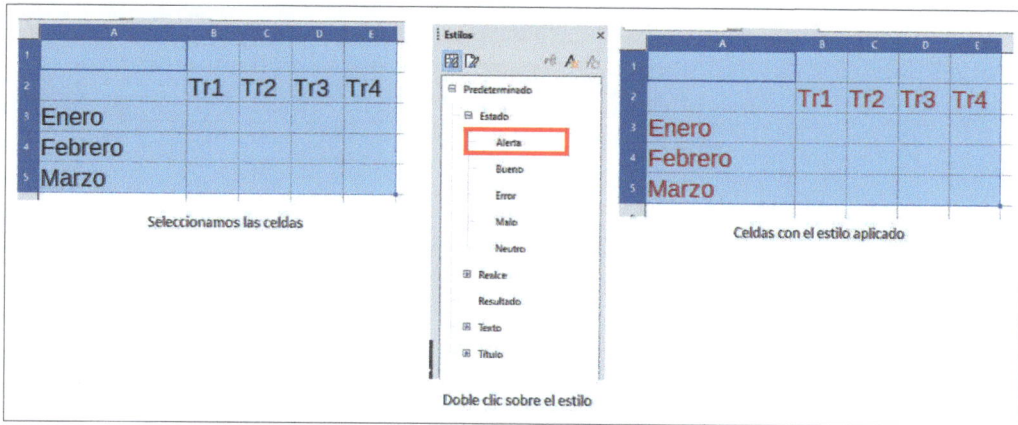

Ejemplo de cómo aplicar un estilo

8.4. Modificar un estilo de celda

Para modificar un estilo de celda seguiremos los siguientes pasos:

■ Mostramos el panel de estilos.

■ Hacemos clic con el botón derecho del ratón encima del estilo que deseamos modificar y seleccionamos *Modificar*.

■ Se nos muestra el cuadro de diálogo de *Estilo de celda*, seguido del nombre del estilo que estamos modificando.

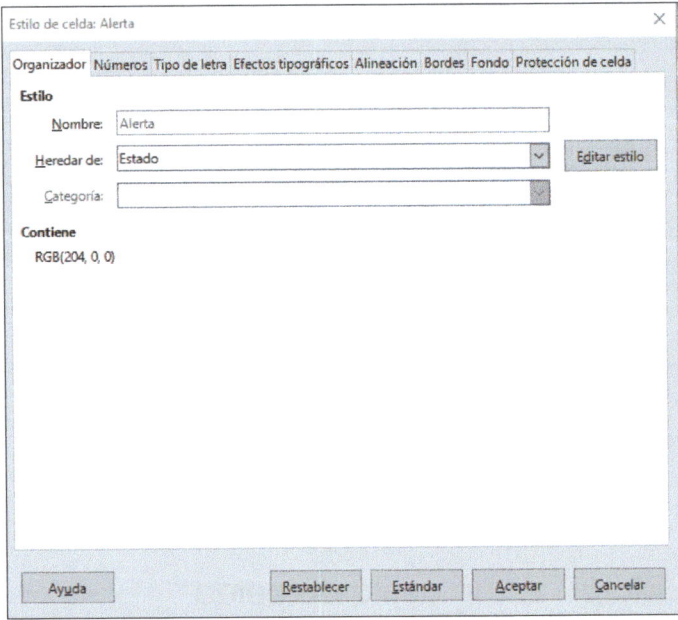

Cuadro de diálogo Estilo de celda

◾ En cada una de las fichas podemos ir modificando las propiedades del estilo de celda.

◾ Tras realizar los cambios pulsamos el botón de *Aceptar*.

8.5. Crear un estilo de celda

Para crear un estilo de celda seguiremos los siguientes pasos:

◾ Mostramos el panel de estilos.

◾ Hacemos clic con el botón derecho del ratón encima de la categoría o nombre de estilo, del cual queremos que dependa en nuevo estilo y seleccionamos *Nuevo*.

◾ Se muestra el cuadro de diálogo *Estilo de celda* y en el cuadro *Nombre* de la ficha *Organizador* escribimos en nombre del nuevo estilo.

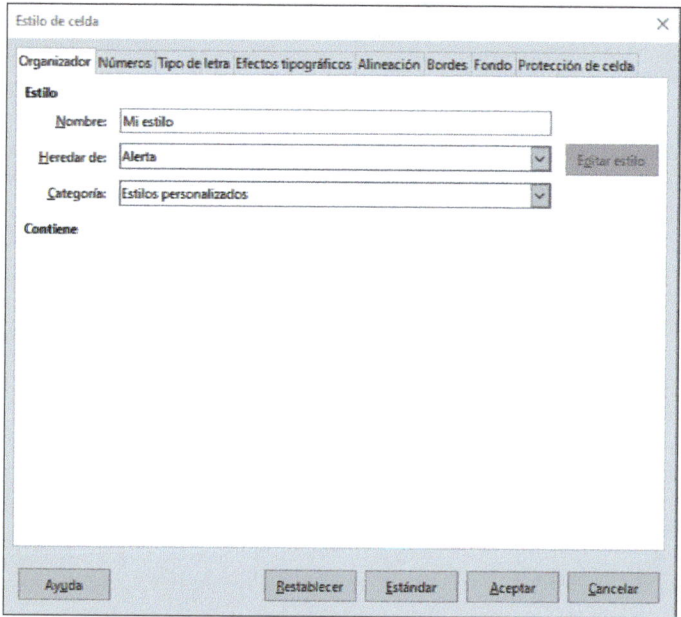

Estilo de celda/Organizador

- En la lista desplegable *Heredar de*: seleccionamos un estilo de los ya creados, por lo que el nuevo estilo hereda todas las propiedades de este estilo.

- En cada una de las fichas podemos ir modificando las propiedades del estilo de celda que estamos creando.

- Una vez tengamos ya definidas todas las propiedades del nuevo estilo, pulsamos en el botón *Aceptar*.

Con el estudio de esta unidad hemos alcanzado el objetivo CE1.3 En casos prácticos de confección de documentación administrativa, científica y económica, a partir de medios y aplicaciones informáticas de reconocido valor en el ámbito empresarial:

- *Aplicar el formato preciso a los datos y celdas de acuerdo con el tipo de información que contienen, facilitando su tratamiento posterior.*

- *Aplicar los criterios de protección, seguridad y acceso a la hoja de cálculo.*

- *Aplicar las funciones y utilidades de movimiento, copia o eliminación de ficheros, que garanticen las normas de seguridad, integridad y confidencialidad de los datos.*

Resumen

En esta unidad hemos estudiado cómo modificar la apariencia de una hoja de cálculo. Podemos cambiar varios elementos:

- El **formato** de las celdas, a través de la opción *Formato/Celdas*, con el menú de contexto o Ctrl + 1:

  - Número.

  - Tipos de letra.

  - Efectos tipográficos.

  - Alineación.

  - Bordes.

  - Fondo.

  - Protección de celda.

- La **anchura y altura de columnas y filas**, a través del menú de *Formato/Columna* o *Formato/Fila*.

- **Ocultar y mostrar columnas, filas y hojas de cálculo**, a través del menú de *Formato/Columna, Formato/Fila* y el menú *Hoja*.

- Los formatos condicionales en Calc te permiten explorar y analizar los datos de forma visual. Facilitan el proceso de resaltar celdas o rangos de celdas interesantes o cambiar el aspecto de un rango en función de una categoría, utilizando *Formato/Condicional*.

- Vimos cómo utilizar los autoformatos y estilos de celda que nos permiten aplicar formatos de una forma rápida, a través de las opciones del menú *Formato, Estilos de formato automáticos* y el menú de *Estilos*.

UNIDAD DIDÁCTICA 8

Fórmulas

Objetivos

☑ Aplicar fórmulas sobre las celdas o rangos de celdas, nombrados o no, de acuerdo con los resultados buscados, comprobando su funcionamiento y el resultado que se prevé.

Contenido

Introducción

Resumen

Introducción

En esta unidad vamos a aprender a trabajar con fórmulas en Calc. Empezaremos identificando los operadores que forman parte de ellas, es decir, conocer el signo o símbolo que especifica el tipo de cálculo que se debe llevar a cabo.

Veremos cómo vincular dos hojas de cálculo estableciendo un nexo de unión entre ambas a través de una celda. Al realizar dicha vinculación entre libros utilizaremos las referencias externas.

1. Operadores y prioridad

1.1. Introducción

Se define **operador** como un signo o símbolo que especifica el tipo de cálculo que se debe llevar a cabo en una expresión.

Para poder trabajar con fórmulas es necesario conocer los distintos operadores que forman parte de ellas.

En algunos casos, el orden en el que se ejecuta el cálculo puede afectar al valor devuelto de la fórmula. Por tanto, es importante comprender cómo se determina el orden y cómo puede cambiar el orden para obtener los resultados deseados.

1.2. Orden de cálculo y prioridad de operadores

Las fórmulas calculan los valores en un orden específico.

- Las fórmulas de Calc siempre comienzan por el signo igual (=). Calc interpreta los caracteres detrás del signo igual como una fórmula.

- Tras el signo igual están los elementos que se van a calcular (los operandos); por ejemplo, constantes o referencias a celdas.

- Estos se encuentran separados por operadores de cálculo.

■ Calc calcula la fórmula de izquierda a derecha, según el orden específico de cada operador de la fórmula.

Si se combinan varios operadores en una única fórmula, Calc ejecutará las operaciones en el siguiente orden (de mayor a menor prioridad):

■ Operadores de referencia : ; !

■ Negación -

■ Porcentaje %

■ Potencia ^

■ Multiplicación y división * /

■ Suma y resta + -

■ Concatenación &

■ Comparación = <> >= <= < >

1.3. Uso de paréntesis

Si escribimos la siguiente fórmula:

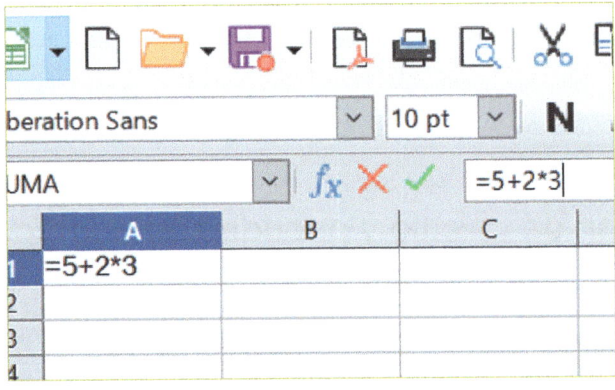

=5+2*3

El resultado es 11 porque Calc efectúa la multiplicación antes que la suma. La fórmula multiplica 2 por 3 y, a continuación, suma 5 al resultado.

Pero si escribimos =(5+2)*3, la aplicación sumará 5 y 2 y, a continuación, multiplicará el resultado por 3. El resultado, en este caso, es 21.

Si lo complicamos un poco más con la siguiente fórmula: =(B4+25)/SUMA(D5:F5) (para este tipo de operaciones necesitamos un documento con cifras en las celdas a las que hace referencia), los paréntesis que rodean la primera parte de la fórmula indican a Calc que calcule B4+25 primero y después divida el resultado por la suma de los valores de las celdas D5, E5 y F5.

1.4. Tipos de operadores

1.4.1. Operadores aritméticos

Para ejecutar las operaciones matemáticas básicas como suma, resta, multiplicación o división, combinar números y generar resultados numéricos utilizamos los siguientes operadores aritméticos.

Operador aritmético	Significado	Ejemplo
+ (signo más)	Suma	3+3
– (signo menos)	Resta/Negación	3-1 o -1
* (asterisco)	Multiplicación	3*3
/ (barra oblicua)	División	3/3
% (signo de porcentaje)	Porcentaje	20%
^ (acento circunflejo)	Exponenciación	3^2

1.4.2. Operadores de comparación

Cuando se comparan dos valores usando los siguientes operadores el resultado es un valor lógico: verdadero o falso.

Operador de comparación	Significado	Ejemplo
= (signo igual)	Igual a	A1=B1
> (signo mayor que)	Mayor que	A1>B1
< (signo menor que)	Menor que	A1<B1
>= (signo mayor o igual que)	Mayor o igual que	A1>=B1
<= (signo menor o igual que)	Menor o igual que	A1<=B1
<> (signo distinto de)	Distinto de	A1<>B1

1.4.3. Operadores de concatenación de texto

Utiliza & para concatenar (unir) una o varias cadenas de texto con el fin de generar un solo elemento de texto.

Operador de texto	Significado	Ejemplo
& ("y" comercial)	Conecta o concatena dos valores para generar un valor de texto continuo	"North"&"wind" produce "Northwind"

1.5. Operadores especiales o de referencia

Se deben combinar rangos de celdas para los cálculos con los siguientes operadores:

■ **Dos puntos:** operador de rango, que genera una referencia a todas las celdas entre dos referencias, estas incluidas.

A1:B3 hace referencia a las celdas A1, A2, A3, B1, B2 y B3.

■ **Punto y coma:** operador de unión, que combina varias referencias en una sola.

A1:A3;B2:B4 hace referencia a la celdas A1,A2, A3, B2, B3 y B4.

■ **Operador de intersección (espacio):** que genera una referencia a las celdas comunes a dos referencias.

La referencia B5:E10 C2:D8 da como resultado la referencia a C5:D8, ya que este rango es la intersección de los dos rangos anteriores, de modo que si se tuviese la fórmula =SUMA(B5:E10 C2:D8), Calc devolverá la suma de las celdas C5:D8.

	A	B	C	D	E
1					
2					
3					
4					
5			C5		
6					
7					
8			B8		
9					
10					

Ejemplo de la referencia B5:E10 C2:D8

2. Escritura de fórmulas

A continuación, se muestran los tipos de fórmulas que se pueden escribir en una hoja de cálculo:

Fórmula	Explicación
=5+2*3	Suma 5 al resultado de multiplicar 2 por 3.
=A1+A2+A3	Suma los valores de las celdas A1, A2 y A3.
=RAIZ(A1)	Usa la función RAIZ para devolver la raíz cuadrada del valor contenido en A1.
=HOY	Devuelve la fecha actual.
=MAYUSC("hola")	Convierte el texto "hola" en "HOLA" mediante la función de hoja de cálculo MAYUSC.
=SI(A1>0)	Comprueba si la celda A1 contiene un valor mayor que 0.

*Las **fórmulas** son ecuaciones que pueden realizar cálculos, devolver información, manipular el contenido de otras celdas, comprobar condiciones, etc. Una fórmula siempre comienza con el signo igual (=).*

Una fórmula también puede contener lo siguiente: referencias, operadores y constantes:

$$=PI()*A2^2.$$

- Funciones. La función PI() devuelve el valor de pi: 3,142.

- Operadores. El operador ^ (acento circunflejo) eleva un número a una potencia, y el operador * (asterisco) multiplica números.

- Referencias. A2 devuelve el valor de la celda A2.

- Constantes. Números o valores de texto escritos directamente en una fórmula.

3. Copia de fórmulas

Con la fórmula escrita, situamos el cursor en la parte inferior derecha de la celda en la que está la fórmula y arrastramos cuando el puntero se convierta en una +.

Podremos ver cómo en las celdas que se ha copiado la fórmula, esta es la misma, pero las referencias han cambiado.

4. Referencias relativas, absolutas y mixtas

En las fórmulas, la mayoría de las veces, escribimos la referencia a la celda porque, de esta manera, siempre haremos referencia al valor que tenga la celda. Así, si el valor varía, la fórmula nos da el resultado en función del nuevo dato, sin necesidad de tener que hacer ningún cambio en la fórmula.

Como vimos en el apartado anterior, es fácil copiar fórmulas en Calc, pero ¿qué sucede con las referencias de dicha fórmula al momento de hacer la copia? Es ahí donde su comportamiento dependerá del tipo de referencia que se haya utilizado y, a continuación, analizaremos las alternativas que tenemos.

4.1. Referencias relativas

Una referencia relativa en una fórmula, como A1, se basa en la posición relativa de la celda que contiene la fórmula y de la celda a la que hace referencia. Si cambiamos la posición de la celda que contiene la fórmula, cambiamos la referencia.

Si se copia o se rellena la fórmula en filas o columnas, la referencia se ajusta automáticamente. De forma predeterminada, las nuevas fórmulas utilizan referencias relativas.

Si copiamos o rellenamos una referencia relativa de la celda B2 en la celda B3, se ajusta automáticamente de =A1 a =A2.

	A	B
1		
2		=A1
3		=A2

4.2. Referencias absolutas

Una referencia de celda absoluta en una fórmula, como $A$1, siempre hace referencia a una celda en una ubicación específica.

Si cambiamos la posición de la celda que contiene la fórmula la referencia absoluta permanece invariable. Si copiamos la fórmula en filas o columnas la referencia absoluta no se ajusta.

De forma predeterminada, las nuevas fórmulas utilizan referencias relativas, de modo que puede resultar necesario cambiarlas a referencias absolutas.

Si copiamos una referencia absoluta de la celda B2 en la celda B3 permanece invariable en ambas celdas: =$A$1.

	A	B
1		
2		=$A$1
3		=$A$2

4.3. Referencias mixtas

Una referencia mixta tiene una columna absoluta y una fila relativa, o una fila absoluta y una columna relativa.

Una referencia de columna absoluta adopta la forma $A1, $B1, etc.

Una referencia de fila absoluta adopta la forma A$1, B$1, etc.

Si cambiamos la posición de la celda que contiene la fórmula se cambia la referencia relativa y la referencia absoluta permanece invariable. Si se copia o rellena la fórmula en filas o columnas, la referencia relativa se ajusta automáticamente y la referencia absoluta no se ajusta.

Si se copia o rellena una referencia mixta de la celda A2 en B3, se ajusta de =A$1 a =B$1.

	A	B	C
1			
2		=A$1	
3			=B$1

5. Referencias externas y vínculos

5.1. Concepto de vinculación

Cuando se quiere hacer una vinculación entre libros distintos se utilizan las referencias **externas**.

También es posible establecer un vínculo con otro programa. Los vínculos que se establecen con otros programas se denominan **referencias remotas**.

Vincular dos hojas de cálculo es establecer un nexo de unión entre ambas a través de una celda. Cuando se cambia el valor en esa celda de la primera hoja, automáticamente se cambiará en la hoja vinculada.

Dado que los datos de otro libro o programa pueden cambiar, dejando anticuados los datos del primer libro, existen opciones para controlar la actualización de los vínculos.

Cuando un libro de trabajo contiene fórmulas que hacen referencia a celdas de otros libros de trabajo, ambos libros están vinculados entre sí a través de esa celda. Estas fórmulas se dice que tienen **referencias externas**.

En Calc solo se podrá crear una referencia externa a otro documento siempre que este documento ya se haya guardado como archivo.

Una **referencia externa** tiene este aspecto:

='file:///C:/Desktop/UF0321/Ficheros/Formato_Condicional.ods'#$Hoja1.B2

■ *C:* indica la unidad de disco.

■ *Desktop/UF0321/Ficheros* indica la ubicación del fichero.

■ *Formato_Condicional* indica el nombre del libro.

■ *$Hoja1.B2* indica el nombre de la hoja del libro.

Si el libro está abierto, las referencias externas a él se pueden hacer a través del ratón de forma automática. Pero si está cerrado, las referencias externas han de introducirse de forma manual con el formato indicado anteriormente.

Mostrará toda la ruta de acceso, seguido del nombre de la hoja y, posteriormente, la celda o rango de celdas precedido por el signo de exclamación "!".

Si el vínculo hace referencia a una celda con nombre de rango, la referencia externa sería así:

=[vinculos.xls]Hoja1!Total

Nombre del libro entre corchetes, a continuación, el nombre de la hoja y, posteriormente, el nombre de la celda o rango de celdas, precedido por el signo de exclamación.

5.2. Vinculación mediante pegar vínculos

Las hojas de cálculo se vinculan de una a otra, pero en un libro de trabajo pueden existir varias hojas vinculadas entre sí (la hoja 1 con la 2, la hoja 2 con la 3, etc.). También se pueden vincular dos hojas a través de más de una celda.

Vamos a explicarlo con un ejemplo:

Partimos de dos ficheros de Calc, en uno tenemos una serie de información que nos interesa vincular en el otro libro.

Nos colocamos en la celda C2 del libro *Sin título 1*, ponemos el símbolo "=", como si fuese una fórmula, y seleccionamos la celda C2 del libro *Pizzeria 1*.

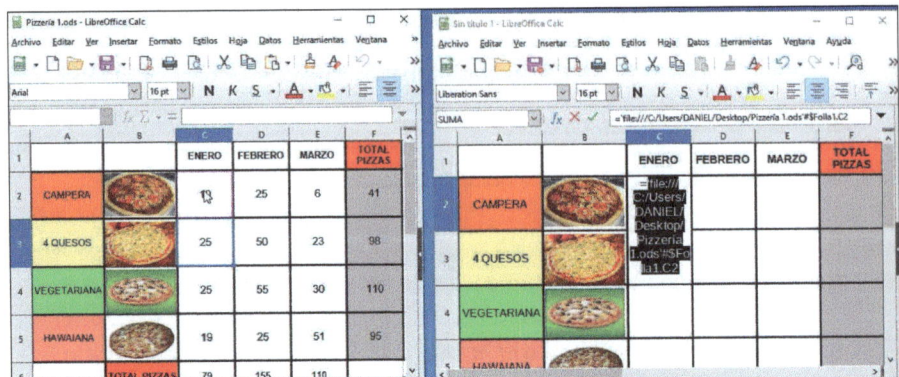

Ejemplo

Observamos que en la celda C2 del libro *Sin título 1* aparece la ubicación del fichero con el que estamos vinculando esta celda, el nombre del libro y la celda.

Al pulsar Intro, el valor de la celda C2 será el mismo en ambos libros.

10

Si cambiamos el valor en la celda C2 del libro *Pizzería 1*, al estar el libro *Sin título 1* abierto no se cambia. Pero vamos a cerrar los dos libros, habiendo cambiado la celda C2 en el libro *Pizzería 1* por el valor 64.

Al abrir el libro que tiene vínculos con otro libro, nos aparece el mensaje para que actualicemos los datos.

Si pulsamos en *Permitir actualización*, se actualizan los datos con la información que tenga el fichero con el que está vinculado.

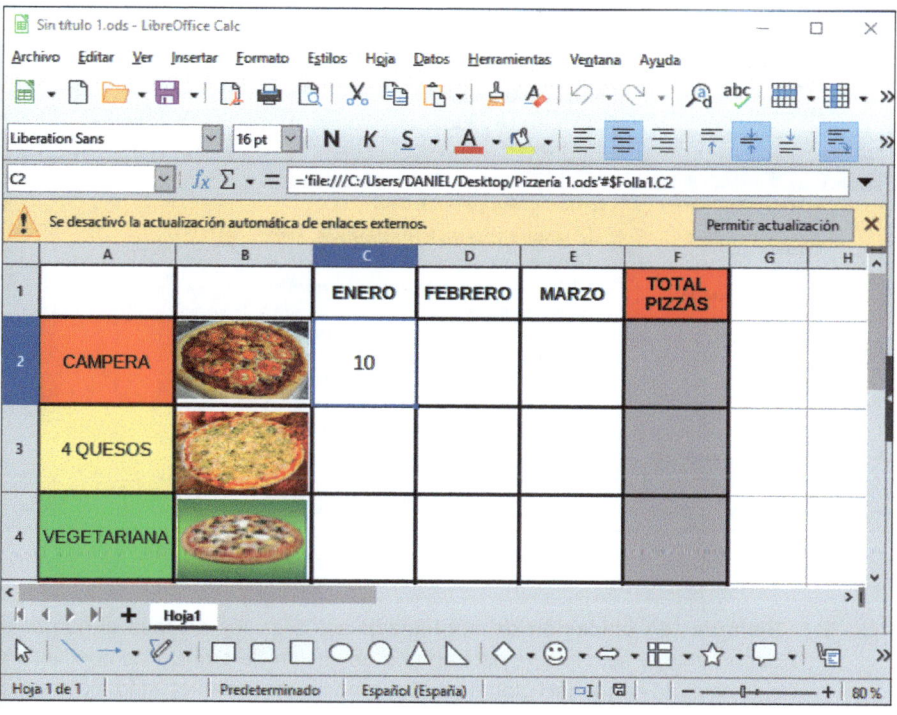

Permitir actualización

5.3. Cambiar configuración de las alertas

Podemos cambiar la configuración para que se muestre o no el mensaje de alerta cuando el fichero contiene vínculos externos:

- Clic en *Herramientas/Opciones*.

- Clic en el botón + que está en la parte izquierda de LibreOffice.

- Clic en *General*.

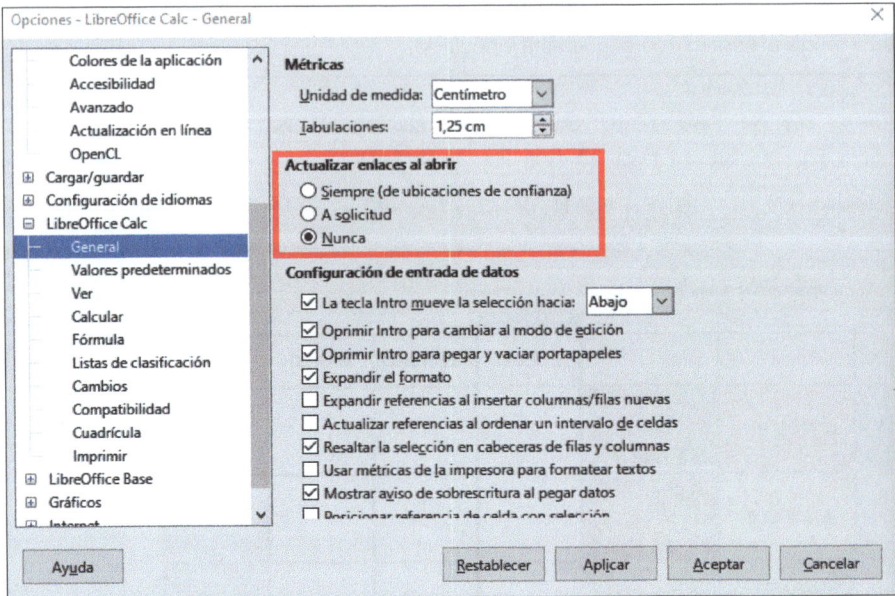

Opciones – LibreOffice Calc- General

- **Siempre (de ubicación de confianza):** actualiza los enlaces al cargar el documento, y solo si este está en una ubicación de archivo de confianza o si el nivel de seguridad global es «Bajo (no recomendable), sino mostrará el mensaje.

- **A solicitud:** se actualizarán los enlaces solo al solicitarlo expresamente, mientras se carga el documento. Es la opción por defecto y se muestra el mensaje solicitando si deseamos actualizar los vínculos.

- **Nunca:** no se actualizarán los enlaces al cargar un documento, ni tampoco se podrán actualizar manualmente.

5.4. Actualización de vínculos manualmente

Para actualizar los vínculos de forma manual, al abrir el libro donde se encuentra la celda vinculada:

- Clic en *Editar*.

- Clic en *Enlaces a archivos externos*.

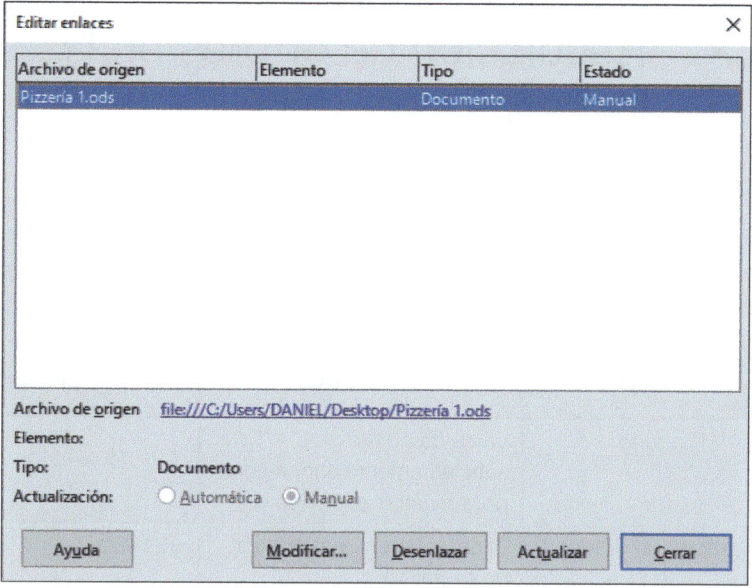

Editar enlaces

- **Archivo de origen:** nos indica la ruta del archivo de origen. Si pulsamos encima de la ruta se abre el fichero de origen.

- **Actualización:**

  - **Automática.** El contenido del enlace solo está disponible para los enlaces DDE (sistema de enlaces basado en texto).

  - **Manual.** Actualiza el enlace solo cuando se pulsa en el botón *Actualizar*.

- **Desenlazar:** rompe el enlace entre el archivo de origen y el documento actual.

- **Actualizar:** actualiza el enlace seleccionado para que se muestre la versión más reciente del archivo origen.

6. Resolución de errores en las fórmulas

6.1. Tipos de errores

La siguiente tabla es un listado de los mensajes de error de LibreOffice Calc más habituales. Si el error ocurre en la celda que contiene el cursor, el mensaje de error se muestra en la barra de estado.

Código de error	Mensaje	Explicación	Ejemplo
###	Ninguno	La celda no es suficientemente ancha como para mostrar el contenido.	
501	Carácter no válido	El carácter en una fórmula no es válido.	=B1+Bb
502	Argumento no válido	La instrucción de la función no es válida.	Un número negativo para la función RAIZ(), cuyo valor puede obtener con la función IM.RAIZ2(). =RAIZ(-4)
503 #¡NUM!	Operación en coma flotante no válida	Un cálculo produce un desbordamiento del intervalo de valores definido.	Siendo A3 un valor numérico elevado: =A3^A3
504	Error en la lista de parámetros	Un parámetro de función no es válido.	Un texto en lugar de un número o una referencia de dominio en lugar de una referencia de celda. =PROB(B3; B3;B4;B5;)
507, 508	Error en los paréntesis	Falta un paréntesis.	Si se ha especificado el paréntesis derecho, pero no el paréntesis izquierdo. =(3+2)*5
509	Falta un operador	Falta un operador.	En «=2(3+4) * » falta el operador entre «2» y «(». =(4+4)7

Código de error	Mensaje	Explicación	Ejemplo
510	Falta una variable	Falta una variable.	Cuando aparecen dos operadores juntos: «=1+*2». =3+*7
511	Falta una variable	La función necesita más variables que las especificadas; por ejemplo, Y() y O().	=SUMA(C1+)
519 #VALOR	No hay resultado (En la celda no aparece Err:519, sino #VALOR!)	La fórmula devuelve un valor que no corresponde a la definición; o una celda que está referenciada dentro de una formula contiene texto en vez de un número.	=SUMA(B3:B4*B5)
522	Referencia circular	La fórmula se refiere directa o indirectamente a sí misma y no se ha activado la opción de **iteraciones** en Herramientas → Opciones → LibreOffice Calc → Calcular.	Nos situamos en la celda B7 escribimos: =C6+B7
523	El comportamiento de cálculo no converge	Falta un valor de destino de una función o las referencias iterativas no llegan al cambio mínimo dentro del número máximo de pasos establecido.	
524 #REF	Referencia no válida (en la celda no aparece Err:524, sino #REF!)	**Compilador:** no se ha podido determinar el nombre descriptivo de una columna o fila. **Intérprete:** no se encuentra la columna, fila u hoja que contiene una de las celdas a la que se hace referencia en la fórmula.	=1+#REF!$15

Código de error	Mensaje	Explicación	Ejemplo
525 **#¿NOMBRE?**	Nombre no válido (en la celda no aparece Err:525, sino #¿NOMBRE?)	No se ha podido evaluar un identificador.	No hay referencia válida, nombre de dominio válido, etiqueta de columna/fila, macro, el separador de decimales es incorrecto, no se ha encontrado el complemento. =A1/BB
532 **#¡DIV/0!**	División por cero	Operador divisor/si el denominador es 0 Algunas otras funciones devolverán este error.	VARP con menos que 1 argumento STDEVP con menos de 1 argumento VAR con menos de 2 argumentos DESVEST con menos de 2 argumentos STANDARDIZE con stdev=0 NORMDIST con stdev=0 =A1/0

6.2. Herramientas de ayuda en la resolución de errores

LibreOffice dispone de herramientas de ayuda para resolver estos errores.

En el momento de insertar la fórmula, si LibreOffice detecta un error ya se nos muestra un cuadro de diálogo en el que se nos facilita una solución.

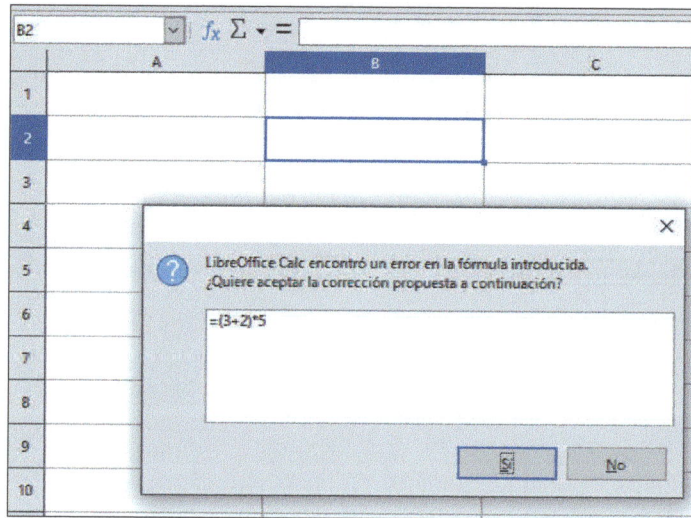

LibreOffice encontró un error en la fórmula introducida

Si aceptamos la solución, se introduce en la celda la corrección propuesta.

Si no aceptamos la corrección, se nos muestra en la celda el código de error y en la barra de estado nos aparece un mensaje que nos indica cuál es el error.

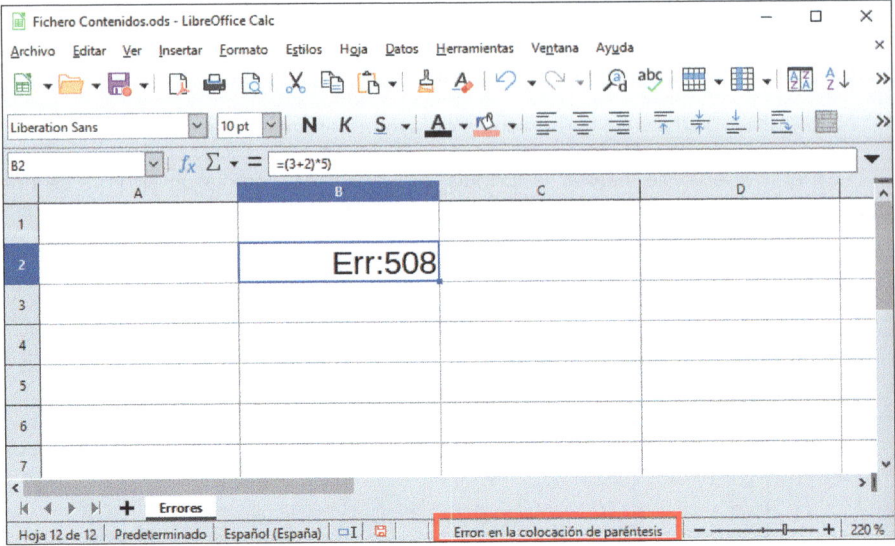

Error en la celda

Resumen

En esta unidad hemos estudiado la manera de trabajar con fórmulas en Calc.

Hemos empezado conociendo los operadores que forman parte de ellas. Un operador es un signo o símbolo que especifica el tipo de cálculo que se debe llevar a cabo.

Hemos estudiado cómo escribir una fórmula, las cuales empiezan siempre por un símbolo "=".

Hemos aprendido las referencias relativas, absolutas y mixtas:

- **Referencias relativas:** una referencia relativa en una fórmula, como A1, se basa en la posición relativa de la celda que contiene la fórmula y de la celda a la que hace referencia.

- **Referencias absolutas:** una referencia de celda absoluta en una fórmula, como $A$1, siempre hace referencia a una celda en una ubicación específica.

- **Referencias mixtas:** una referencia mixta tiene una columna absoluta y una fila relativa, o una fila absoluta y una columna relativa. Una referencia de columna absoluta adopta la forma $A1, $B1, etc.

Hemos conocido que se pueden vincular dos hojas de cálculo estableciendo un nexo de unión entre ambas a través de una celda. Cuando se cambia el valor en esa celda de la primera hoja, automáticamente se cambiará en la hoja vinculada. Cuando se quiere hacer una vinculación entre libros distintos se utilizan las **referencias externas.**

UNIDAD DIDÁCTICA 9

Funciones

Objetivos

⊡ Aplicar funciones sobre las celdas o rangos de celdas, nombrados o no, de acuerdo con los resultados buscados, comprobando su funcionamiento y el resultado que se prevé.

Contenido

Introducción

1. Funciones matemáticas predefinidas en la aplicación de la hoja de cálculo

2. Reglas para utilizar las funciones predefinidas

3. Utilización de las funciones más usuales

4. Uso del asistente para funciones

Resumen

Introducción

En esta unidad vamos a estudiar uno de los usos más importantes que encontramos en Calc: las funciones, las cuales ofrecen al usuario inmensas posibilidades de cálculo y aplicabilidad.

Veremos, por tanto, el uso de las funciones más habituales en Calc y estudiaremos su clasificación por categorías.

1. Funciones matemáticas predefinidas en la aplicación de la hoja de cálculo

Con las funciones, Calc proporciona al usuario inmensas posibilidades de cálculo y aplicabilidad.

Cada función en Calc tiene una estructura o sintaxis específica que debe respetarse para que pueda interpretarla. Calc cuenta con más de 250 funciones, divididas en categorías. En general, las funciones tienen la siguiente sintaxis:

=FUNCIÓN(argumento1;argumento2;...;argumentoN)

=FUNCIÓN:

- Es el nombre específico de la función. Indica a Calc qué operación o fórmula debe realizar. Siempre precede al nombre de la función el símbolo "=", sin espacios entre el "=" y el nombre de la función.

- También se puede insertar el signo + y, a continuación, la sintaxis de la función.

- Si la función se inserta a través del botón *Seleccione una función*, de la barra de fórmulas, o a través del asistente, no hace falta ponerle el "=" porque viene implícito.

- Es indiferente introducir el nombre de la función en mayúsculas o minúsculas.

> *Las **funciones** son fórmulas programadas en Calc que realizan operaciones de cálculo financiero, estadístico, científico, de caracteres o de fechas y horas. También pueden utilizarse para crear fórmulas condicionales.*

2. Reglas para utilizar las funciones predefinidas

2.1. Introducción

Los **argumentos** son los datos que utiliza Calc para llevar a cabo el cálculo.

Las funciones utilizan **cuatro tipos** de información como argumentos:

- **Valores.** Como valor podemos utilizar números, fórmulas numéricas o nombres de rango o direcciones de celdas que contengan números o fórmulas numéricas.

- **Posición.** Como posición podemos utilizar nombres de rango o direcciones de celda o cualquier fórmula que dé como resultado un nombre o una dirección de rango o celda.

- **Cadenas.** Como cadena podemos utilizar cadenas literales, fórmulas de cadena o nombres de rango o direcciones de celda que contengan un rótulo o fórmulas de cadena.

- **Condiciones.** Como condición normalmente se utilizan fórmulas lógicas o nombres de rango o direcciones de celda que contengan fórmulas lógicas.

*Los argumentos necesarios para la función deben encerrarse entre **paréntesis**.*

El número de argumentos depende de la función y, si hay más de uno, deben ir separados por un ";".

*Una función puede albergar dentro de un argumento otra función con sus respectivos argumentos: es lo que se llaman **funciones anidadas**.*

*Cuando el argumento contenga un **texto**, este debe ir **entre comillas**.*

Si la celda A2 contiene el número 10,35

=A2-ENTERO(A2)

Devuelve la parte decimal de un número real positivo en la celda A2. Daría como resultado 0,35.

Si el argumento es otra función, los paréntesis de la última función deben quedar anidados dentro de los paréntesis que incluye los argumentos de la primera función:

=RAIZ(SUMA(A1:A6))

Devuelve la raíz cuadrada de la suma del rango A1:A6

2.2. Introducir funciones

Se pueden introducir funciones:

■ A través del menú *Insertar/Función*.

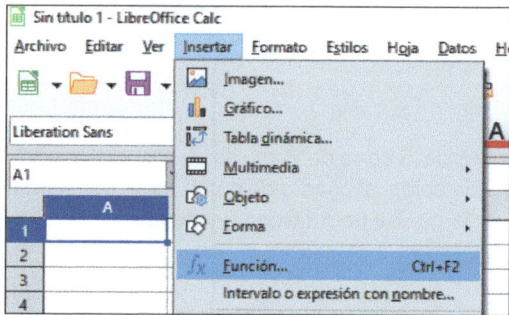

Insertar/Función

■ Pulsando sobre la flecha del botón *Seleccionar función* de la barra de fórmulas.

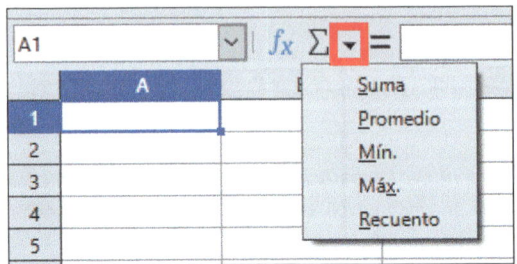

Desplegable del botón Seleccionar función

■ Pulsando en el botón *Asistente de funciones* de la barra de fórmulas.

Barra de fórmulas

■ O la combinación de teclas Ctrl+F2.

Ctrl+F2

■ A través de la barra de fórmulas. Si escribimos un "=" en la barra de fórmulas o en una celda, el cuadro de nombres se transformará en una lista desplegable en la que se podrá elegir una función.

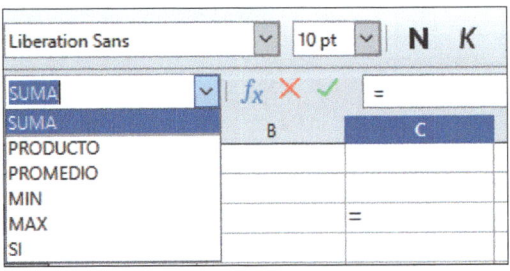

Elegir función

■ O, directamente, a mano, escribiendo la función, los paréntesis, los puntos y comas, etcétera.

3. Utilización de las funciones más usuales

3.1. Introducción

Calc agrupa las funciones en categorías dependiendo del tipo de cálculo que realicen:

- ◆ **Base de datos.** Esta sección aborda las funciones que se utilizan con datos organizados en una fila de datos por cada registro.

- ◆ **Fecha y hora.** Ejecuta cálculos que representan o utilizan fechas y horas.

- ◆ **Finanzas.** Realizan cálculos de inversiones, amortizaciones, etc.

- ◆ **Información.** Devuelve información sobre celdas y rangos de celdas.

- ◆ **Lógica.** Ejecuta operaciones logísticas.

- ◆ **Matemática.** Realizan cálculos matemáticos y trigonométricos, como el seno, coseno, raíces, etc.

- ◆ **Matriz.** Evalúa los distintos valores de un área de celdas ejecutando varias operaciones y devuelve un único resultado o varios.

- ◆ **Estadísticas.** Cálculos como promedios, varianzas, desviaciones, etc.

- ◆ **Hoja de cálculo.** Permite extraer información de la hoja de cálculo, como el número de fila o el número de columna, y realiza cálculos de búsquedas, coincidir, etc.

- ◆ **Texto.** Suministra información sobre el texto que está contenido en las celdas, realizando operaciones con cadenas de texto.

- ◆ **Complementos.** Realiza operaciones automáticas.

3.2. Fecha y hora

3.2.1. =AHORA

Calcula el valor correspondiente a la fecha y hora actuales almacenadas en el reloj del ordenador. Este valor está formado por un número fecha (parte entera) y un número hora (parte decimal).

Su sintaxis:

=AHORA()

◆ Calc almacena las fechas como números de serie secuenciales para que se puedan utilizar en cálculos.

◆ De manera predeterminada, la fecha 31 de diciembre de 1899 es el número de serie 1 y la fecha 1 de enero de 2008 es el número de serie 39448, ya que es 39.448 días posterior al 31 de diciembre de 1989.

◆ El valor se actualiza cuando se recalcula el documento o cada vez que se modifica un valor de la celda.

3.2.2. =HOY

Devuelve el número de serie de la fecha actual en formato fecha.

Su sintaxis:

=HOY()

Esta función no tiene argumentos.

3.2.3. =AÑO

Devuelve el año correspondiente a un número serie de fecha. El año se devuelve como número entero comprendido entre 1900 y 9999.

Su sintaxis:

=AÑO(número)

El número indica el valor de fecha interno con el cual debe calcularse el número de año o es la fecha del año que queremos obtener.

=AÑO(1), nos devuelve 1899.

=AÑO(2) nos devuelve 1900.

Supongamos que en la celda A1 tenemos la fecha 25/05/2022. Si ponemos en otra celda =AÑO(A1), nos devuelve el año de la fecha, es decir, 2022.

Cuando escribamos fechas como parte de las fórmulas, las barras y los guiones que se usen como separadores de las fechas se interpretarán como operadores aritméticos. Por este motivo, las fechas formateadas de este modo no se reconocen como tales y producen cálculos erróneos.

Para evitar que las fechas se interpreten como parte de las fórmulas, debemos utilizar la fórmula FECHA, por ejemplo, FECHA(1954;7;20), o entrecomillar y ordenar los componentes según la notación ISO 8601, como, por ejemplo, "1954-07-20".

3.2.4. =DIA

Devuelve el día de una fecha, representada por un número serie de fecha. El día se expresa como un número entero comprendido entre 1 y 31.

Su sintaxis es:

=DIA(número)

El número es la fecha del día que queremos obtener.

=DIA(1) devuelve 31 (ya que LibreOffice empieza a contar desde cero a partir del 30 de diciembre de 1899).

Supongamos que en la celda A1 tenemos la fecha 25/05/2022. Si escribimos la fórmula =DIA(A1) en otra celda, nos devuelve el día de la fecha, es decir, 25.

3.2.5. =MES

Devuelve el mes de una fecha representada por un número de serie. El mes se expresa como número entero comprendido entre 1 (enero) y 12 (diciembre).

Su sintaxis es:

=MES(número)

El número es la fecha del mes que queremos obtener.

Supongamos que en la celda A1 tenemos la fecha 25/05/2022. Si escribimos la fórmula =MES(A1) en otra celda, nos devuelve el mes de la fecha, es decir, 05.

3.2.6. =HORA

Devuelve la hora de un valor de hora. La hora se expresa como número entero, comprendido entre 0 (12:00 a. m.) y 23 (11:00 p. m.).

Su sintaxis es:

=HORA(número)

El número es la hora que queremos obtener.

Siendo el contenido de la celda A3= 15:30:30 a. m., si escribimos en otra celda =MINUTO(A3), dará un resultado de 30.

3.2.7. =MINUTO

Devuelve los minutos de un valor de hora. Los minutos se expresan como números enteros comprendidos entre 0 y 59.

Su sintaxis es:

=MINUTO(número)

El número es la hora que contiene el valor de minutos que queremos buscar.

Siendo el contenido de la celda A3= 15:30:30 a. m., si escribimos en otra celda =MINUTO(A3), dará un resultado de 30.

3.2.8. =DIASEM

Devuelve el día de la semana correspondiente al argumento número. El día se devuelve como un número entero entre 1 "domingo" y 7 "sábado" si no se indica ningún tipo o se indica tipo=1.

Para los otros tipos, consulta la tabla siguiente:

Tipo	Número de día de la semana devuelto
1 u omitido	Entre 1 (domingo) y 7 (sábado).
2	Entre 1 (lunes) y 7 (domingo).
3	Entre 0 (lunes) y 6 (domingo)
11	Entre 1 (lunes) y 7 (domingo).
12	Entre 1 (martes) y 7 (lunes).
13	Entre 1 (miércoles) y 7 (martes).
14	Entre 1 (jueves) y 7 (miércoles).
15	Entre 1 (viernes) y 7 (jueves).
16	Entre 1 (sábado) y 7 (viernes).
17	Entre 1 (domingo) y 7 (sábado

Número: es un número secuencial que representa la fecha del día que intentamos buscar.

Tipo: es opcional y determina el tipo de cálculo.

Su sintaxis es:

=DIASEM(número;Tipo)

3.3. Finanzas

3.3.1. =PAGO

Calcula el pago periódico de una anualidad (préstamos o depósito) basándose en pagos constantes y una tasa de interés constante.

Su sintaxis es:

=PAGO(tasa;nper;va;vf;tipo)

- *tasa: es la tasa de interés por período.*
- *nper: es el número total de pagos.*
- *va: es el valor actual de una serie de pagos futuros.*
- *vf: es el valor futuro o saldo en efectivo que se desea lograr después del último pago.*
- *tipo: es el número 0 o 1, e indica el vencimiento de pagos. Al principio es 1. Al final es 0.*

La tasa de interés se divide entre 12 para obtener una tasa mensual. El número de años de duración del préstamo se multiplica por 12 para obtener el número de pagos.

Si se quisiera que fuera trimestral, la tasa se dividiría entre 4 y los años se multiplicarían por 4.

3.3.2. =PAGOINT

Devuelve el interés pagado en un período específico por una inversión basándose en pagos periódicos constantes y en una tasa de interés constante.

Sintaxis:

=PAGOINT(tasa;período;nper;va;vf;tipo)

Los argumentos son los mismos que para la función Pago, excepto el período, que es el período para el que se calcula el interés. Por ejemplo, si calculamos para el primer mes ponemos 1, si es para el mes 10 ponemos 10, etc.

La siguiente fórmula devuelve el interés del primer mes de un préstamo de 6.000 euros con una tasa de interés anual del 8% pagadero en 2 años.

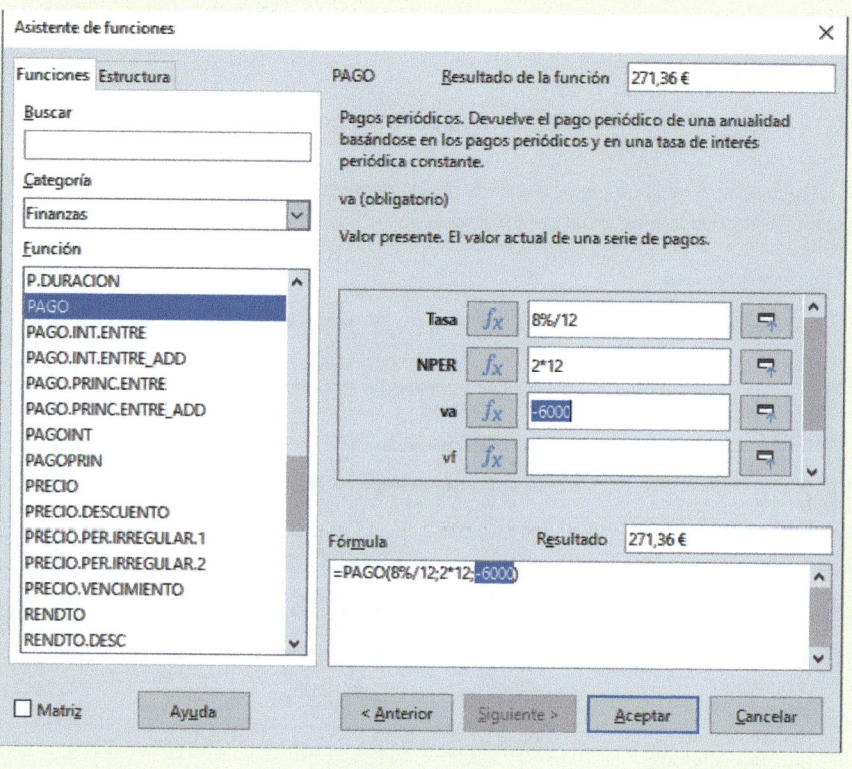

Asistente de funciones

3.3.3. =PAGOPRIN

Devuelve el pago sobre el capital de una inversión durante un período determinado, basándose en pagos periódicos y constantes y en una tasa de interés constante.

Sintaxis:

=PAGOPRIN(tasa;período;nper;va;vf;tipo)

La siguiente fórmula devuelve el interés del primer mes de un préstamo de 6.000 euros con una tasa de interés anual del 8% pagadero en 2 años.

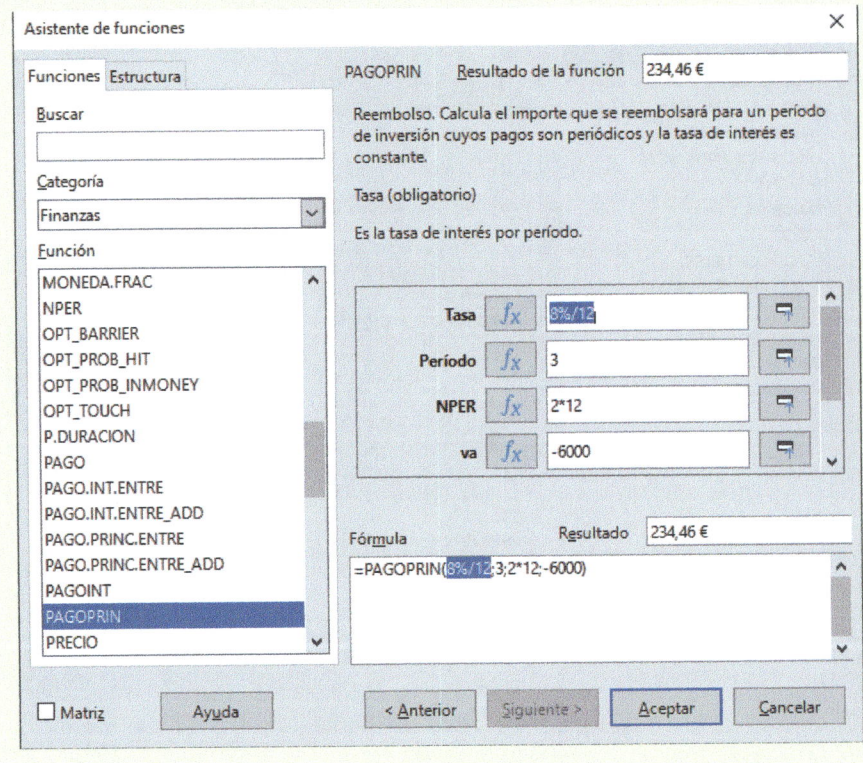

Cuadro de diálogo Asistente de funciones

3.4. Finanzas

3.4.1. Introducción

Algunos aspectos relacionados con el tratamiento de argumentos no lógicos en funciones lógicas:

◆ Cero (0) equivale a FALSO y el resto de los números equivalen a VERDADERO.

◆ Se pasan por alto las celdas vacías y el texto de las celdas.

◆ Si se ignoran todos los argumentos se emite un error #VALOR.

◆ Si un argumento es texto directo (en contraposición a texto en una celda) se emite un error #VALOR.

◆ Los errores como argumentos producen un error.

3.4.2. =SI

Utilizaremos la función SI para realizar pruebas condicionales en valores y fórmulas.

Devuelve un valor si la condición especificada es verdadero y otro valor si dicho argumento es falso.

Su sintaxis es:

=SI(Prueba;Valor<<entonces>>;Valor<<Delocontrario>>)

- **Prueba:** *es cualquier valor o expresión que pueda ser verdadero o falso.*

- **Valor entonces** *(opcional): es el valor que se devuelve si la prueba lógica da como resultado verdadero.*

- **Valor de lo contrario** *(opcional): es el valor que se devuelve si la prueba lógica es falso.*

En las funciones de LibreOffice Calc, los parámetros marcados como opcionales pueden omitirse siempre y cuando no haya ningún parámetro inmediatamente des-pués.

Por ejemplo, en una función de cuatro parámetros cuyos dos últimos están marcados como opcionales, puede omitirse el parámetro 4 o los parámetros 3 y 4; sin embargo, no se puede omitir solamente el parámetro 3.

3.4.3. =O

Devuelve verdadero si, al menos, uno de los argumentos es verdadero. Y devuelve el valor falso si todos los argumentos tienen el valor lógico falso.

La sintaxis de esta función es:

=O(valor_lógico1; valor_lógico2; …)

- *Valor_lógico1 (obligatorio): expresión lógica que será evaluada por la función.*
- *Valor_lógico2 (opcional): a partir del segundo argumento las expresiones lógicas a evaluar son opcionales hasta un máximo de 255.*

Se deben comprobar los valores lógicos de las entradas 12<11; 13>22 y 45=45.

=O(12<11;13>22;45=45) devuelve verdadero, porque 2 de la condiciones se cumplen 12<11 y 45=45, la que no se cumple es 13>22, pero con que se cumpla una condición, nos devolverá verdadero.

Se deben comprobar los valores lógicos de las entradas 1=2, 3>4, 5<>5, 7<=6, 8>=9.

=O(1=2; 3>4; 5<>5; 7<=6; 8>=9) devuelve falso, porque ninguna de las condiciones se cumple.

3.4.4. =Y

Devuelve verdadero si todos los argumentos son verdadero. Y devuelve el valor falso si alguno de es falso.

La sintaxis es:

=Y(valor_lógico1;valor_lógico2; …)

- *Valor_lógico1 (obligatorio): primera condición a probar.*
- *Valor_lógico2 (opcional): condiciones adicionales a probar.*

Se deben comprobar los valores lógicos de las entradas 12<11; 13<22 y 45=45.

=Y(12<11;13<22;45=45) devuelve verdadero. Todas las condiciones son verdaderas.

Se deben comprobar los valores lógicos de las entradas 1=2, 3<4.

=Y(1=2; 3<4) devuelve falso, porque la primera condición 1=2 es falsa.

3.5. Matemática

3.5.1. =SUMA

La función =SUMA realiza la suma de los contenidos de un rango de celdas especificado.

Su sintaxis es:

=SUMA(Número 1; Número 2;…)

Numero 1; Número 2: argumentos cuyo total se calculará.

3.5.2. =ALEATORIO()

La función =ALEATORIO() genera un número aleatorio entre 0 y 1. Cada vez que Calc recalcula la hoja, =ALEATORIO genera un nuevo número aleatorio.

Esta función es útil para obtener datos de prueba en simulaciones.

Su sintaxis es:

=ALEATORIO()

3.5.3. =ENTERO()

La función =ENTERO devuelve un valor que corresponde a la parte entera de "X" sin redondear el valor. En este caso, "X" podrá ser un valor o una referencia a una celda que contenga un valor.

Su sintaxis es:

=ENTERO(Número)

Numero: número del que extraer la parte entera.

3.5.4. =POTENCIA

Devuelve el valor de un número elevado a una potencia.

Su sintaxis es:

=POTENCIA (base;exponencial)

Si escribimos =POTENCIA (53;3) dará como resultado 148.877.

Base: es el número base de la potencia.

Exponencial: exponente al que se desea elevar la base.

3.5.5. =RAIZ

La función =RAIZ calcula la raíz cuadrada positiva de "X".

El valor "X" puede ser cualquier valor mayor que cero.

Su sintaxis es:

=RAIZ(Número)

Número: valor positivo para el cual se ha de calcular la raíz cuadrada.

Si escribimos =RAIZ(3221) nos dará como resultado 56,75385449.

3.5.6. =REDONDEAR

Redondea un número al número de decimales especificado.

Su sintaxis es:

=REDONDEAR(Número;Recuento)

Número: sería el número que se redondeará.

Recuento: sería el número de decimales al que se debe redondear un número.

Si Número de decimales > 0, el número se redondeará al número de lugares decimales especificado.

Si Número de decimales = 0, el número se redondeará al entero más próximo.

Si Número de decimales < 0, el número se redondeará hacia la izquierda del separador decimal.

=REDONDEAR(2,348;2) devuelve 2,35.

=REDONDEAR(-32.4834;3) devuelve -32.483.

=REDONDEAR(2,348;0) devuelve 2.

=REDONDEAR(2,5) devuelve 3.

=REDONDEAR(987,65;-2) devuelve 1000.

3.5.7. = RESIDUO

Esta función calcula el resto (módulo) de la división entre dos números "X" e "Y" (X/Y).

Su sintaxis es:

=RESIDUO(Dividendo;Divisor)

Dividendo (obligatorio): número que se dividirá.

Divisor (obligatorio): número por el cual se divide el dividendo.

"Dividendo" puede ser cualquier valor. Si "dividendo" es 0 la función devolverá el valor 0.

3.5.8. =SUMAR.SI

Suma un rango de celdas de aquellos que cumplen un determinado criterio.

Su sintaxis es:

=SUMAR.SI(intervalo;criterio;intervalosuma)

Intervalo: es el rango de celdas que queremos evaluar.

Criterio: es el criterio en forma de número, expresión o texto, que determina las celdas que se van a sumar.

Intervalo_suma: son las celdas que se van a sumar.

3.5.9. =PRODUCTO

Multiplica todos los números indicados como argumentos y devuelve el producto.

Sintaxis:

= PRODUCTO(Número1;Número2;...)

=PRODUCTO(2;3;4) devuelve 24.

Número 1, Número 2, ... son los argumentos cuyo producto se va a calcular.

PRODUCTO devuelve número1 * número2 * número3 * ...

3.6. Estadísticas

3.6.1. =PROMEDIO

La función =PROMEDIO calcula la media aritmética de los valores contenidos en un rango de celdas.

Número 1, Número 2, ...: son los valores cuyo promedio se va a calcular.

Su sintaxis es:

=PROMEDIO(Número1;Número2;…)

3.6.2. =MAX

La función =MAX calcula el valor máximo contenido en un rango de celdas.

Su sintaxis es:

=MAX(Número1;Número2;…)

Número 1, Número 2, ...: son los valores cuyo valor máximo o mínimo se va a calcular.

3.6.3. =MIN

La función =MIN calcula el valor mínimo contenido en un rango de celdas.

Su sintaxis es:

=MIN(Número1;Número2;…)

3.6.4. =CONTAR

Cuenta el número de celdas que contienen números (no están vacías).

Su sintaxis es:

=CONTAR(Valor1;Valor2;…)

Valor1; Valor2;….: son argumentos que pueden contener tipos de datos distintos, pero solo se cuentan los números.

3.6.5. =CONTAR.BLANCO

Cuenta el número de celdas en blanco dentro de un rango.

Su sintaxis sería:

=CONTAR.BLANCO(Intervalo)

Intervalo: celdas o rango de celdas del que se contarán las celdas vacías.

3.6.6. =CONTAR.SI

Cuenta las celdas dentro del rango que no están en blanco y que cumplen con un criterio especificado.

Su sintaxis es:

=CONTAR.SI(Intervalo;criterios)

Intervalo: celdas a evaluar por lo criterios dados.

Criterios: condiciones que se aplicarán al intervalo.

3.6.7. =CONTARA

Cuenta el número de celdas que no están vacías y los valores que están en la lista de argumentos.

Su sintaxis es:

=CONTARA(Valor1;Valor2; …)

Valor1, Valor2: argumentos que representan los valores que se contarán.

3.6.8. =VAR

La función =VAR calcula la varianza de un rango de celdas. La varianza mide el grado de dispersión de los valores de una lista con relación a su media aritmética. Cuanto menor sea la varianza, los valores se aproximarán más a la media y esta será más fiable. Cuando todos los valores de la lista son iguales la varianza es cero.

Su sintaxis es:

=VAR(Número1;Número2;…)

Número1, Número2: argumentos numéricos que representan la muestra de una población.

3.6.9. =DESVEST

La función =DESVEST calcula la desviación típica de los contenidos de un rango de celdas.

La desviación típica o desviación cuadrática media mide el grado de dispersión de los valores de una lista en relación con la media aritmética. Cuanto menor sea la desviación más se acercará a la media y esta será más fiable. La desviación típica es la raíz cuadrada de la varianza.

Número1, Número2: argumentos numéricos que representan la muestra de una población.

La sintaxis es:

=DESVEST(Número1; Número2; …)

3.7. Hoja de cálculo

3.7.1. =BUSCARV

Busca un valor específico en la columna más a la izquierda de una matriz y devuelve el valor en la misma fila de una columna específica en la tabla.

Su sintaxis es:

=BUSCARV(CriterioDeBúsqueda;Matriz;Índice;BúsquedaDeIntervaloOrdenado)

CriterioDeBúsqueda: es el valor que se busca en la primera columna de matriz. Puede ser un valor, una referencia o una cadena de texto.

Matriz: una tabla de información colocada en columna en la cual se buscan los datos.

Índice: es el número de columna en matriz desde el cual se debe devolver el valor coincidente. Si el índice es 1 devuelve el valor de la primera columna en matriz; si es 2, devuelve el valor de la segunda columna en matriz, y así sucesivamente.

BúsquedaDeIntervaloOrdenado: es un valor lógico que especifica si se desea que el elemento buscado por la función BUSCARV lo sea de forma exacta o aproximadamente.

Si Ordenado es verdadero o se omite, la función devuelve un valor aproximado. Es decir, si no se encuentra un valor exacto, se devuelve el mayor valor que sea menor que el argumento valor_buscado.

Si Ordenado es falso, la función BUSCARV encontrará el valor exacto.

Si no se encuentra dicho valor, devuelve el valor de error "#N/A".

3.7.2. =BUSCARH

Busca un valor en la fila superior de una tabla o de una matriz de valores y, a continuación, devuelve un valor en la misma columna de una fila especificada en la tabla o en la matriz.

BUSCARH encontrará el valor exacto. Si no se encuentra dicho valor, devuelve el valor de error "#N/A".

Su sintaxis:

=BUSCARH(CriterioDeBúsqueda;Matriz;Índice;BúsquedaDeIntervaloOrdenado)

CriterioDeBúsqueda: *es el valor que se busca en la primera fila de matriz. Puede ser un valor, una referencia o una cadena de texto.*

Matriz: *una tabla de información colocada en filas en la cual se buscan los datos.*

Índice: *es el número de fila en matriz desde el cual se deberemos devolver el valor coincidente. Si el índice es 1 devuelve el valor de la primera fila en matriz; si es 2, devuelve el valor de la segunda fila en matriz, y así sucesivamente.*

BúsquedaDeIntervaloOrdenado: *es un valor lógico que especifica si se desea que el elemento buscado por la función BUSCARH lo sea de forma exacta o aproximadamente.*

Si Ordenado es verdadero o se omite, la función devuelve un valor aproximado. Es decir, si no se encuentra un valor exacto, se devuelve el mayor valor que sea menor que el argumento valor_buscado.

3.7.3. =COINCIDIR

La función coincidir devuelve la posición relativa que ocupa el valor buscado en una tabla.

Su sintaxis es:

=COINCIDIR(Criterio de búsqueda;matriz de búsqueda tipo)

Criterio de búsqueda (Obligatorio): *el valor que estamos buscando.*

Matriz de búsqueda (Obligatorio): *rango de celdas donde queremos realizar la búsqueda.*

Tipo (Opcional): *un número que indica el tipo de coincidencia en la búsqueda.*

El tipo de coincidencia solo puede tener tres valores:

- 1: la función devuelve la posición que ocupa en la tabla, el valor más alto que sea igual o inferior al buscado. Los valores de la tabla deben colocarse en orden ascendente.

- 0: la función devuelve la posición que ocupa en la tabla, el valor igual al buscado. Los valores de la tabla pueden estar colocados en cualquier orden.

- -1: la función devuelve la posición que ocupa en la tabla, el valor más bajo que sea igual o superior al buscado. Los valores de la tabla deben colocarse por orden descendente.

3.8. Texto

3.8.1. =CONCATENAR

Concatena argumentos de texto.

Su sintaxis es:

=CONCATENAR (texto1;texto2; ...)

Texto1; texto2; ... puede ser:

- *Cadenas de texto.*
- *Números.*
- *Referencia a celdas únicas.*

Podemos utilizar el operador "&" en lugar de la función CONCATENAR para unir elementos de texto.

Si escribimos =CONCATENAR("Manual"; "LibreOffice"; "Calc") dará como resultado: ManualLibreOfficeCalc.

3.8.2. =DERECHA

Muestra como resultado el último carácter o caracteres de la derecha, de una cadena de texto, según el número de caracteres que el usuario especifique.

Su sintaxis es:

=DERECHA(texto;Número)

Texto: *es la cadena de texto que contiene los caracteres que queremos extraer.*

Número: *especifica el número de caracteres que queremos extraer por la DERECHA.*

En A4 se encuentra el texto "Libro Calc":

=DERECHA(A4;3)

Dará como resultado la palabra "alc".

3.8.3. =IZQUIERDA

Muestra el primer carácter o caracteres, por la izquierda, de una cadena de texto, según el número de caracteres que el usuario especifique.

Su sintaxis es:

=IZQUIERDA(Texto;Número)

Texto: *es la cadena de texto que contiene los caracteres que queremos extraer.*

Número: *especifica el número de caracteres que queremos extraer por la izquierda.*

El argumento "Número" debe ser mayor o igual que cero.

Si el argumento "Número" es mayor que la longitud del texto, la función devolverá todo el texto. Si el argumento "Número" se omite, se calculará como 1.

En A4 se encuentra el texto "Libro Calc":

=IZQUIERDA(A4;3)

dará como resultado la palabra "Lib".

3.8.4. =NOMPROPIO

Cambia a mayúscula la primera letra del argumento texto y convierte todas las demás letras a minúsculas.

Su sintaxis es:

=NOMPROPIO(texto)

Texto hace referencia al texto que se debe convertir.

En A4 se encuentra el texto "libro calc":

=NOMPROPIO(A4)

Dará como resultado la palabra "Libro Calc".

3.8.5. =MAYUSC

Convierte el texto en mayúsculas.

Su sintaxis es:

=MAYUSC(texto)

Texto: es el texto que queremos convertir a mayúsculas.

En A4 se encuentra el texto "libro calc":

=MAYUSC(A4)

Dará como resultado la palabra "LIBRO CALC".

3.8.6. =MINUSC

Convierte el texto en minúsculas.

Su sintaxis es:

=MINUSC(texto)

Texto: es el texto que queremos convertir a mayúsculas.

En A4 se encuentra el texto "LIBRO CALC":

=MINUSC(A4)

Dará como resultado la palabra "libro calc".

3.8.7. =REPETIR

Repite el texto un número determinado de veces.

Su sintaxis es:

=REPETIR(Texto;Número)

Texto: es el texto que queremos repetir.

Número: es un número positivo que especifica el número de veces que se deberá repetir el texto.

En A4 escribimos =REPETIR("_";3)

Dará como resultado ___ en la celda en la que hemos insertado la función.

4. Uso del asistente para funciones

Si queremos insertar en unas celdas de la columna C una serie de valores utilizando la función Aleatorio:

- Hacemos clic en la celda C1, pulsamos la tecla Mayús y, sin soltarla, pulsamos en la celda C10.

- Sin deshacer la selección vamos a insertar la función en todas las celdas seleccionadas. Para ello, ponemos el signo =, introducimos la función Aleatorio. Entre, abrimos paréntesis, escribimos 50, ponemos un punto y coma, escribimos 500, cerramos paréntesis y pulsamos Intro.

- Ahora tenemos que hacer que esa función se copie en todas las celdas. Para ello, primero pulsamos la combinación de teclas ALT+Intro y vamos seleccionando números aleatorios entre 50 y 500 en las celdas seleccionadas.

Ejemplo

- En la celda C13 vamos a calcular el promedio de todos los valores que hay en el rango de celdas C1:C10. Para ello utilizaremos el asistente de funciones.

- Colocamos el punto de inserción en la celda C13, pulsamos el botón *Asistente para funciones (fx)*, elegimos *Estadísticas* en el desplegable *Categoría* y, en *Función*, elegimos *Promedio*.

■ Pulsamos *Siguiente* y escribimos directamente el rango de cedas C1:C10 en la casilla *Número 1*. Después pulsamos en *Aceptar*.

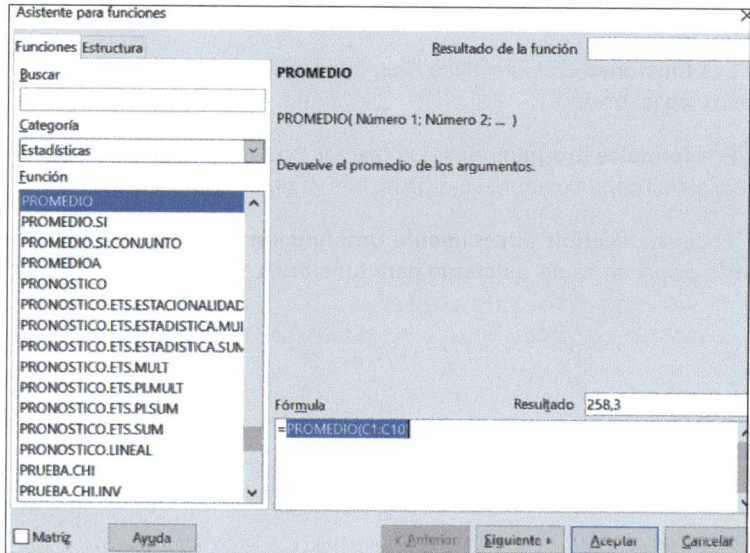

Asistente para funciones

Resumen

Las **funciones** en LibreOffice Calc ofrecen al usuario inmensas posibilidades de cálculo y aplicabilidad.

Son **fórmulas programadas** que realizan operaciones de cálculo financiero, estadístico, científico, de caracteres o de fechas y horas.

Podemos **escribir directamente una función** en la celda que deseemos, pero además disponemos del **asistente para funciones** para utilizarlas de una manera más fácil.

UNIDAD DIDÁCTICA 10

Inserción de gráficos para representar la información contenida en las hojas de cálculo

Objetivos

⊡ Confeccionar gráficos estándar y/o dinámicos, a partir de rangos de celdas de la hoja de cálculo, optando por el tipo que permita la mejor comprensión de la información y de acuerdo con la actividad a desarrollar, a través de los asistentes disponibles en la aplicación.

Contenido

Introducción

1. Elementos de un gráfico

2. Creación de un gráfico

3. Modificación de un gráfico

4. Borrado de un gráfico

Resumen

Introducción

Habitualmente, se trabaja con gran cantidad de datos y los gráficos nos ayudan a comprender y relacionar mejor dichos datos. En esta unidad aprenderemos a elaborar e insertar gráficos en las hojas de cálculo.

Los gráficos se usan para presentar series de datos numéricos en formato gráfico y, de ese modo, facilitar la comprensión de grandes cantidades de datos y las relaciones entre diferentes series de datos.

Además de analizar los elementos de un gráfico, estudiaremos cómo crear, modificar y borrar un gráfico.

1. Elementos de un gráfico

1.1. Partes de un gráfico

Un gráfico consta de numerosos elementos. Algunos de ellos se presentan de forma predeterminada y otros se pueden agregar según las necesidades.

Para cambiar la presentación de los elementos del gráfico podemos:

- Moverlos a otras ubicaciones dentro del gráfico.

- Cambiar su tamaño.

- O cambiar su formato.

Dentro del gráfico podemos distinguir los siguientes elementos, aunque estos pueden variar dependiendo del tipo de gráfico seleccionado:

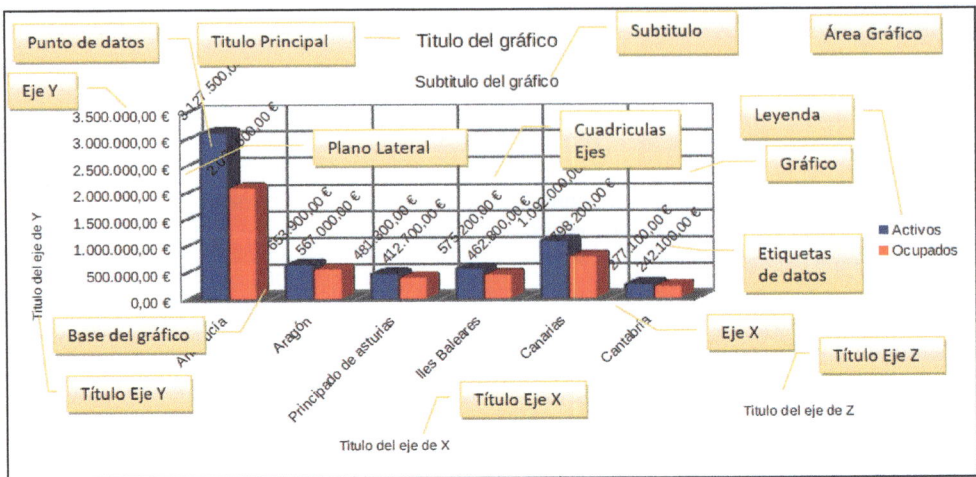

Partes de un gráfico

- **Punto de datos:** donde figuran el conjunto de datos de la hoja de cálculo que se representan en el gráfico.

- **Título principal (opcional):** donde figura el nombre del gráfico.

- **Subtítulo del gráfico (opcional):** donde figura una explicación adicional del nombre.

- **Área Gráfico:** donde figura el gráfico propiamente dicho y todos sus elementos (títulos, leyenda, etc.).

- **Eje Y:** representa los datos.

- **Leyenda (opcional):** en la que se identifica cada punto de datos del gráfico. A cada punto de datos se le asigna un color para diferenciar una serie de otra.

- **Gráfico:** es la zona que contiene el gráfico, los ejes y las cuadrículas de los ejes.

- **Eje X:** representa los datos.

- **Título Eje Y:** donde figura un texto que nos ayuda a comprender lo que se representa en los ejes.

- **Título Eje X:** donde figura un texto que nos ayuda a comprender lo que se representa en los ejes.

- **Título Eje Z:** donde figura un texto que nos ayuda a comprender lo que se representa en los ejes.

1.2. Tipos de gráficos

1.2.1. Columnas

Este tipo de gráfico es el más utilizado y está formado por una columna para cada uno de los datos. La altura de cada columna depende del valor numérico asociado y la escala de dichos valores se muestra en el eje vertical (Eje Y).

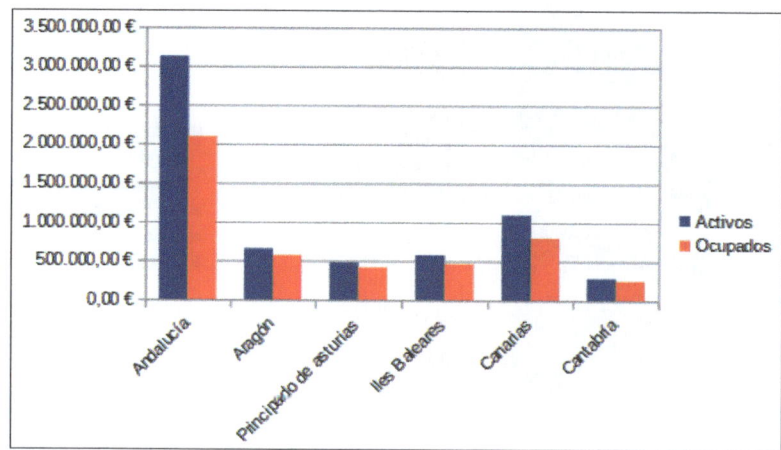

Ejemplo de gráfico de columnas

1.2.2. Líneas

Los gráficos de líneas se suelen utilizan para comparar valores y observar la evolución de los mismos.

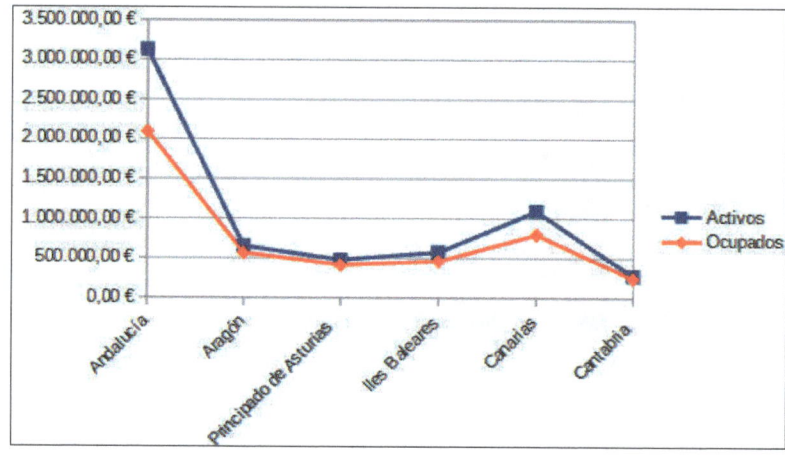

Ejemplo de gráfico de líneas

1.2.3. Circulares

También conocido con el nombre de "pastel", "torta" o "quesito". Se suele utilizar cuando queremos mostrar varios valores con respeto a un todo. Para este tipo de gráfico se utiliza una sola serie de datos y se recomienda que dicha serie no tenga más de seis valores, para que la visualización sea correcta.

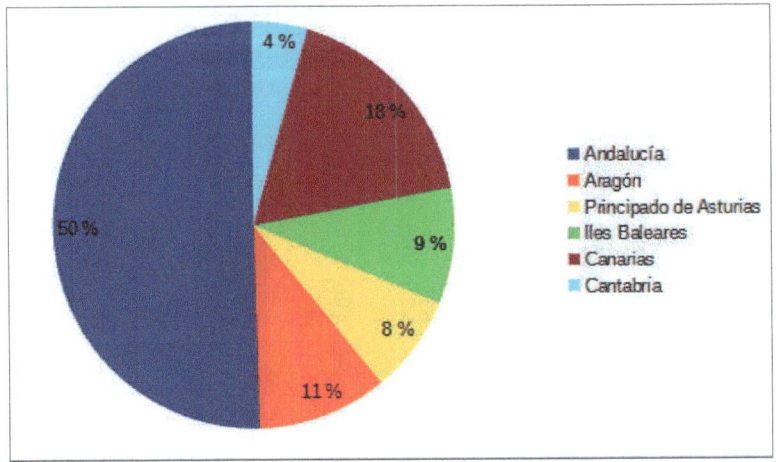

Ejemplo de gráfico circular

1.2.4. Barras

Un gráfico de barras muestra lo mismo que un gráfico de columnas, solo que con los ejes invertidos. Una ventaja de utilizar este tipo de gráfico en Calc es que las etiquetas pueden ser leídas con mayor facilidad al presentarse sobre el eje vertical.

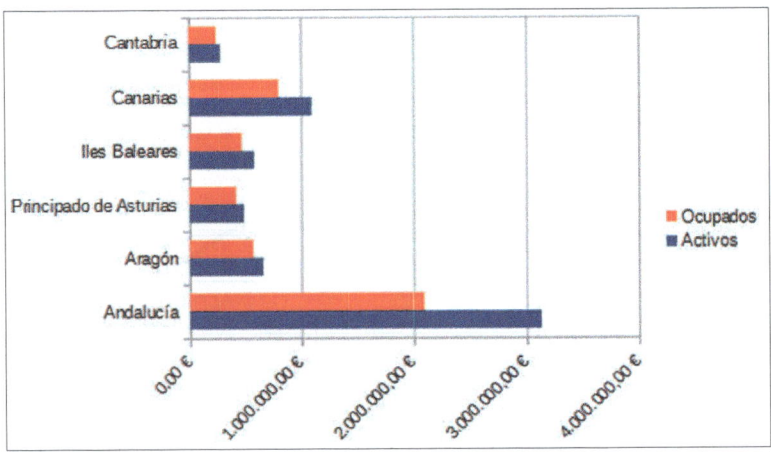

Ejemplo de gráfico de barras

1.2.5. Áreas

El gráfico de áreas viene siendo como un gráfico de líneas donde el área que se encuentra por debajo de ella se rellena con un color sólido.

A través de él se pueden medir y comparar los valores de diferentes muestras (por ejemplo, comparar los resultados obtenidos por dos personas, compañías, países, por dos registros de un mismo valor…).

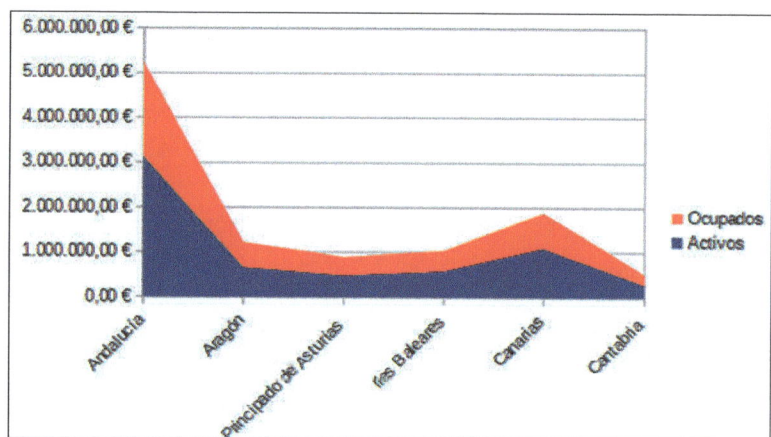

Ejemplo de gráfico de área

1.2.6. Dispersión

Este gráfico nos informa del grado de correlación entre las dos variables, es decir, nos muestra si hay incremento o disminución de los valores de una de las variables.

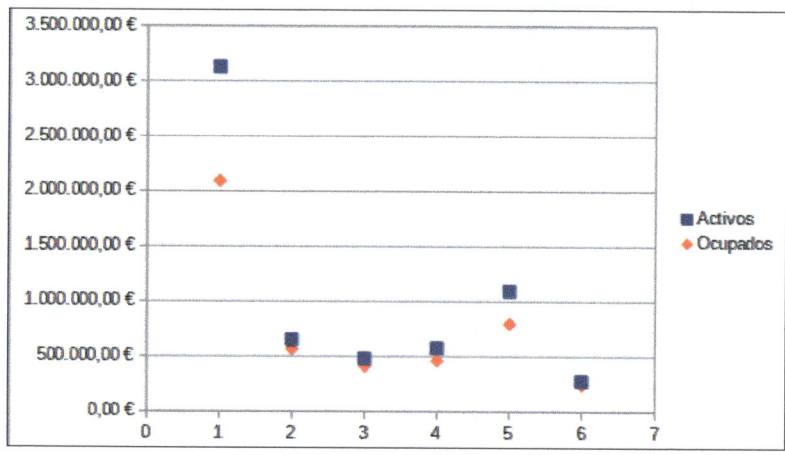

Ejemplo de gráfico de dispersión

1.2.7. Cotizaciones

Un gráfico de cotización ilustra la tendencia del mercado dada por una apertura del precio, un precio inferior, un precio superior y el precio de cierre. El volumen de transacción puede, igualmente, ser mostrado.

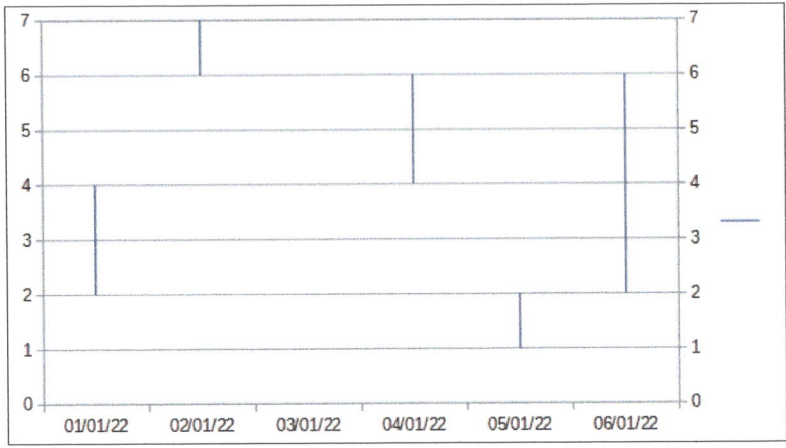

Ejemplo de gráfico de cotización

1.2.8. Burbujas

Es muy similar al gráfico de dispersión, ya que muestra valores numéricos en ambos ejes, pero, además, puede representar una serie de datos adicional, que será representada por el tamaño de la burbuja.

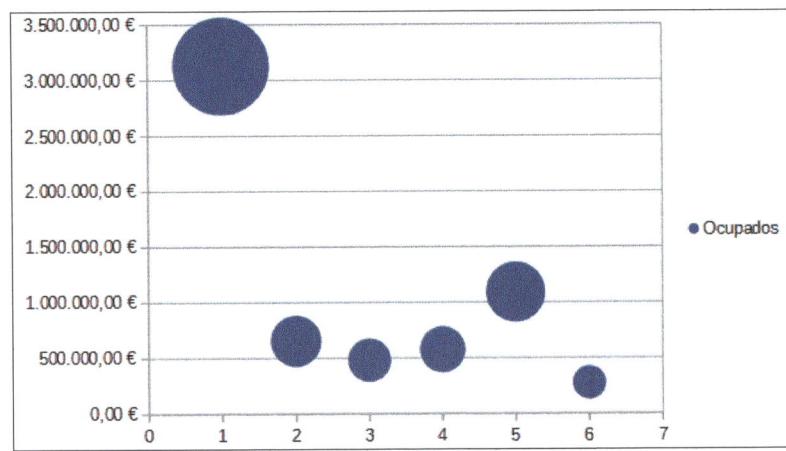

Ejemplo de gráfico de burbuja

1.2.9. Red

Muestra los valores de los datos como puntos conectados por varias líneas, en una red que se asemeja a una telaraña o a una pantalla de radar.

Para cada fila de datos del gráfico se muestra una red en la cual se dibujan los datos.

Todos los valores de datos se muestran en la misma escala, por tanto, todos deben ser de la misma magnitud.

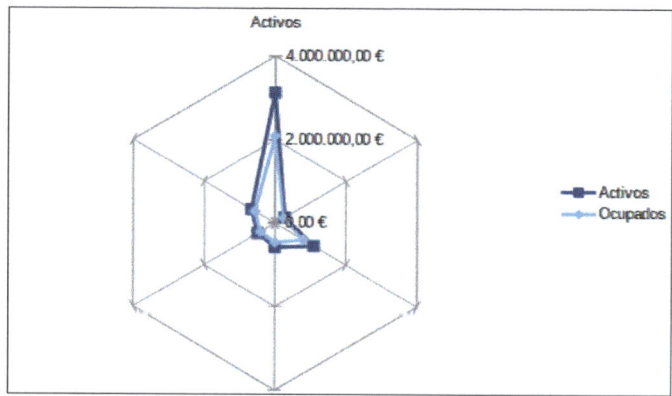

Ejemplo de gráfico de red

1.2.10. Línea y columna

Un gráfico de columnas y líneas combina un gráfico de columnas y uno de líneas, pero solo para los gráficos de 2 dimensiones.

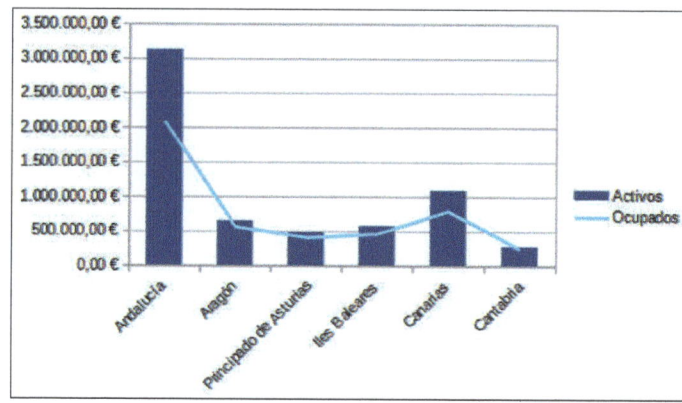

Ejemplo de gráfico de líneas y columnas

2. Creación de un gráfico

Los gráficos se usan para presentar series de datos numéricos en formato gráfico y, de ese modo, facilitar la comprensión de grandes cantidades de datos y las relaciones entre diferentes series de datos.

Para crear un gráfico en Calc:

- Seleccionamos los datos que queremos representar, incluidos los títulos de las columnas y las etiquetas de las filas.

- Hacemos clic en el menú *Insertar/Gráfico*.

- Elegimos un tipo de gráfico de columnas y vamos pulsando en *Siguiente hasta completar toda la configuración.*

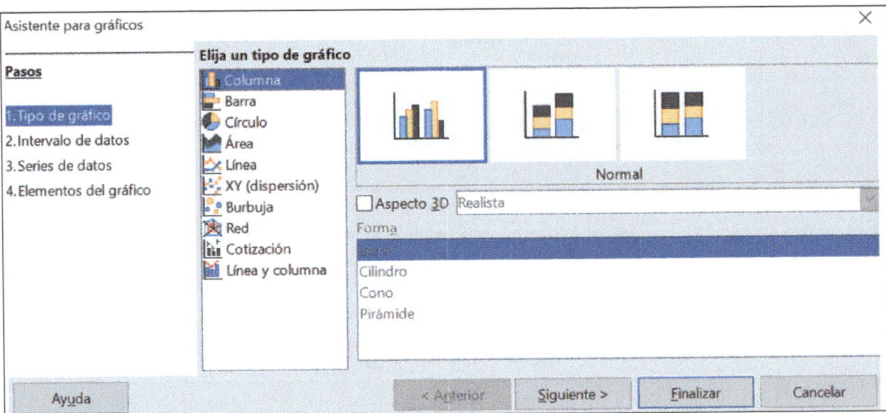

Asistente para gráficos

3. Modificación de un gráfico

3.1. Introducción

Una vez insertado el gráfico en nuestra hoja de cálculo podemos hacerle cuantas modificaciones sean necesarias para conseguir un resultado satisfactorio.

Al seleccionar el gráfico con un solo clic se muestra la barra de herramientas de *Propiedades del objeto de dibujo*.

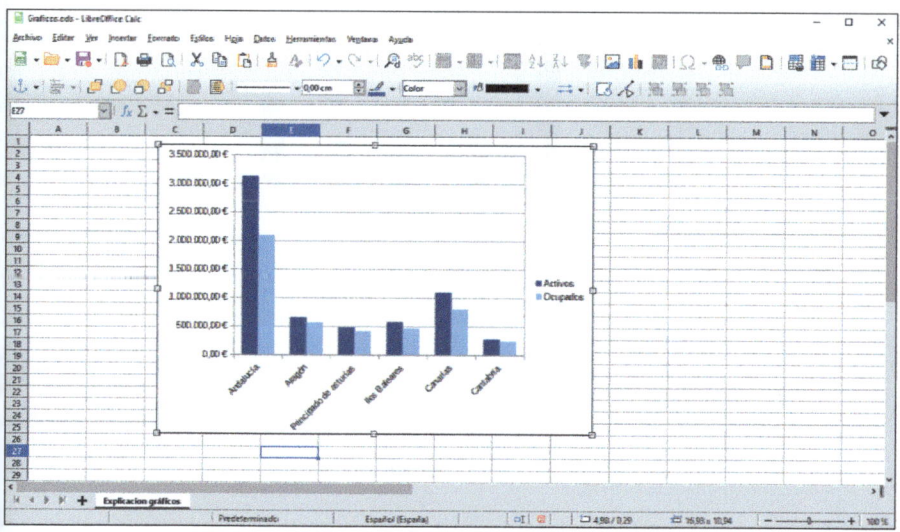

Gráfico seleccionado

Propiedades del objeto de dibujo

Al seleccionar el gráfico con un doble clic entramos en el modo edición:

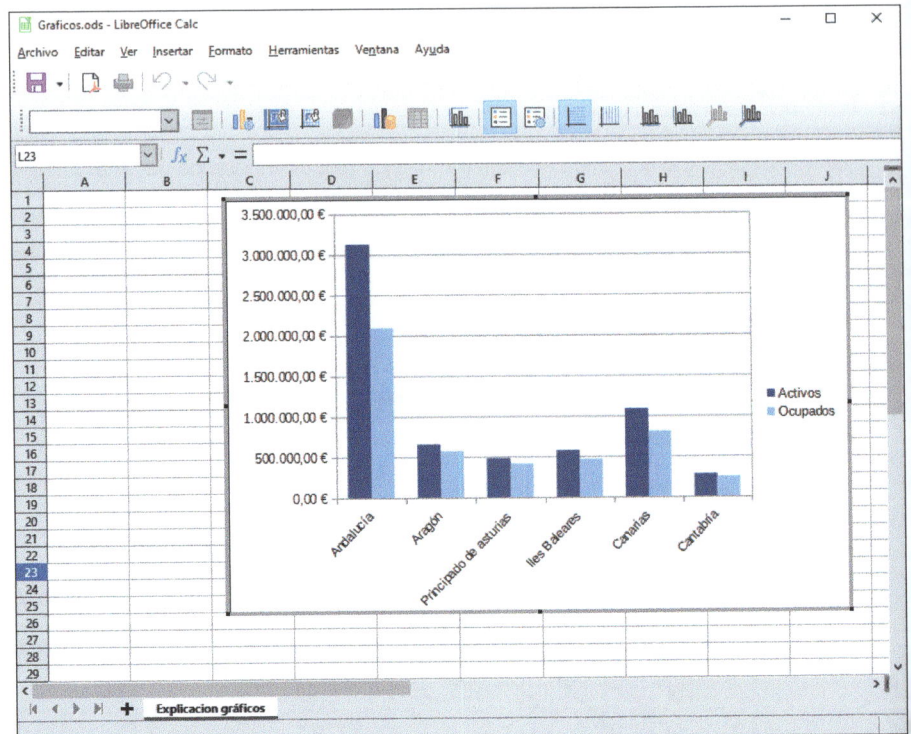

Modo edición

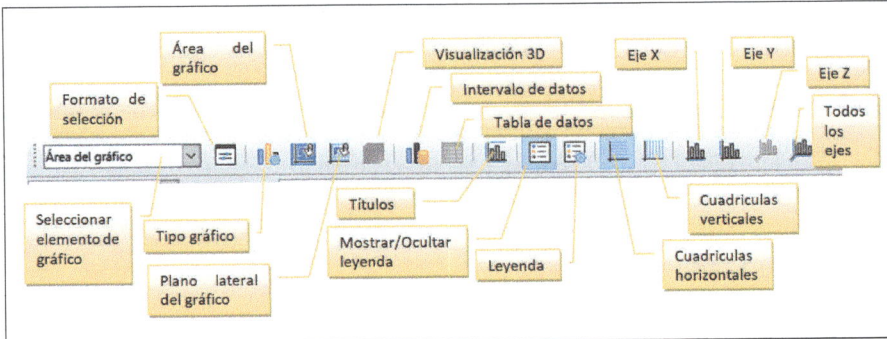

Partes del modo edición

3.2. Cambiar tamaño y ubicación del gráfico

Cuando insertamos un gráfico, este se inserta con un tamaño determinado y se coloca en la hoja activa como un objeto. Pero, una vez insertado, podemos cambiarle el tamaño y moverlo dentro de la misma hoja o a otra hoja distinta.

Para cambiar el tamaño del gráfico tenemos unos pequeños marcadores cuadrados.

Los marcadores de los vértices nos permiten cambiar el tamaño del gráfico tanto en el alto como en el ancho.

Para modificar solo el alto podemos utilizar uno de los marcadores que estén situados en el punto medio de la línea superior o inferior.

Para modificar solo el ancho del gráfico utilizamos uno de los marcadores que están situados en el punto medio de la línea derecha e izquierda.

Si queremos mover el gráfico, hacemos clic en el mismo y arrastramos. Pero si queremos moverlo a otra hoja tendremos que cortarlo y pegarlo en la hoja que deseemos.

3.3. Aplicar un borde al gráfico

Para aplicar un borde al gráfico realizamos los siguientes pasos:

■ Hacemos un clic con el botón izquierdo del ratón encima del gráfico.

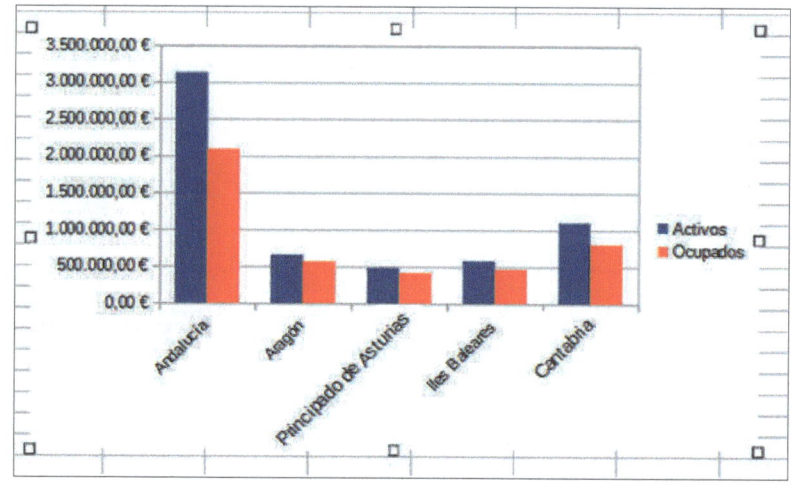

Gráfico seleccionado

■ En la barra de herramientas *Propiedades del objeto de dibujo* desplegamos la opción *Estilo de Línea* y seleccionamos el estilo de línea que deseamos aplicar al borde.

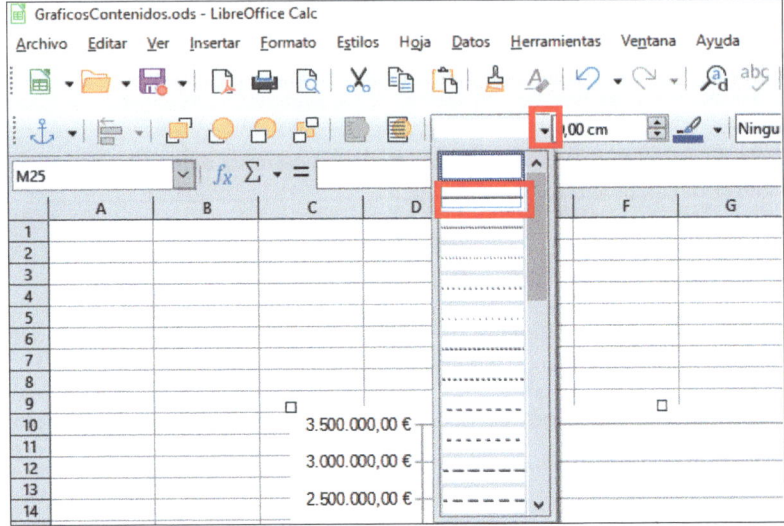

Desplegable Estilo de línea

■ En los botones *Anchura de línea* indicamos el grosor del borde y en *Color de línea* el color del borde.

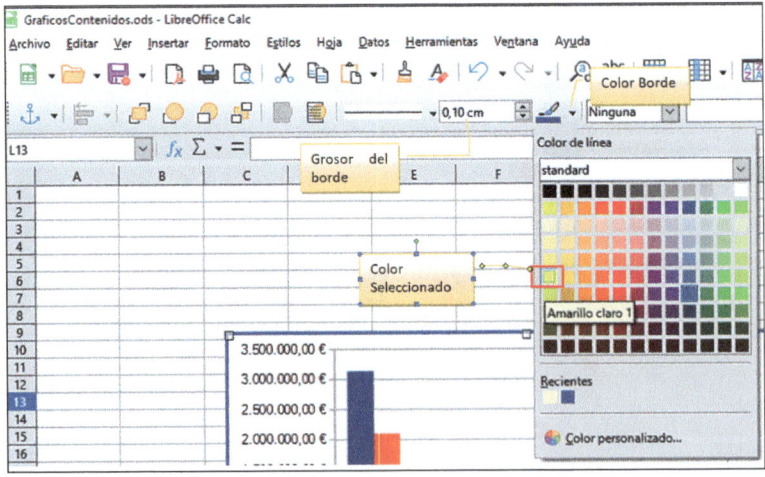

Selección del color

- Pulsamos con el ratón fuera del gráfico y ya vemos el resultado.

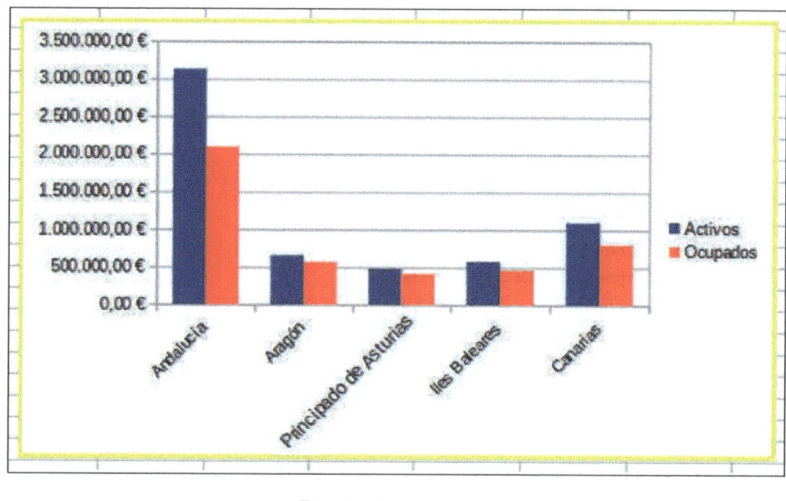

Resultado

3.4. Cambiar entre filas y columnas

Cuando insertamos un gráfico en Calc, los datos de la primera fila de la selección son los que se colocan en la leyenda y los datos de la primera columna son los que se colocan en el eje de X, pero a veces nos interesa cambiarlo.

Para ello seguimos los siguientes pasos:

- Hacemos doble clic con el botón izquierdo del ratón encima del gráfico.

- En la barra de herramientas de *Formato* pulsamos en el botón *Intervalo de datos*.

Barra de herramientas Formato/Intervalo de datos

■ En el cuadro de diálogo que nos aparece hacemos clic en la pestaña *Intervalo de datos* y pulsamos en la opción *Serie de datos en filas*.

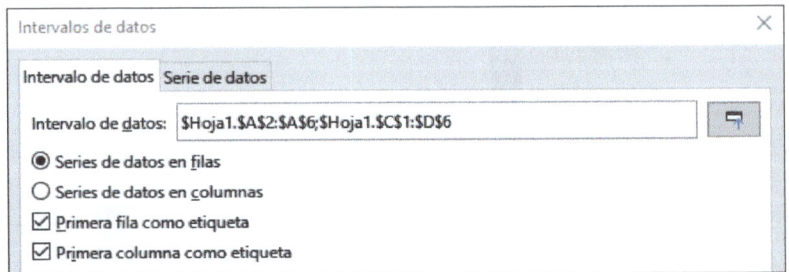

Cuadro de diálogo Intervalos de datos

■ Hacemos clic en *Aceptar*.

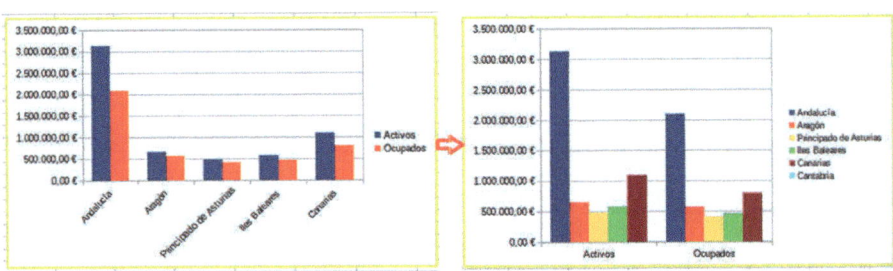

Ejemplo del gráfico original y cómo quedaría tras el cambio

3.5. Editar la leyenda del gráfico

Si no quisiéramos que apareciera la leyenda pulsaríamos en el botón *Mostrar/ocultar leyenda*:

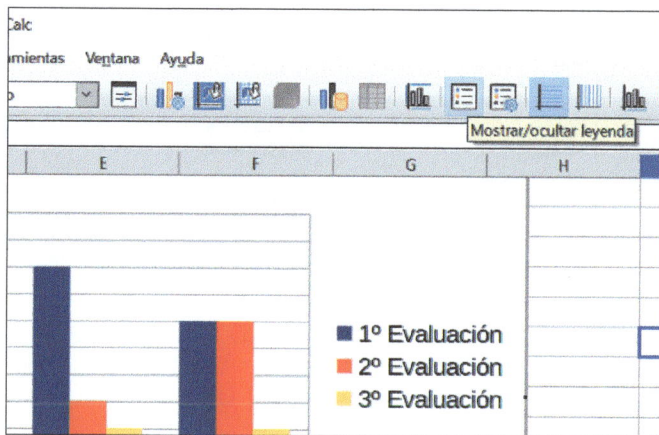

Mostrar/ocultar leyenda

Para ubicar la leyenda en otro lugar la podemos mover directamente con el ratón o a través cuadro de diálogo de *Leyenda*. Haríamos clic en el botón *Leyenda* de la barra de herramientas de *Formato* o clic en el menú *Formato/Leyenda*.

Podemos cambiar la fuente de la leyenda y aplicar un color de fondo. Haríamos clic en el botón *Leyenda* de la barra de herramientas de *Formato* o clic en el menú *Formato/Leyenda*.

3.6. Modificar el eje Y

Para modificar el eje Y hacemos clic con el ratón y vamos a menú *Formato/Eje/Eje Y.*

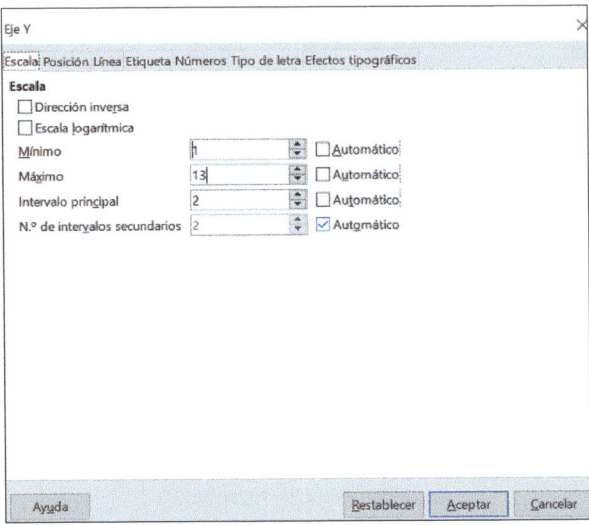

Cuadro de diálogo Eje Y/Escala

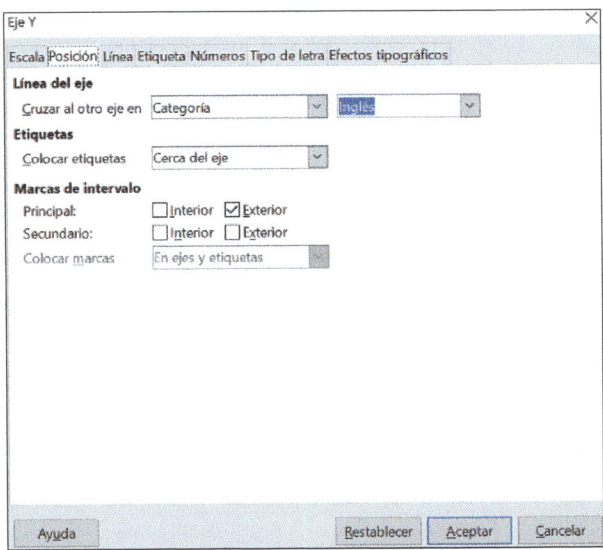

Cuadro de diálogo Eje Y/Posición

3.7. Modificar el eje X

Para modificar el eje X hacemos doble clic con el ratón encima del gráfico y vamos al *Formato/Eje/Eje X*.

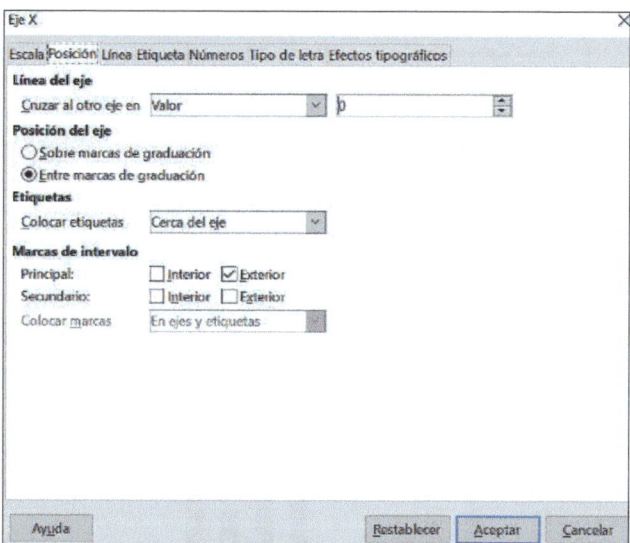

Eje x/Posición

3.8. Agregar o quitar un eje secundario en un gráfico

A veces nos interesa tener en un gráfico dos ejes de valores porque los datos que se representan son muy grandes o muy pequeños.

Para ello:

■ Seleccionamos uno de los puntos de datos para agregar el eje secundario. Hacemos clic con el ratón encima de una de las series de datos.

■ Pulsamos el botón *Formato de selección* de la barra de *Formato* [icono].

■ En el cuadro de diálogo de *Serie de datos* hacemos clic en la ficha *Opciones* y activamos la opción *Eje Y secundario*.

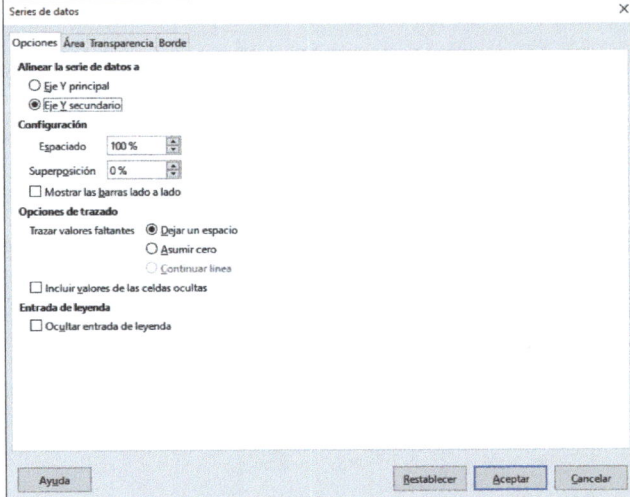

Serie de datos

Para que se vea mejor la información sería conveniente cambiar el tipo de gráfico a Líneas y Columnas.

El eje secundario solo se puede aplicar a los gráficos de 2 dimensiones.

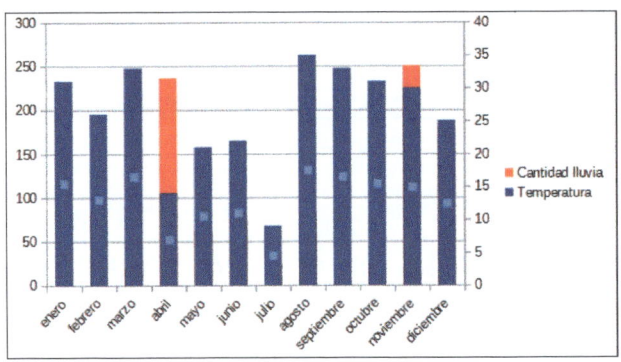

Ejemplo de gráfico con dos ejes

3.9. Mostrar u ocultar las líneas de división

Podemos hacerlo de dos formas:

- Utilizando los botones *Cuadrículas horizontales* y *Cuadrículas verticales* de la barra de herramienta de *Formato*.

Botones Cuadrículas horizontales y Cuadrículas verticales

■ Accediendo al menú *Insertar/Cuadrículas* y desactivando las casillas de las cuadrículas de los ejes que no deseamos visualizar. Si no están visualizadas, con esta opción las podemos visualizar.

4. Borrado de un gráfico

Para borrar un gráfico, simplemente, tenemos que seleccionarlo y presionar en el botón *Supr* (Suprimir) o la tecla *Retroceso* de nuestro teclado.

Al eliminar un gráfico no se modifica ninguno de los datos de nuestras tablas, sin embargo, es posible hacer cuantas modificaciones sean necesarias hasta obtener el resultado final deseado.

Del mismo modo, podemos elaborar tantas gráficas como necesitamos, partiendo de una misma fuente de datos, si eliminamos uno de los gráficos el resto se mantienen.

Con el estudio de este epígrafe hemos alcanzado los objetivos:

● *CE 1.3. En casos prácticos de confección de documentación administrativa, científica y económi-ca, a partir de medios y aplicaciones informáticas de reconocido valor en el ámbito empresarial:*

◆ *Confeccionar gráficos estándar y/o dinámicos, a partir de rangos de celdas de la hoja de cálculo, optando por el tipo que permita la mejor comprensión de la información y de acuerdo con la actividad a desarrollar, a través de los asistentes disponibles en la aplicación.*

◆ *Elaborar y ajustar diagramas en documentos y utilizar con eficacia todas aquellas prestacio-nes que permita la aplicación de la hoja de cálculo.*

Resumen

En esta unidad hemos estudiado:

- La forma de insertar gráficos para representar la información contenida en las hojas de cálculo.

- Sus elementos principales.

- La manera de modificar cualquier tipo.

- Y cómo borrarlo.

Los gráficos facilitan la comprensión de grandes cantidades de datos y las relaciones entre diferentes series de datos.

Unidad Didáctica 11

Inserción de otros elementos dentro de una hoja de cálculo

Objetivos

- ⊡ Adquirir las habilidades necesarias para insertar imágenes en nuestras hojas de cálculo, a través de las diferentes funcionalidades que ofrece LibreOffice Calc.

- ⊡ Añadir elementos visuales a nuestras hojas de cálculo para mejorar su apariencia gráfica.

- ⊡ Acercarnos a las diferentes funcionalidades para la manipulación básica de imágenes u objetos que ofrece LibreOffice Calc.

Contenido

Introducción

Resumen

Introducción

En esta unidad estudiaremos la manera de mejorar el aspecto de las hojas de cálculo gracias a una serie de elementos como son: imágenes, autoformas, textos artísticos, etc. Todos estos elementos son comunes al resto de aplicaciones de LibreOffice.

1. Introducción a las prestaciones gráficas

Calc, al igual que el resto de aplicaciones de LibreOffice, contiene una serie de prestaciones gráficas para mejorar el aspecto de las hojas de cálculo.

En Calc se pueden insertar múltiples gráficos, desde imágenes o fotos hasta dibujos creados por el propio usuario.

- **Objeto:** un objeto es, normalmente, cualquier elemento de tipo gráfico, por ejemplo, una imagen, un gráfico de datos, una ecuación, una elipse, un rectángulo, una recta, un cuadro de texto, un diagrama o un rótulo *Fontwork*.

   También se denominan objetos a los elementos tipo sonido, vídeo o animaciones.

- **Forma:** una forma sería un rectángulo, una elipse, una flecha o una recta.

- **Dibujo:** un dibujo suele ser un conjunto de dos o más objetos. Por ejemplo, un dibujo puede constar de una línea curva y un cuadro de texto, aunque no hay un límite en el número de objetos que pueden contener.

- **Imagen:** una imagen es un dibujo más o menos sofisticado que se ha creado en una aplicación externa. Calc incorpora una galería de imágenes prediseñadas bastante amplia.

- **Cuadro de texto:** un cuadro de texto es parecido a un objeto de dibujo, solo que contiene texto normal.

- ***Fontwork*:** un rótulo *Fontwork* es un objeto que contiene texto con efectos artísticos, por ejemplo, texto en círculo o con un relleno de diseño para la letra.

- **Diagrama:** un diagrama es un dibujo prediseñado más o menos complejo, que el usuario puede rellenar con texto y cambiar el formato en determinados lugares. Por ejemplo, un organigrama o un diagrama radial. Para este tipo de objeto es necesario instalar una extensión, por ejemplo, *Smart*.

- **Gráfico de datos:** un gráfico de datos es la representación gráfica de una serie de datos numéricos. Por ejemplo, un diagrama de líneas, de barras o de tipo circular.

- **Otros objetos:** otros objetos, por ejemplo, objetos de animación, vídeo o de sonido.

2. Imágenes

2.1. Insertar imágenes

Para insertar una imagen accedemos al menú *Insertar/Imagen* o con el botón de la barra de herramientas estándar *Insertar Imagen*.

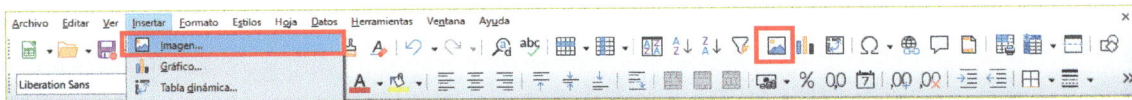

Opciones para insertar imágenes

Se muestra el cuadro de diálogo *Insertar imagen* para localizar la imagen en nuestro ordenador. Una vez localizada, la seleccionamos y pulsamos el botón *Abrir*.

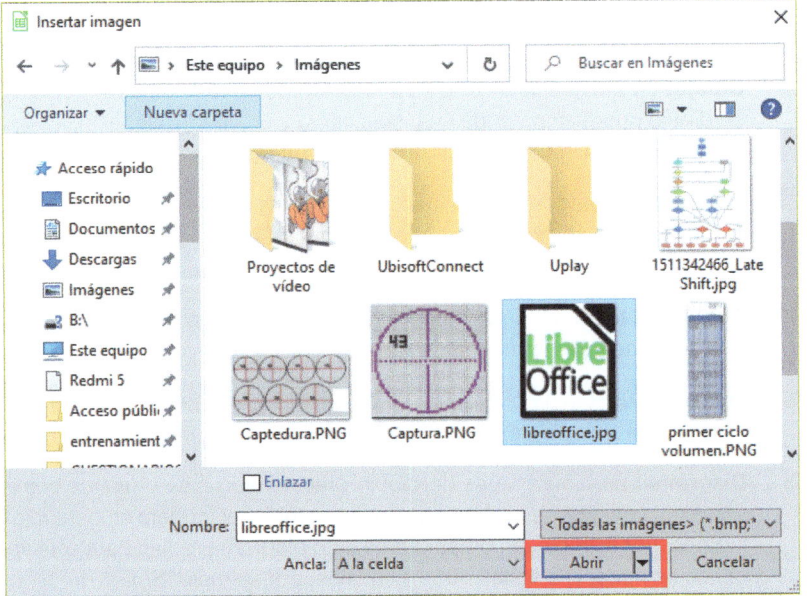

Cuadro de diálogo Insertar imagen

2.2.   Seleccionar una imagen o un objeto gráfico

Para cambiar los atributos de uno o más objetos, o para moverlos, girarlos o cambiarles el tamaño, primero hay que **seleccionarlos**.

Un objeto gráfico está seleccionado cuando alrededor del mismo se muestran los controles de tamaño (que son ocho en total con forma de cuadrado).

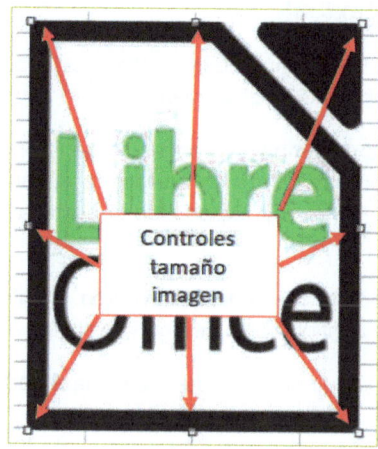

Imagen seleccionada en la que se muestran los controles de tamaño

Para seleccionar un solo objeto, hacemos clic en él.

Si hay que seleccionar varios objetos, pulsamos la tecla **Mayús** y, sin soltarla, hacemos clic en cada uno de los objetos que queremos seleccionar.

2.3.   Cambiar el tamaño de una imagen u objeto gráfico

Para modificar el tamaño de un objeto, disponemos de dos posibilidades: mediante el ratón o con el menú de contexto:

2.3.1. Ratón

Los **controles de tamaño** son los puntos que se muestran en las esquinas y en el medio de los lados cuando la imagen u objeto están seleccionados.

Si cambiamos el tamaño con el ratón, es fácil que deformemos la imagen. Para mantener las proporciones originales debemos utilizar las esquinas de la misma.

Si situamos el puntero del ratón en uno de dichos controladores, este toma la forma de una doble flecha y, haciendo clic y arrastrando, podremos cambiar el tamaño en la dirección que indique la flecha.

Si arrastramos hacia fuera de la imagen, la agrandaremos. Si arrastramos hacia el centro de la misma, la reduciremos de tamaño.

2.3.2. Menú de contextual

Hacemos clic con el botón derecho del ratón encima de la imagen y, en el menú de contexto, tenemos la opción **Posición y Tamaño**.

En el menú de contexto también disponemos de la opción *Ajustar a tamaño de celda*, que define el tamaño de la imagen en función del alto y ancho de la celda. Si seleccionamos la opción *Posición y Tamaño*, en la pestaña *Posición* podemos definir *Anchura y Altura*.

Si pulsamos en la casilla **Mantener proporción**, mantenemos la proporción de ancho y alto al cambiar la configuración de ancho o alto en el cuadro de diálogo.

En **Punto base** marcamos el punto de referencia a partir del cual se definen las nuevas dimensiones.

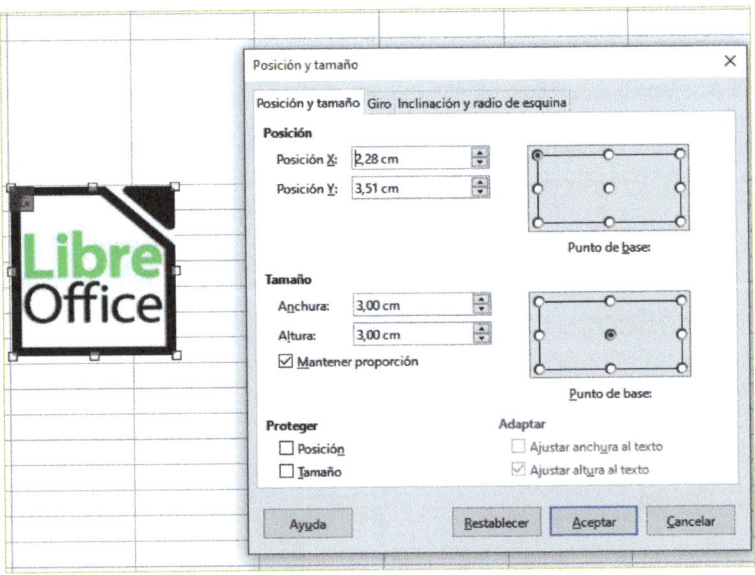

Cuadro de diálogo Posición y tamaño

2.4. Girar, voltear y perspectiva de imágenes

Podemos girar o voltear la imagen de varias maneras, como vemos a continuación.

2.4.1. Con el ratón

Para girar la imagen con el ratón debemos pulsar en el botón de la barra de herramientas de imagen *Girar*, seleccionando previamente la imagen.

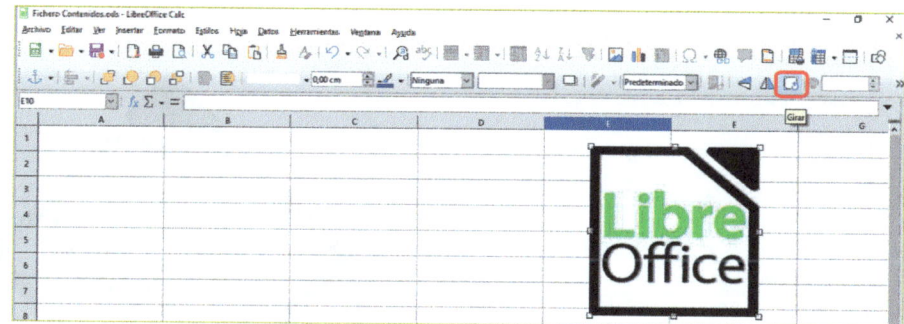

Botón Girar

Aparecen unos círculos de color rojo alrededor, que nos permiten girar la imagen completa si pulsamos en alguno de los círculos de las esquinas de la imagen. Si pulsamos en uno de los puntos medios de los lados, ese lado se gira, pero el contrario no.

Girar la imagen

2.4.2. Cuadro de diálogo

Hacemos clic con el botón derecho del ratón encima de la imagen y, en el menú contextual, tenemos la opción *Posición y Tamaño*.

En la ficha *Giro* podemos indicar los grados que deseamos girar la imagen en la casilla *Ángulo* o en la imagen *Configuración predeterminada*.

En el apartado *Eje del giro* indicamos el punto base sobre el que se efectuará el giro de la imagen.

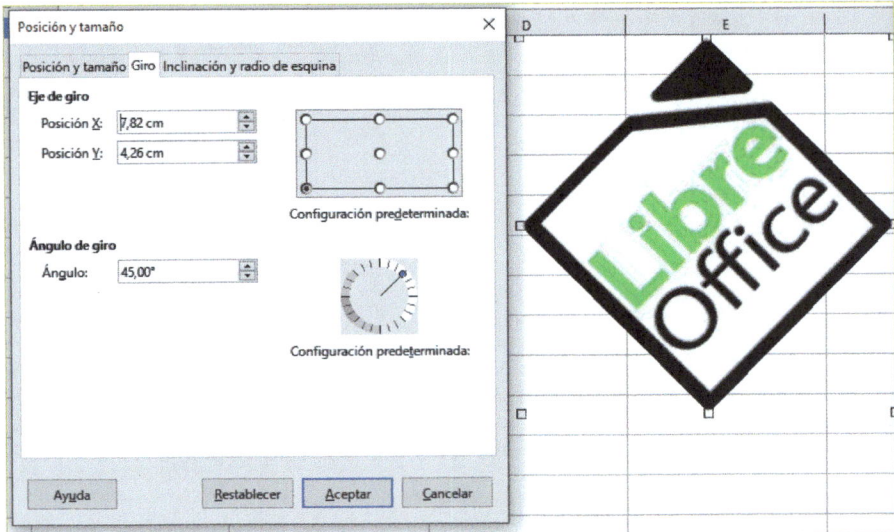

Cuadro de diálogo Posición y tamaño

2.4.3. Volteándola

Podemos girar la imagen "volteándola", que es como si la imagen se reflejara en un espejo.

Para voltear la imagen podemos reflejarla vertical u horizontalmente y, para ello, una vez seleccionada la imagen, podemos hacerlo de dos maneras:

■ Con los botones de la barra de herramienta de *Imagen*.

Botones de herramienta de Imagen

■ En el menú contextual: *Girar y Voltear/Girar/Voltear verticalmente o Girar y Voltear/Girar/Voltear horizontalmente.*

Ejemplo

2.5. Mover una imagen u objeto gráfico

Una imagen se puede mover a cualquier ubicación de la hoja.

Podemos emplear el ratón o el teclado para ajustar su posición y, si queremos establecer una posición exacta en la hoja, podemos utilizar el cuadro de diálogo.

Con el ratón:

■ Seleccionar el objeto.

■ Situar el puntero en cualquier lugar del objeto (que no sean los controladores de tamaño).

■ Cuando aparezca un aspa, hacer clic y arrastrar en la dirección deseada.

Con el teclado:

■ Seleccionar el objeto que se desee mover.

■ Pulsar las flechas del teclado para desplazarlo hacia arriba, abajo, a la izquierda o a la derecha.

Si queremos limitar el movimiento en horizontal o vertical, mantenemos pulsada la tecla Mayús mientras arrastramos el objeto.

Con el cuadro de diálogo:

- Clic con el botón derecho del ratón encima de la imagen.

- En el menú contextual tenemos la opción *Posición y Tamaño*.

- En la ficha *Posición y tamaño*, en los cuadros *Posición X* y *Posición Y*, introducimos la posición en la que deseamos la imagen.

2.6. Modo imagen

Para cambiar el modo de imagen desplegamos la lista del cuadro *Modo de imagen* de la barra de herramientas de formato.

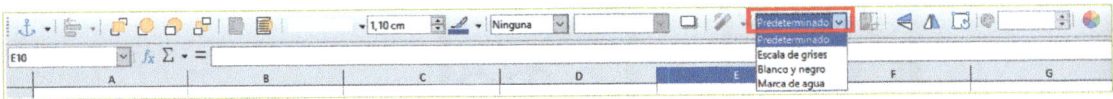

Modo imagen

- **Predeterminado:** la visualización del objeto gráfico no se modifica. Utiliza este modo para restaurar la imagen.

- **Escala de grises:** muestra la imagen en escala de grises. Puedes utilizar los deslizadores de color para aplicar un color uniforme a la imagen.

- **Blanco y negro:** los valores de brillo inferiores al 50% se mostrarán en negro y los superiores al 50%, en blanco.

- **Marca de agua:** aumenta el brillo y se reduce el contraste del objeto gráfico, a fin de poder usarlo en el fondo.

2.7. Borde de imágenes

Las propiedades de la línea de contorno de la imagen se pueden modificar utilizando estos tres de controles:

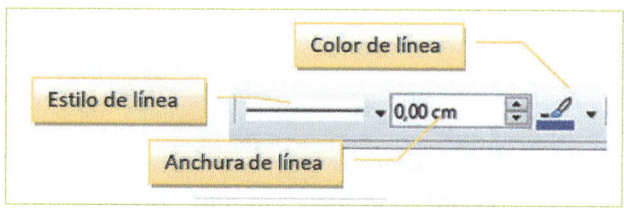

Estilo de línea, anchura de línea, color de línea

2.8. Recortar imagen

Una imagen puede ser recortada. Para ello:

1. Seleccionamos la imagen.

2. Pulsamos el comando *Recortar*, en la barra de herramientas de Imagen.

Botón Recortar

3. El contorno de la imagen cambiará, mostrándose unas líneas azules en los puntos medios de los lados y en las esquinas.

Ejemplo del contorno de la imagen

4. Hacemos clic y arrastramos dichas líneas o esquinas para recortar la imagen.

Ejemplo de cómo se ve la imagen al arrastrar para recortar

3. Formas

En Calc también se pueden crear dibujos personalizados mediante el trazado de formas cerradas (elipses, rectángulos, etc.) y líneas abiertas (líneas rectas, quebradas y curvas). En un dibujo también se pueden incluir otros objetos gráficos, como imágenes, *Fontwork*, etcétera.

Crear un dibujo

■ Menú *Insertar/Forma*.

■ En el submenú, seleccionamos el tipo de autoforma que deseamos dibujar.

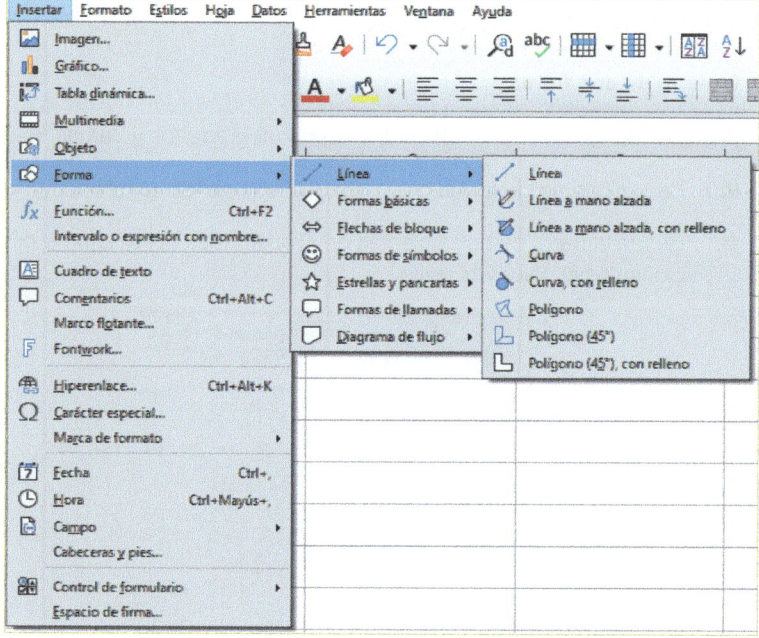

Submenús de Forma

■ Una vez elegida la forma, clicaremos y arrastraremos para crear el objeto.

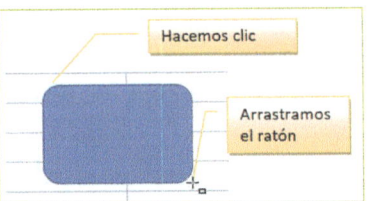

Ejemplo de forma

Si queremos que una forma tenga el mismo tamaño en todos los lados, cuando lo arrastramos, debemos mantener la tecla Mayús pulsada.

Por ejemplo, si insertamos un rectángulo podemos obtener un cuadro si, mientras arrastramos, mantenemos la tecla Mayús pulsada.

Relleno de una forma

A una forma se le pueden aplicar un relleno, degradados y tramas. Para ello:

■ Seleccionamos la forma o formas a las que aplicar el relleno.

■ Desde la barra de herramientas de *Propiedades del objeto de dibujo*, seleccionamos el color y el estilo.

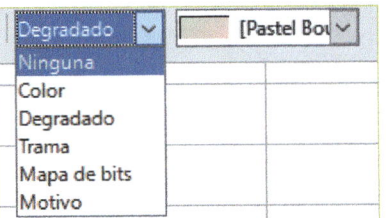

Opciones de color y estilo

- **Ninguna:** no se aplica relleno.

- **Color:** permite seleccionar un color sólido de una paleta de colores.

- **Degradado:** son una serie de colores en los que se va produciendo una transición suave de un color a otro.

- **Trama:** son una serie de líneas verticales, horizontales, etc.

- **Mapa de bits:** rellenos generados a base de puntos, pixeles.

- **Motivo:** rellena el objeto con el motivo bicolor simple que seleccione.

4. Texto artístico

Fontwork es una herramienta para crear texto con efectos visuales muy atractivos. Permite crear efectos decorativos, por ejemplo, texto sombreado o reflejado, etcétera.

Para insertar un texto en una hoja de cálculo:

- Pulsar el comando *Fontwork*, que se encuentra en el menú Insertar.

- En la ventana, con los diferentes estilos de *Fontwork*, elegimos uno de ellos.

- Aparecerá en la ventana de Calc el *Fontwork* insertado en hoja actual y mostrará la barra de herramientas *Propiedades del objeto de dibujo*.

5. Otros elementos

Además de imágenes, LibreOffice Calc también permite insertar otros tipos de objetos en los documentos. Los objetos pueden ser ecuaciones, rótulos, sonidos, vídeo, etc., creados en aplicaciones específicas que pueden venir o no con la colección de programas de LibreOffice.

Para insertar un objeto:

- Pulsar sobre el menú *Insertar/Multimedia*, donde podemos insertar un elemento de la galería, un escanear o un audio o sonido. Si seleccionamos *Galería*, en la barra lateral se muestras una serie de objetos predefinidos que podemos insertar en nuestra hoja de cálculo.

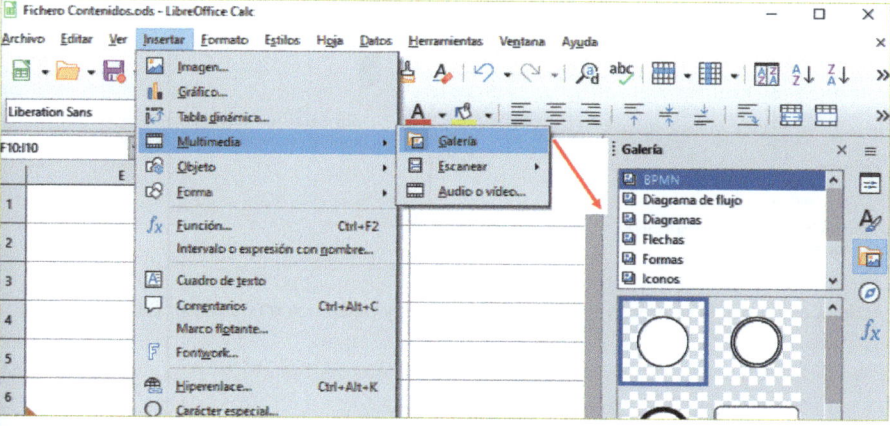

Insertar/Multimedia

■ Pulsar sobre el menú *Insertar/Objeto* para insertar una fórmula, un código de barras, y un objeto Ole.

Los objetos OLE pueden enlazarse a un documento de destino o incrustarse. La incrustación inserta una copia del objeto y detalles del programa de origen en el documento de destino.

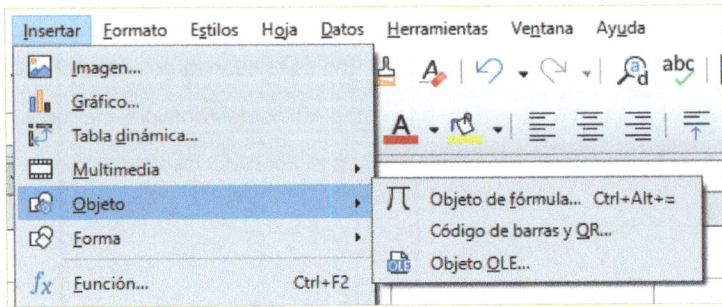

Insertar/Objeto

Objeto de fórmula

Al seleccionar la opción *Objeto de fórmula* se activa, en la parte izquierda, el panel *Elementos* en el que podemos seleccionar el tipo de fórmula que deseamos insertar.

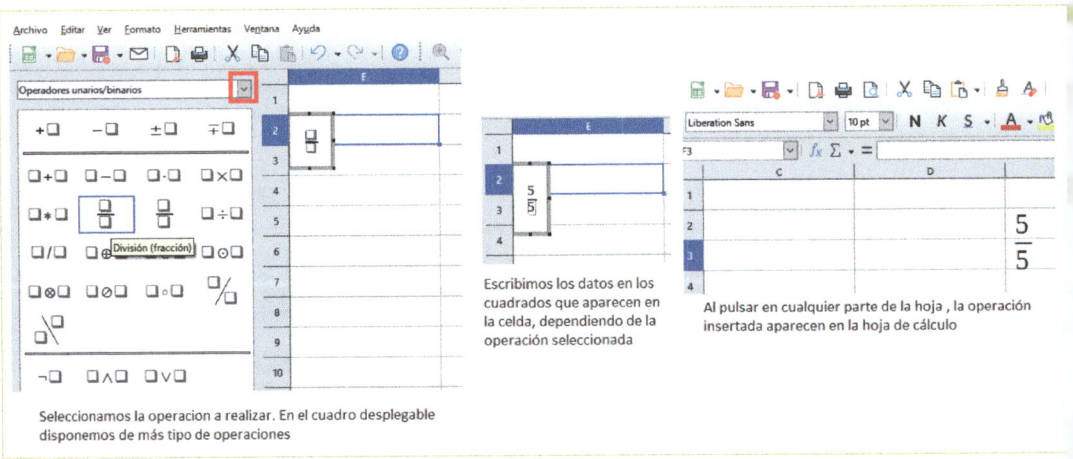

Seleccionamos la operación, escribimos los datos y pulsamos en cualquier parte de la hoja

Objeto OLE

Si seleccionamos la opción *Objeto Ole* tenemos la opción de crearlo nuevo o a partir de un archivo (ya estaría el fichero creado y guardado en nuestro equipo).

Si seleccionamos la opción *Crear Nuevo* seleccionamos el objeto que deseamos crear en el *Tipo de Objeto*.

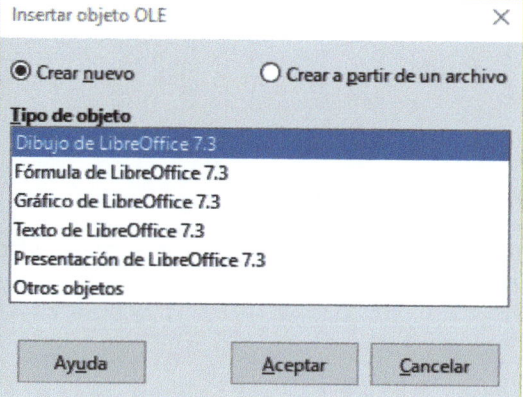
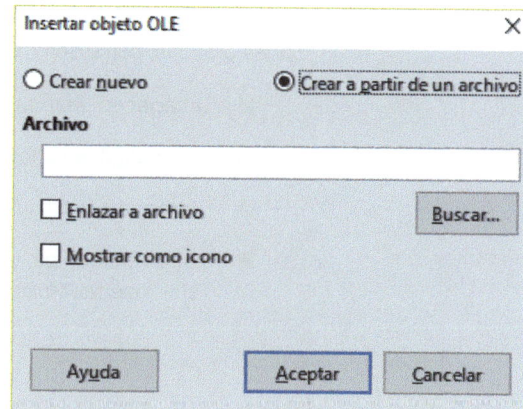

Crear nuevo/Crear a partir de un archivo

Con el estudio de esta unidad hemos alcanzado el objetivo CE1.3 En casos prácticos de confección de documentación administrativa, científica y económica, a partir de medios y aplicaciones informáticas de reconocido valor en el ámbito empresarial:

- *Utilizar títulos representativos, encabezados, pies de página y otros aspectos de configuración del documento en las hojas de cálculo, de acuerdo con las necesidades de la actividad a desarrollar o al documento a presentar.*

Resumen

En esta unidad hemos estudiado la manera de insertar una serie de elementos para mejorar el aspecto de las hojas de cálculo.

LibreOffice, al igual que el resto de sus aplicaciones, contiene una serie de prestaciones gráficas, como son:

- Imágenes: *Insertar/Imagen*.

- Formas (líneas, formas básicas, etc.): *Insertar/Forma*.

- Textos artísticos *(Fontwork)*: *Insertar/Fontwork*.

- Otros elementos, ya sean organigramas, ecuaciones, rótulos, sonidos, vídeo, etc. *Insertar/Multimedia, Insertar/Objeto*, etc.

UNIDAD DIDÁCTICA 12

Impresión

Objetivos

⊡ Imprimir hojas de cálculo con la calidad, presentación de la información y copias requeridas.

Contenido

Introducción

En esta unidad aprenderemos a imprimir una hoja de cálculo.

Veremos cómo podemos configurar la página con las diferentes opciones que nos ofrece la aplicación, así como la configuración de la impresora.

Configurando la impresora podemos seleccionar diferentes tipos de impresión, el número de páginas que queremos imprimir por hoja o si preferimos imprimir a doble cara.

1. Zonas de impresión

1.1. Imprimir una zona específica

- *Si imprimimos una selección específica de una hoja de cálculo con frecuencia, po-dremos definir un área de impresión que incluya solo esa selección.*

- *Un área de impresión es uno o más rangos de celdas que se designan para imprimir cuando no se quiere imprimir toda la hoja de cálculo.*

- *Cuando imprimamos la hoja de cálculo, después de haber definido un área de impre-sión, solo se imprimirá esta área.*

- *Podremos agregar celdas para ampliar el área de impresión según sea necesario y podremos borrar el área de impresión para imprimir la hoja de cálculo completa.*

Para imprimir un rango de datos, primero habría que seleccionar dicho rango, ha-cer clic en menú *Archivo/Imprimir* o pulsar la combinación de teclas Ctrl + P.

Para imprimir varias hojas, primero tendríamos que seleccionarlas y, después, ha-cer clic en el menú *Archivo/Imprimir* o pulsar la combinación de teclas Ctrl + P.

Para imprimir un libro, hacemos clic en cualquiera de sus hojas de cálculo y, des-pués, en el menú *Archivo/Imprimir* o pulsar la combinación de teclas Ctrl + P.

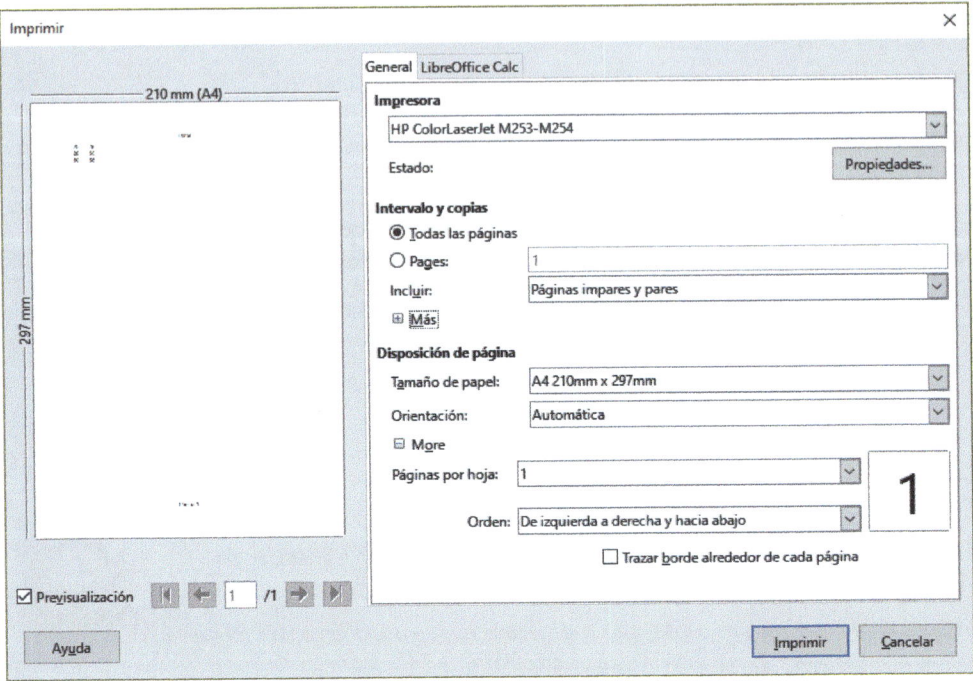

Imprimir/General

1.2. Imprimir varias hojas de cálculo a la vez

Para seleccionar dos o más hojas adyacentes:

- Hacemos clic en la etiqueta de la primera hoja.

- Pulsamos la tecla Mayús.

- Hacemos clic en la etiqueta de la última hoja que se desee seleccionar.

Para seleccionar dos o más hojas no adyacentes:

- Hacemos clic en la etiqueta de la primera hoja.

- Pulsamos la tecla Ctrl.

- Hacemos clic en las etiquetas de las otras hojas que se deseen seleccionar

Para seleccionar todas las hojas de un libro:

- Hacemos clic con el botón secundario del ratón en una etiqueta.

- Hacemos clic en el comando *Seleccionar* todas las hojas del menú contextual.

1.3. Imprimir varios libros de forma simultánea

- Seleccionamos las hojas que queremos imprimir. Utilizando la tecla Ctrl (selección no contigua) o Mayús (selección contigua) según nos interese.

- Hacemos clic con el botón secundario del ratón (botón derecho) encima de la selección.

- Seleccionamos la opción *Imprimir*.

Todos los archivos de libro que se deseen imprimir deben estar en la misma carpeta.

2. Especificaciones de impresión

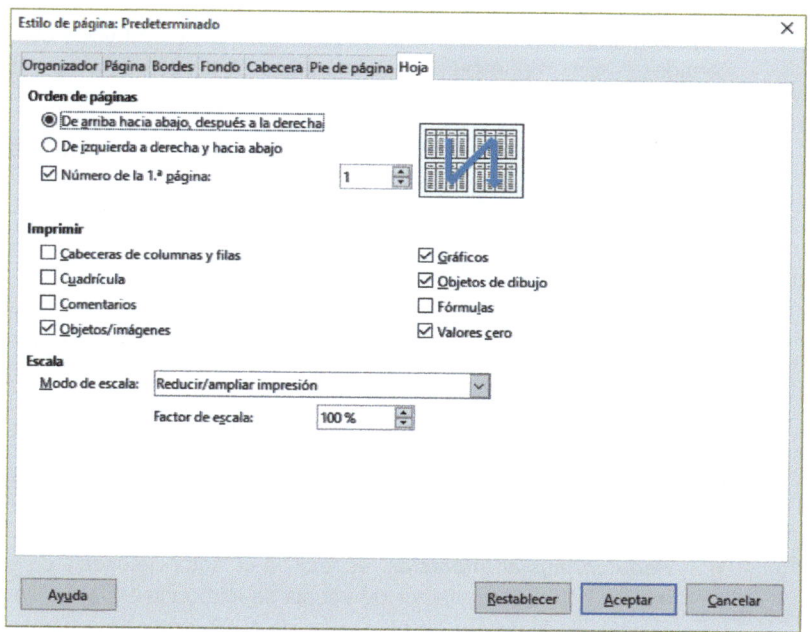

Estilo de página: Predeterminado/Hoja

■ **Orden de páginas:** indica el orden en el cual se imprimirán las páginas, en el caso de haber más de una.

■ **Número de la 1ª página:** seleccionamos esta opción si deseamos que este estilo de página reinicie la numeración de las páginas. Introducimos el número a partir del cual se quiere reiniciar.

■ **Cabeceras de columnas y filas:** las cabeceras de las columnas y los números de las filas no salen impresas salvo que se active esta opción.

Podemos activar o desactivar las cabeceras de columnas y filas en pantalla en el menú de *Ver/cabeceras*.

■ **Cuadrícula:** las líneas de división de la filas y columnas por defecto no se imprimen, salvo que se active esta opción.

Podemos activar o desactivar la cuadrícula en pantalla en el menú de *Ver/ Líneas de cuadricula*.

■ **Comentarios:** los comentarios insertados en las celdas, por defecto, no se imprimen, excepto que se active esta opción. Los comentarios se imprimirán en una página diferente, junto con la referencia a la celda correspondiente.

■ **Objetos/Imágenes:** incluye en el documento impreso todos los objetos insertados (si son imprimibles) y las imágenes. Si desactivamos la casilla no se imprimirán.

■ **Gráficos:** los gráficos insertados en la hoja de cálculo se imprimirán si tenemos activada esta casilla.

■ **Objetos de dibujo:** aquellos objetos de dibujo, como, por ejemplo, los realizados con las formas, se imprimirán si tenemos activada esta casilla.

■ **Fórmulas:** si se activa esta casilla se imprimirán las fórmulas que haya en las celdas, en lugar de los resultados; si está desactivada se imprimen los resultados.

■ **Valores cero:** si se activa se imprimen los valores ceros de las celdas.

■ **Escala:** define la escala para imprimir la hoja y dispone de las siguientes opciones:

● *Reducir/Ampliar Impresión:* especifica el factor de escala para imprimir las hojas. Dicho factor de escala se introduce en la casilla *Facto. escala*. Un factor de escala mayor de 100% amplia las páginas y un valor inferior las reduce.

- **Ajustar intervalos de impresión a anchura/altura:** especifica, tanto de forma horizontal (ancho) como de forma vertical (alto), el número máximo de páginas en el que se debe imprimir cada hoja con el estilo de página actual que indicaremos en las casillas **Anchura de páginas** y **Altura de páginas**.

- **Ajustar zonas de impresión en números de página:** especifica el número máximo de páginas en el que se debe imprimir cada hoja con el estilo de página actual. La escala se adaptará al número de páginas definido, el que indiquemos en **Número de páginas**.

3. Configuración de página

3.1. Introducción

Podemos dar el aspecto que queramos a nuestra hoja, modificando márgenes, agregando pies y encabezados de página, cambiando la orientación, etcétera.

Para acceder a la configuración de página hacemos clic en el menú de **Formato/ Estilo Página**.

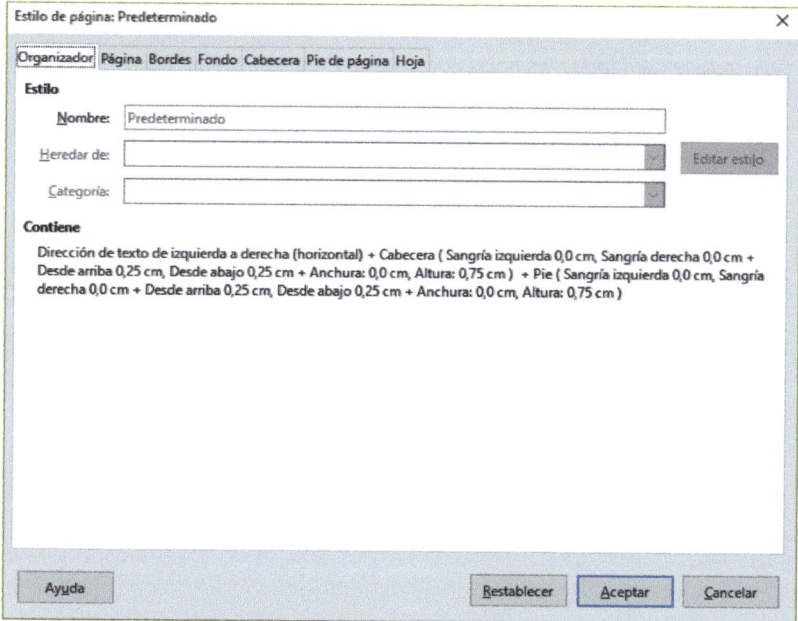

Estilo de página: Predeterminado

- **Organizador:** nos muestra el nombre del estilo de página asignado a esta hoja, por defecto, estilo Predeterminado, así como el nombre del estilo del que hereda las propiedades y en qué categoría (dentro de los estilos) está guardado.

- **Página:** en esta ficha estableceremos las configuraciones de página, como el formato de papel, márgenes y configuración de disposición.

- **Bordes:** podremos definir, cambiar y personalizar el borde aplicado a la página.

- **Fondo:** nos permite definir el fondo de la página a través de un color o imagen.

- **Cabecera:** definiremos en esta ficha los encabezados de las páginas.

- **Pie de página:** definiremos en esta ficha los pies de página.

- **Hoja:** en esta ficha dispondremos de opciones especiales, como ya vimos anteriormente.

Calc trabaja con estilos de página para establecer las configuraciones. Por lo que, si necesitamos que, dentro del mismo libro, una hoja se imprima en vertical y otra en horizontal, tendremos que usar diferentes estilos de página en cada hoja.

Por defecto, Calc trabaja para todas las hojas con el estilo Predeterminado. De este modo, si aplicamos una configuración a este estilo se le aplicará a todas las hojas que utilicen este estilo de página.

El estilo de página que tiene aplicado una hoja aparece en la barra de estado.

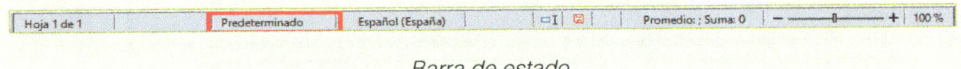

Barra de estado

3.2. Márgenes

*Los **márgenes** son las distancias que queremos dejar desde el borde de la hoja hasta donde se imprimirán los datos.*

Para definir los márgenes accederemos a la pestaña ***Página*** del cuadro de diálogo de ***Estilo de Página***.

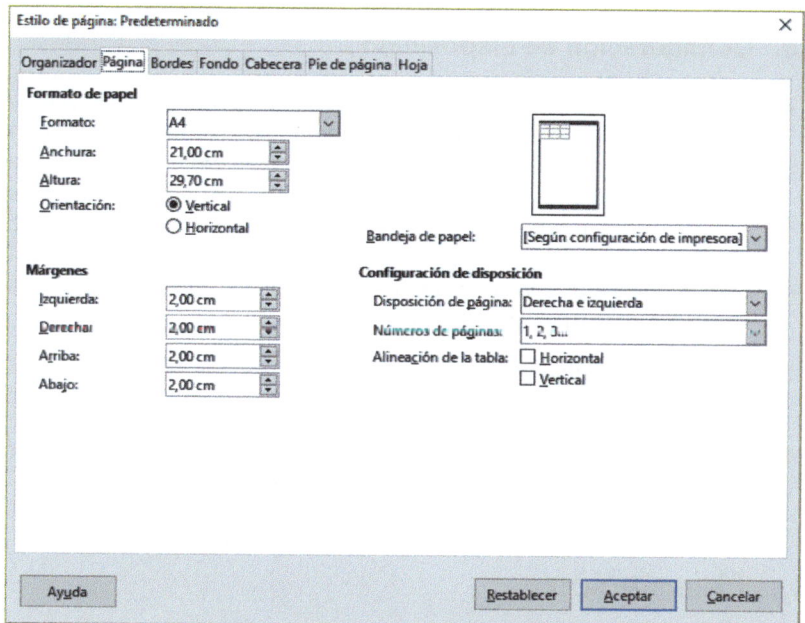

Estilo de página: Predeterminado/Página

3.2.1. Formato de papel

En este apartado podemos definir el tamaño del papel en el que vamos a imprimir la hoja.

En la lista desplegable *Formato* tenemos definidos los tamaños de papel estandarizados. Si el tamaño de papel que vamos a utilizar no estuviera en el listado anterior, podemos definir su tamaño en las casillas de *Anchura* y *Altura*.

En *Orientación* definiremos si vamos a imprimir la hoja en *Vertical* u *Horizontal*.

En *Bandeja de papel* seleccionaremos aquella en la que tengamos colocado el formato de papel que hemos seleccionado para la impresión (en el caso de tener una impresora que disponga de distintas bandejas para la alimentación del papel).

3.2.2. Márgenes

En este apartado definiremos los 4 márgenes *(Izquierda, Derecha, Arriba y Abajo)* a través de los botones de cada casilla o insertando directamente el valor.

3.2.3. Configuración de disposición

- ■ *Disposición de página.* Podremos seleccionar qué página o páginas se van a imprimir. La opción **Derecha e izquierda** imprime páginas pares e impares con los márgenes especificados. **Solo izquierdas** muestra únicamente las páginas pares y las impares se muestran en blanco. **Solo derechas** muestra únicamente las páginas impares y las pares las muestra en blanco. **Reflejado** muestras las páginas pares e impares con márgenes internos y externos. Este diseño se utiliza cuando vayamos a imprimir las páginas por las dos caras y que los márgenes queden simétricos.

- ■ *Número de página.* Seleccionaremos el formato que se aplicará a la numeración de las páginas.

- ■ *Alineación de la tabla.* Marcaremos estas casillas cuando deseemos que los datos se centren en sentido vertical y/o horizontal en la hoja.

3.3. Orientación

En la pestaña **Página**, del cuadro de diálogo **Estilo de página**, disponemos de la opción de cambiar la orientación de la hoja.

En el apartado **Formato de papel** tenemos las opciones de **Vertical** u **Horizontal** según nos interese la orientación para este estilo de página.

La orientación vertical se suele definir para aquellas hojas que tengan pocas columnas, en cambio, si tenemos muchas columnas, será más aconsejable utilizar la orientación horizontal.

3.4. Encabezado, pie y numeración de página

Los encabezados y pies de página son líneas de texto o imágenes que se repiten al principio y al final de todas las páginas de la hoja de cálculo.

La cabecera de página se sitúa entre el borde superior de la página y el margen superior.

El pie de página se sitúa entre el borde inferior de la página y el margen inferior.

En el cuadro de diálogo de **Estilo de página** podemos definir los encabezados en la ficha **Cabecera** y los pies de página en la ficha **Pie de página**.

Como su configuración es la misma, vamos a explicar la ficha *Cabecera*:

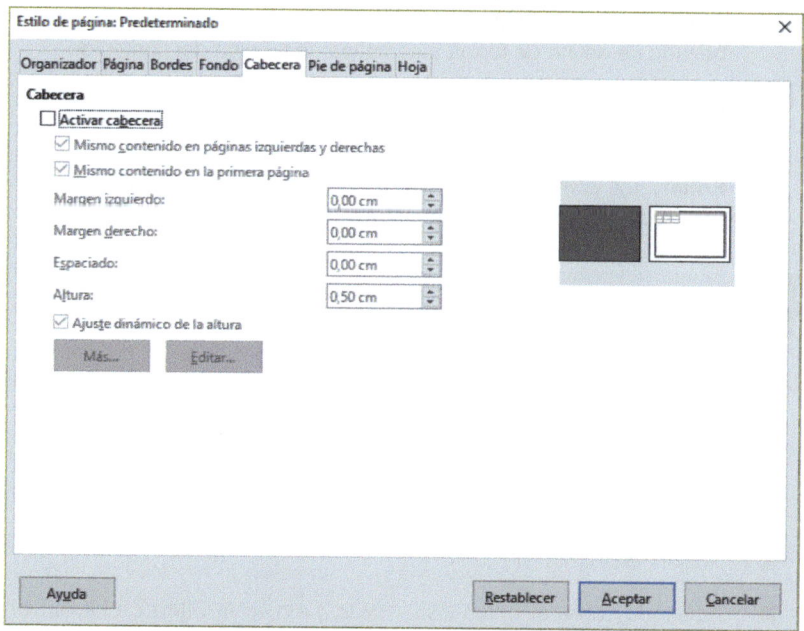

Estilo de página: Predeterminado/Cabecera

- **Activar cabecera:** para poder insertar una cabecera, lo primero que tenemos que hacer es marcar la casilla *Activar cabecera* para que se activen el resto de las opciones y podamos definir nuestra cabecera.

- **Mismo contenido en páginas izquierdas y derechas:** por defecto, esta casilla aparece activada. En este caso, las páginas pares e impares tienen todas la misma cabecera. Si se desactiva la casilla podemos definir encabezados distintos para las páginas pares e impares.

- **Mismo contenido en la primera página:** si la casilla esta activada la cabecera también se aplicará a la primera página. Si se desactiva la casilla podemos definir una cabecera distinta para la primera página.

- **Margen izquierdo:** distancia que deseamos dejar entre el borde izquierdo de la página y el borde izquierdo del encabezado.

- **Margen derecho:** distancia que deseamos dejar entre el borde derecho de la página y el borde derecho del encabezado.

- **Espaciado:** distancia que deseamos definir entre el área del encabezado y el contenido del documento.

- **Altura:** espacio que deseamos dejar para el encabezado.

- **Ajuste dinámico de la altura:** si esta activada esta casilla, la altura del encabezado se define de forma automática en función del contenido.

- **Más:** nos abre un nuevo cuadro de diálogo para aplicar bordes y fondo al encabezado.

- **Editar:** nos abre un cuadro de diálogo para insertar el texto, imagen o campos que deseemos para el encabezado.

4. Estilos de página

4.1. Aplicar estilos ya creados

Para aplicar un estilo a una hoja u hojas, podemos hacerlo de diferentes maneras:

- Haciendo clic en el menú *Estilos* y seleccionar *Gestionar Estilos*.

- Pulsando la tecla F11.

- Pulsando sobre el botón *Estilos y formato* en la barra de herramientas de *Formato* (por defecto no está visible).

- Pulsando en el botón *Estilos* de la barra lateral (si la tenemos activada) y, a continuación, el botón *Estilos de páginas*.

- Haciendo doble clic con el botón izquierdo del ratón encima del estilo deseado qua aparece en la barra de estado.

4.2. Crear un estilo de página

En el caso de que los estilos de página creados no se ajusten a nuestras necesi-dades, tendremos que crear un estilo y definir la configuración que nos interese.

Si queremos crear un estilo con márgenes de 3 cm:

■ Accedemos a los estilos pulsando la tecla F11.

■ Pulsamos el botón derecho del ratón en la lista de estilos y seleccionamos *Nuevo*.

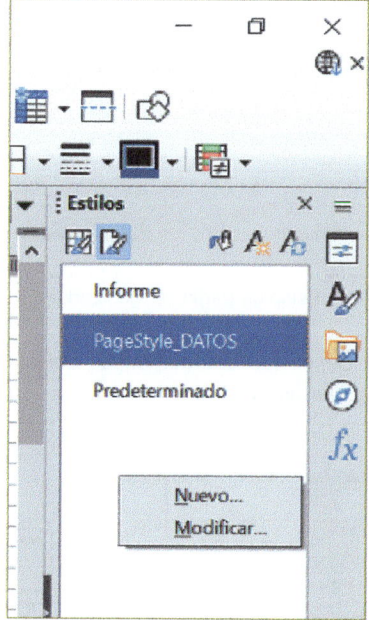

Menú contextual estilos

■ En la ficha organizar le ponemos el nombre al estilo.

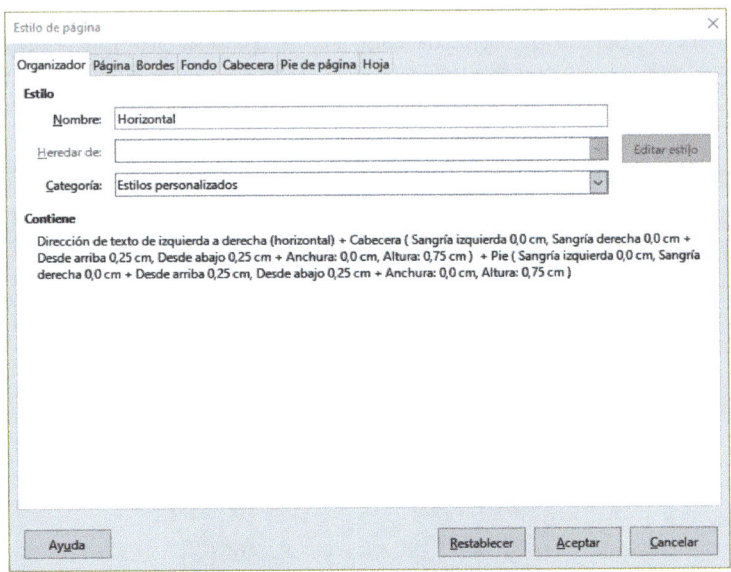

Estilo de página/Organizador

■ Ahora vamos a definir las características del estilo: orientación horizontal, márgenes arriba y abajo de 3 cm y alineación vertical y horizontal centrada.

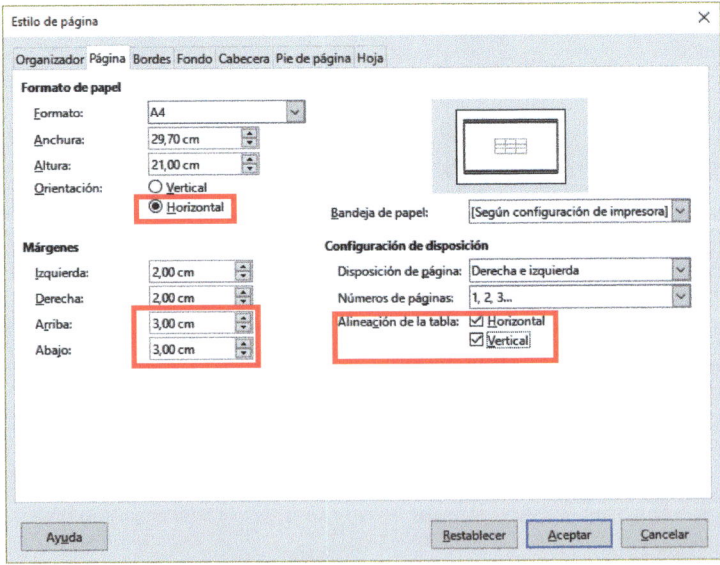

Estilo de página/Página

5. Vista preliminar

5.1. Introducción

Antes de imprimir una hoja de cálculo, o un libro, es conveniente realizar una previsualización de cómo nos va a quedar el documento y ver si necesitamos realizar algún tipo de ajuste antes de enviarlo a la impresora.

Para realizar una vista preliminar del documento podemos hacerlo:

- Haciendo clic en el botón *Alternar previsualización de impresión* que tenemos en la barra de herramientas estándar.

Botón Alternar previsualización de impresión

- Haciendo clic en el menú de *Archivo* y seleccionando *Previsualización de impresión*.

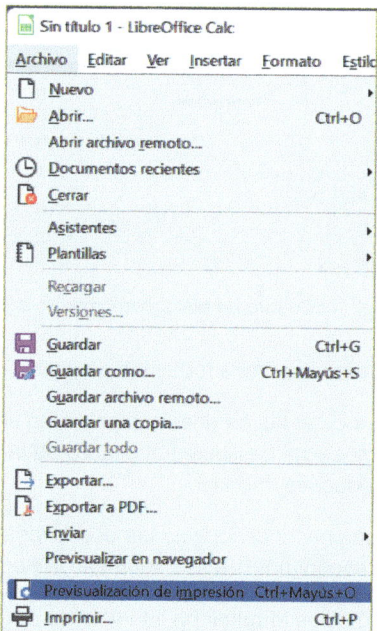

Archivo/Previsualización de impresión

Botones de la vista preliminar

5.2. Formas de impresión

A la hora de imprimir nuestra hoja de cálculo podemos definir una serie de características que van a afectar a la forma de impresión.

Para imprimir un documento, hacemos clic en el menú ***Archivo*** y seleccionamos ***Imprimir***.

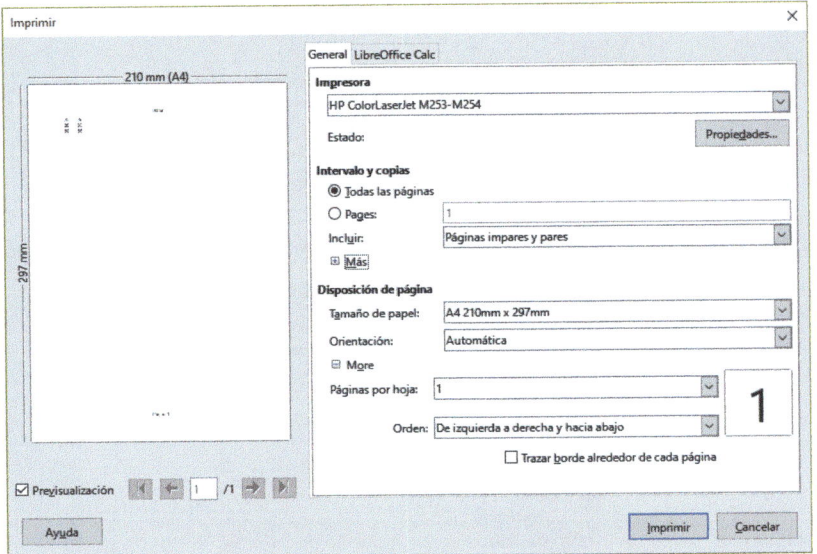

Cuadro de diálogo Imprimir

■ **Todas las páginas:** imprimirá todas las páginas.

■ **Pages:** permite indicar las páginas a imprimir, en el caso de que sean varias. Cuando activamos esta casilla, en el cuadro de la derecha, indicaremos las páginas que se desean imprimir.

Para imprimir páginas individuales las escribiremos separadas por comas. Por ejemplo, si escribimos 1,9 se imprimirán la página 1 y la página 9.

Si lo que queremos es imprimir un intervalo de páginas las separaremos por un guion. Por ejemplo, si escribimos 1-9 se imprimirán las páginas comprendidas entre 1 y 9, es decir, la página 1, la 2, la 3, la 4, la 5, la 6, la 7 y la 8.

Si, por ejemplo, ponemos 2,6,9-12,15, se imprimirán las páginas 2,6,9,10,11,12 y 15.

- **Incluir:** nos permite delimitar si en el intervalo indicado en la casilla *Page* queremos imprimir solo las páginas impares o pares o ambas.

- **Más:**

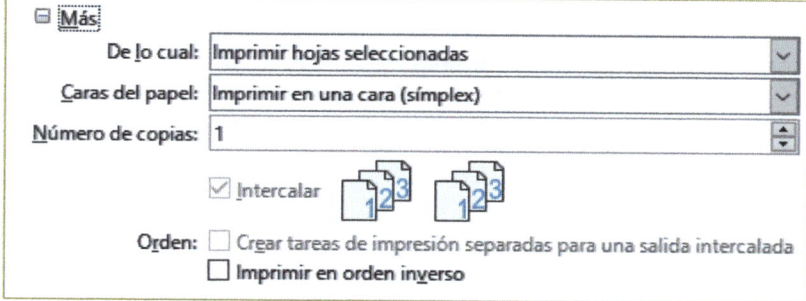

Desplegable Más

◆ **De lo cual:** nos permite indicar el rango de datos que se va a imprimir:

- • Imprimir hojas seleccionadas.

- • Imprimir todas las hojas.

- • Imprimir celdas seleccionadas.

◆ **Caras del papel:**

- **Imprimir en una cara (simplex):** cuando queremos imprimir por una sola cara del papel.

- **Imprimir en ambas caras (dúplex, borde largo):** cuando la orientación del papel es vertical en el documento. Dependiendo de la impresora, la impresión a doble cara se hará automáticamente o de manera manual, es decir, que tendremos que darle la vuelta al papel para que se imprima por la otra cara.

- **Imprimir en ambas caras (dúplex, borde corto):** cuando la orientación del papel es horizontal en el documento.

◆ **Número de copias:** aquí indicaremos cuántas copias deseamos de cada página.

◆ **Intercalar:** en el caso de varias copias, podemos seleccionar la forma de salida de las copias. Por ejemplo, al imprimir dos copias de un documento de dos páginas, si esta casilla está activada, se imprime 1,2-1,2-1,2, y si está desactivada 1,1-2,2-3,3.

♦ **Orden:**

● **Crear tareas de impresión separadas para una salida intercalada.** Desactivaremos la casilla para no depender de la impresora para crear las copias intercaladas y nos cree un trabajo de impresión para cada copia.

● **Orden inverso.** Si está activada esta casilla se imprimen las páginas desde la última a la primera; si esta desactivada se imprime desde la primera a la última.

5.3. Configuración de impresora

En el cuadro de diálogo de imprimir tendremos que indicar qué impresora utilizaremos para realizar la impresión. Al desplegar la lista se nos mostrarán todas las impresoras que tengamos instaladas en nuestro ordenador.

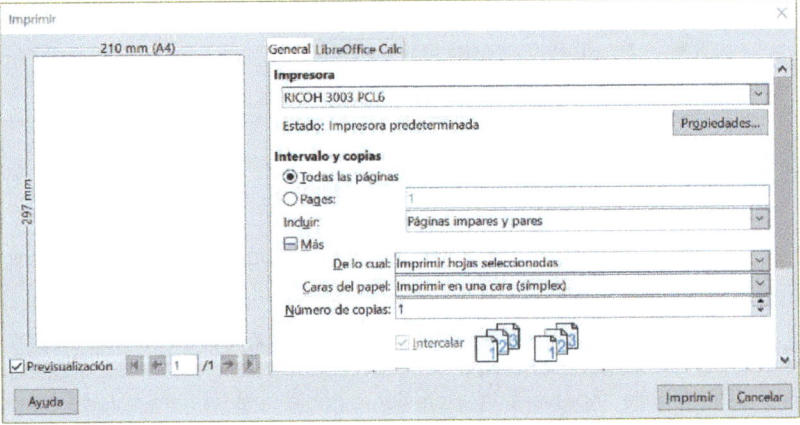

Imprimir/General

Propiedades

Según la impresora que seleccionemos las opciones que acabamos de ver pueden variar.

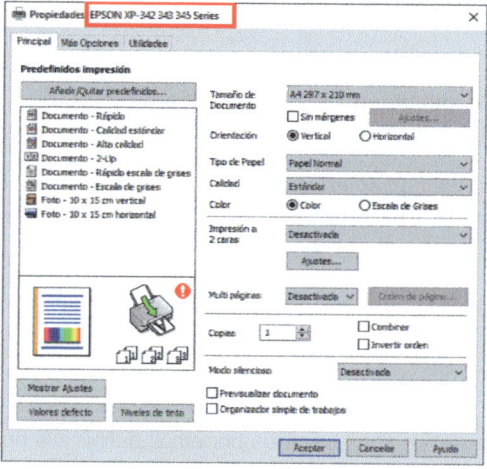

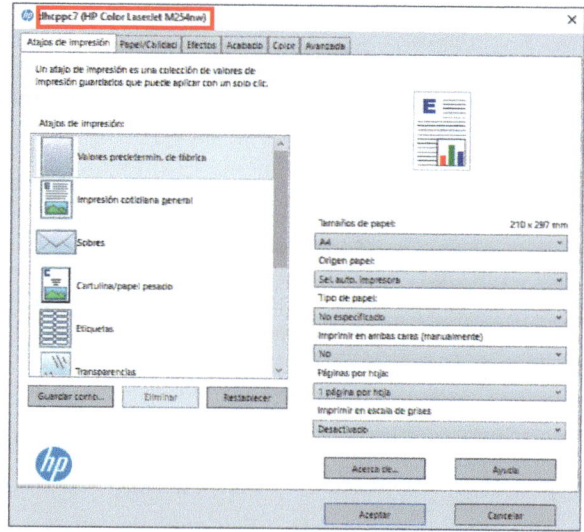

Ejemplos de las opciones de dos impresoras diferentes

Resumen

En esta unidad hemos estudiado las posibilidades de impresión de una hoja de cálculo.

Podemos seleccionar una **zona de impresión**, es decir, uno o más rangos de celdas que se designan para imprimir cuando no se quiere imprimir toda la hoja de cálculo.

A la hora de imprimir, podemos configurar la página, modificando márgenes, agregando pies y encabezados de página, cambiando la orientación, etc., a través de *Formato/Estilo de página*.

Antes de realizar la impresión se puede previsualizar el resultado final en *Archivo/ Previsualización de impresión*.

Podemos aplicar estilos a las hojas.

Hemos aprendido las distintas formas de impresión que podemos definir a la hora de imprimir, como, por ejemplo:

- El número de copias.

- Las páginas a imprimir.

- Impresión a doble cara.

- Número de hojas por página.

UNIDAD DIDÁCTICA 13

Trabajo con datos

Objetivos

- ▣ Definir validaciones para las celdas.
- ▣ Crear y definir esquemas.
- ▣ Crear lista de datos y ordenarla.
- ▣ Utilizar filtros para seleccionar la información a visualizar.
- ▣ Crear cálculos con los datos a través de los subtotales.

Contenido

Introducción

En esta unidad estudiaremos las diferentes opciones que nos ofrece Calc para trabajar con los datos.

Podremos validar los datos o elaborar esquemas hasta en ocho niveles diferentes.

Pero también podremos filtrar los datos, es decir, visualizar solo algunas de las filas de las tablas que cumplen una condición en concreto.

1. Validaciones de datos

1.1. Introducción

A través de la opción **Datos/Validez**, podemos controlar los datos que se introducen en un rango de la hoja.

Podemos hacer que solo aparezcan textos, números, fechas, etc.

Para establecer una validación de datos a unas celdas tendremos que realizar los siguientes pasos:

- Seleccionar las celdas a las que deseamos aplicar la validación.

- Hacer clic en el menú de **Datos/Validez**.

- Definir los criterios a aplicar, la ayuda de entrada o el aviso de error.

1.2. Criterio para la regla de validación

Podemos utilizar criterios para restringir la entrada de ciertos datos en las celdas:

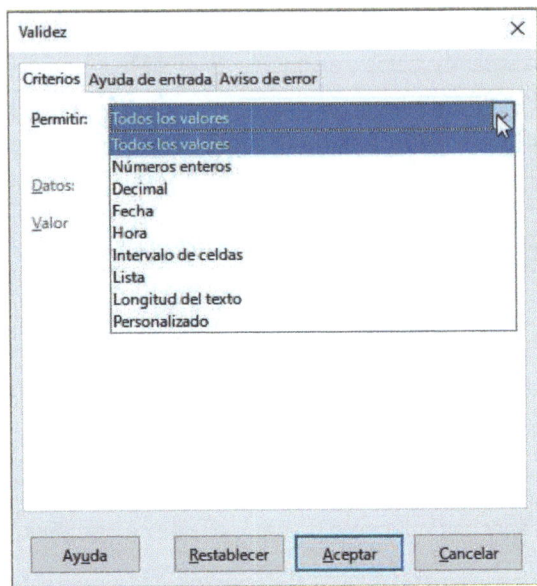

Validez

- **Criterios:** definiremos las reglas de validación para las celdas selecciona-das.

- **Ayuda de entrada:** definiremos el mensaje que deseemos que se muestre en la celda, al colocarnos en ella.

- **Aviso de error:** calc muestra, por defecto, un mensaje si el valor introduci-do no cumple la regla de validación, pero ese mensaje se puede modificar, insertando en esta ficha el mensaje que queremos que muestre cuando el valor insertado no cumpla la regla.

- **Permitir:** aquí definimos qué datos vamos a permitir en las celdas.

- **Todos los valores:** se puede cualquier valor sin limitación alguna.

  Es por, defecto, la condición que tienen asignadas todas las celdas de la hoja de cálculo.

■ **Números enteros:** cuando queramos que en la/s celda/s solo se permita introducir números enteros.

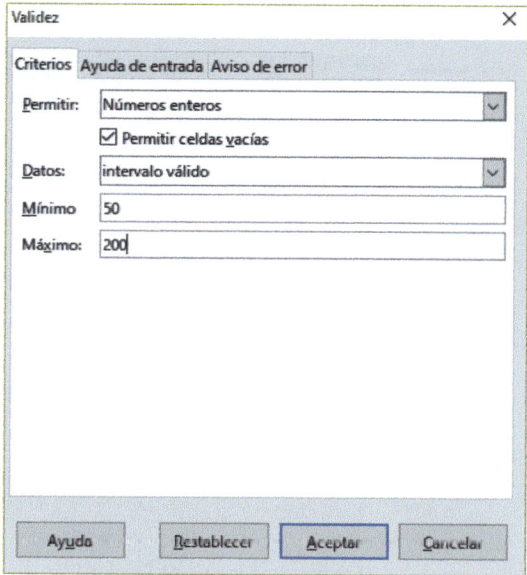

Ejemplo con número enteros

En este ejemplo, los valores introducidos en las celdas tienen que estar comprendidos entre 50 y 200.

■ **Decimal:** solo se podrán insertar números decimales.

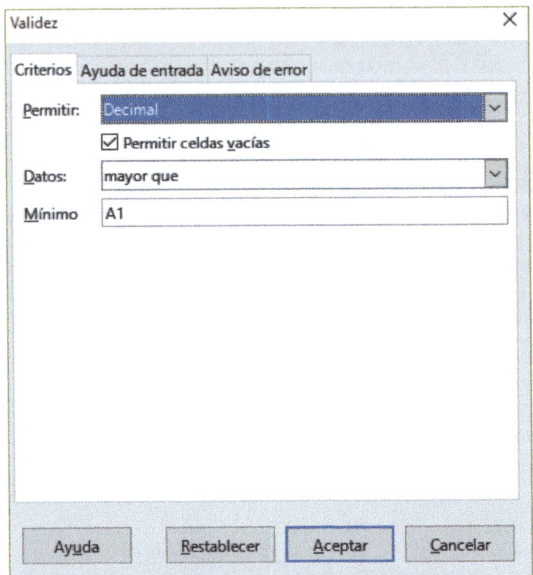

Ejemplo con la opción Decimal

En este ejemplo, los valores introducidos son valores decimales mayores de
almacenado en la celda A1.

■ **Fecha:** para restringir la entrada solo a valores que sean fecha.

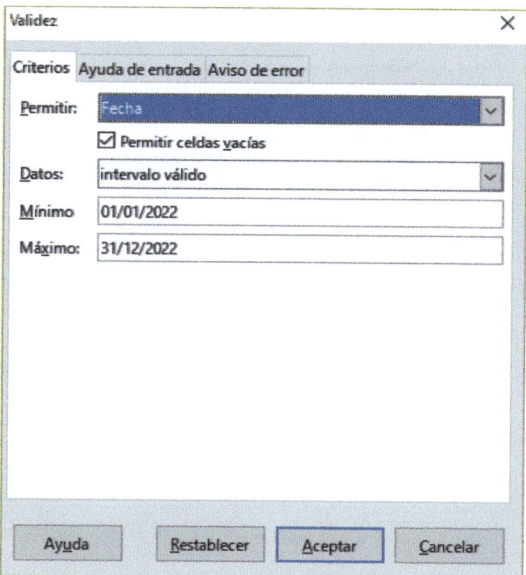

Ejemplo con la opción Fecha

En este ejemplo, la fecha insertada tiene que estar comprendida entre el 01/01/2002 y el 31/12/2022.

■ **Hora:** para restringir la entrada solo a valores que sean hora.

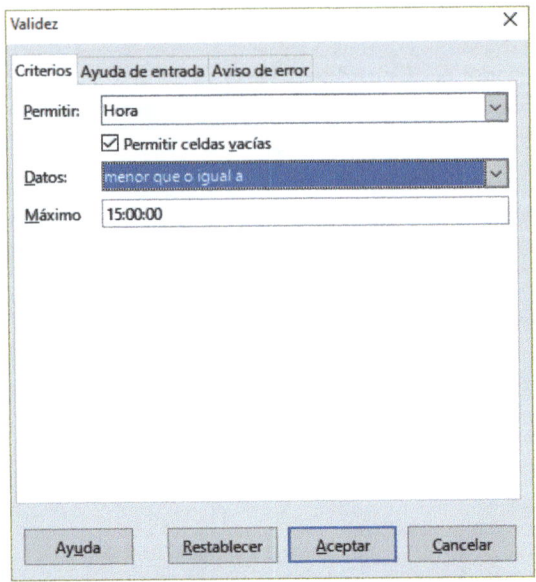

Ejemplo con la opción hora

En este ejemplo, la hora insertada tiene que ser menor o igual que las 15:00.

■ **Intervalo de celdas:** solo permite los valores de un determinado intervalo de celdas.

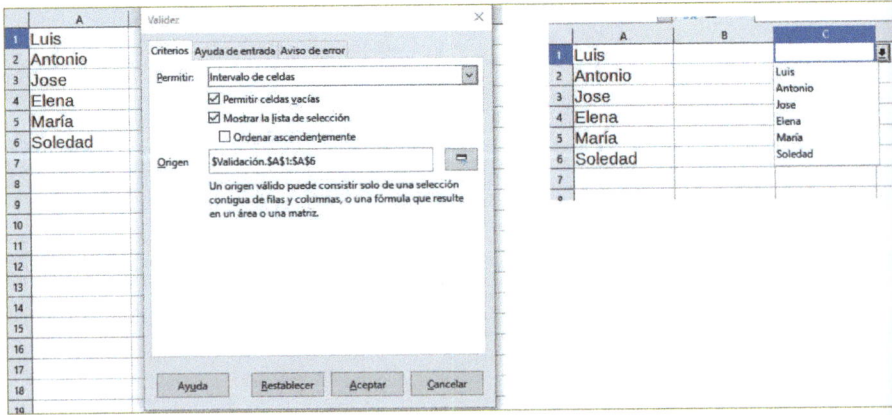

Ejemplo con la opción Intervalo de celdas

Nos permite generar una lista desplegable con los valores insertados en unas celdas de la hoja de cálculo. La celda seleccionada aparece con una flecha que, al desplegarlas, no muestra los valores que contienen el rango de celdas seleccionado. Si se modifica un dato, por ejemplo, la celda A1, en la lista desplegable de la celda C1 aparecerá actualizado.

- **Lista:** permite únicamente los valores o las cadenas que se especifiquen en una lista.

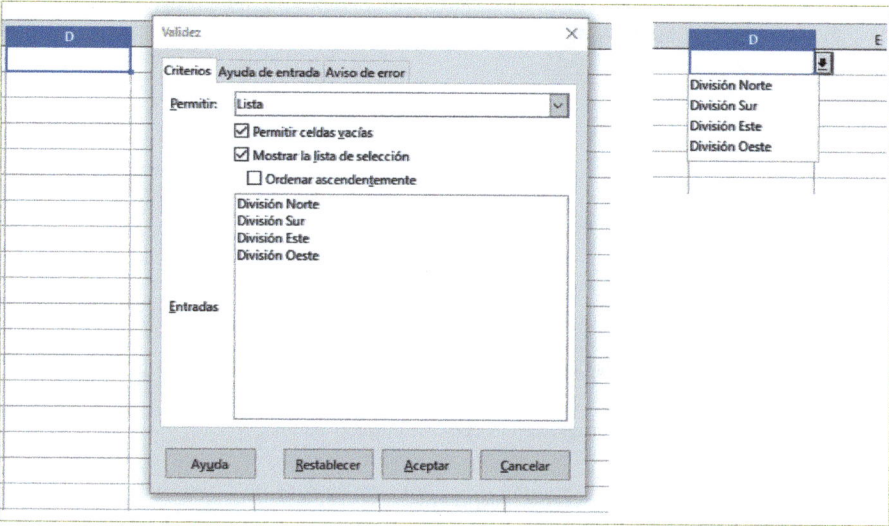

Ejemplo con la opción Lista

Esta opción es parecida a la anterior, solo que en este caso tenemos que escribir los valores en el apartado "Entradas" del cuadro de diálogo. La celda seleccionada aparece con una flecha que, al desplegarla, nos muestra los valores introducidos.

■ **Longitud del texto:** cuando el valor sea texto y deseemos establecer la longitud máxima.

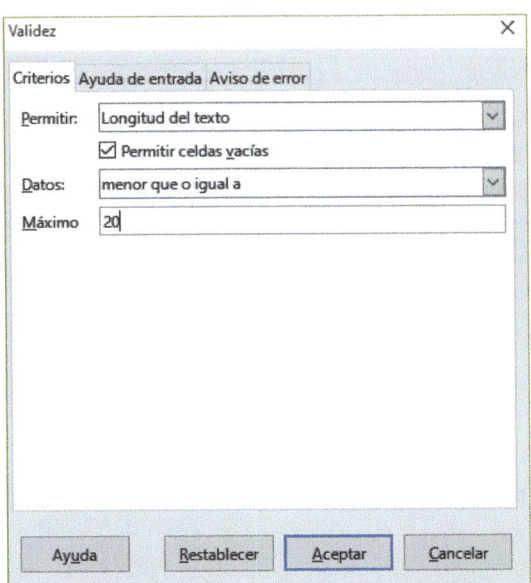

Ejemplo con la opción Longitud de texto

En una celda no queremos permitir texto de más de 20 caracteres.

■ **Personalizado:** cuando el criterio tengamos que establecerlo a través de una fórmula. La fórmula se debe evaluar como verdadera o falsa.

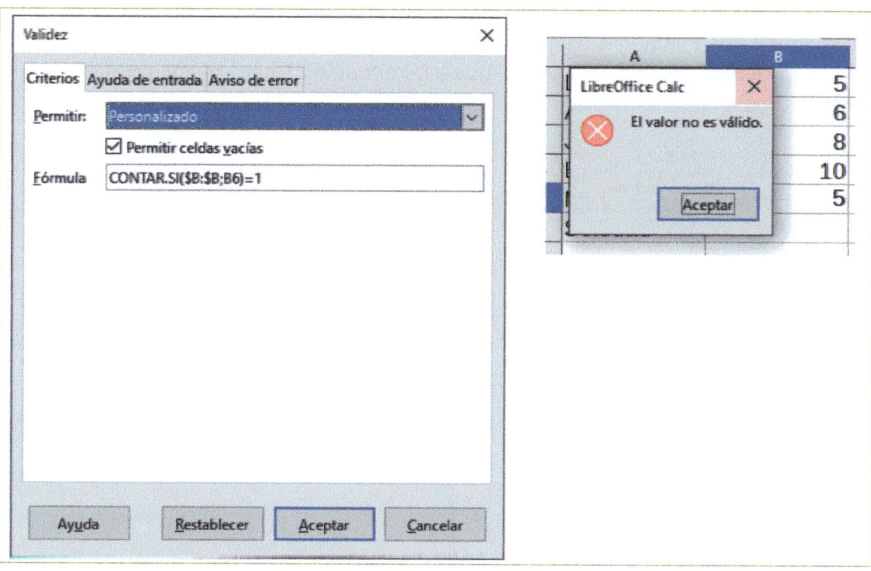

Personalizado con la función CONTAR

En la columna B deseamos insertar unos valores numéricos, pero deseamos evitar valores repetidos, es decir, que si ya insertamos en valor 20 no nos debe dejar introducirlo. Para conseguir esto necesitamos utilizar una fórmula que nos devuelva un valor de Verdadero o Falso para poder utilizarla. En este caso necesitamos utilizar la función Contar para que nos cuente las veces que hay insertado un valor y si el resultado es 1, entonces se repetiría, por lo que no nos lo debe dejar insertar.

La función para contar las veces que aparece un valor en la columna B se-ría =Contar.si(B:B,B1), es decir, que nos cuente en toda la columna B las veces que está el valor que tengamos en la celda B1. Esto nos da un resul-tado numérico 0,1,2,3, etc., pero necesitamos que nos dé como resultado VERDADERO o FALSO. Para esto debemos utilizar los operadores de com-paración, en este caso tendremos que utilizar el signo = para que nos com-pare el resultado de la función con el valor 1, que es el valor que nos permite saber si se repite o no el dato.

De este modo, la función nos quedaría así: =Contar.si($B:$B,B1)=1, pues esta será la fórmula que debemos insertar.

1.3. Ayuda de entrada

Si necesitamos incluir algún mensaje para indicar el tipo de dato que se puede introducir en una celda, o un rango de celdas, que tenga establecida una regla de validación, podemos hacerlo en la ficha *Ayuda de entrada*. El mensaje se mostrará cuando nos situemos en la celda.

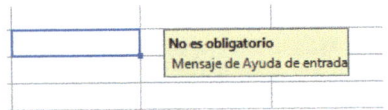
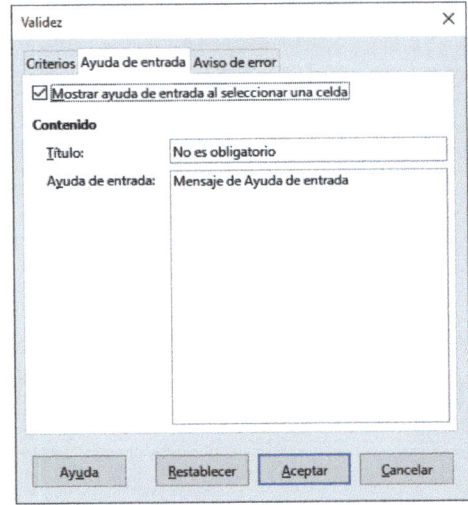

Ficha Ayuda de entrada

1.4. Aviso de error

Si el dato introducido en la celda no cumple la regla de validación, Calc nos muestra el siguiente mensaje:

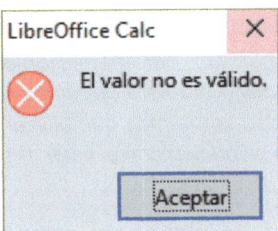

El valor no es válido

Pero este mensaje no es muy aclaratorio, ya que la persona que inserta los datos en la hoja no tiene por qué ser la misma que ha creado la hoja de cálculo. Por ello, podemos poner un mensaje más significativo en la ficha *Aviso de error*, este mensaje sustituirá al que por defecto pone Calc:

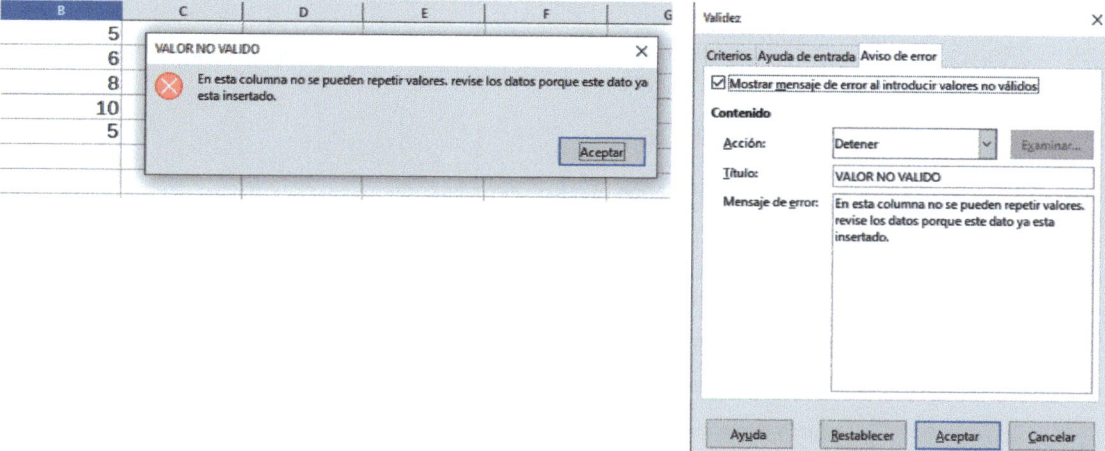

Cuadro de diálogo Validez

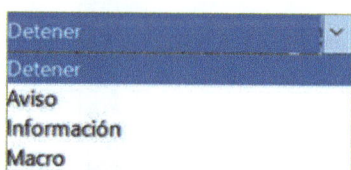

Desplegable Acción

- **Detener.** La entrada incorrecta se borra y se deja en la celda el valor anterior.

- **Aviso.** Nos da la opción de *Cancelar*. Por defecto, aparece seleccionada que deje la celda con el valor anterior, pero si pulsamos en *Aceptar* nos deja introducir el dato, aunque no cumpla la regla de validación.

- **Información.** Es lo mismo que *Aviso*, pero en este caso la opción que aparece seleccionada es *Aceptar*.

- **Macro.** Se puede utilizar para que muestre un mensaje de error, creando dicho mensaje a través de lenguaje de programación.

2. Esquemas

2.1. Esquemas automáticos

Para crear el esquema, lo primero que tenemos que hacer es preparar la hoja para el esquema.

Una vez hecho esto:

- Seleccionamos el rango de datos.

- Vamos a *Datos/Grupo y esquema/Agrupar.*

- En el cuadro de diálogo hacemos clic en *Filas* y aceptamos.

- Ya tenemos la hoja preparada para hacer el esquema automático. Hacemos clic en *Datos/Grupo y esquema/Esquema automático.*

En la parte izquierda, a la altura de las filas en las que tenemos las sumas, aparece un signo menos que, si lo pulsamos, nos comprime los datos.

Parte izquierda

También podemos ocultar y mostrar los detalles en *Datos/Grupo y esquema/ Ocultar detalles* o *Mostrar detalles*.

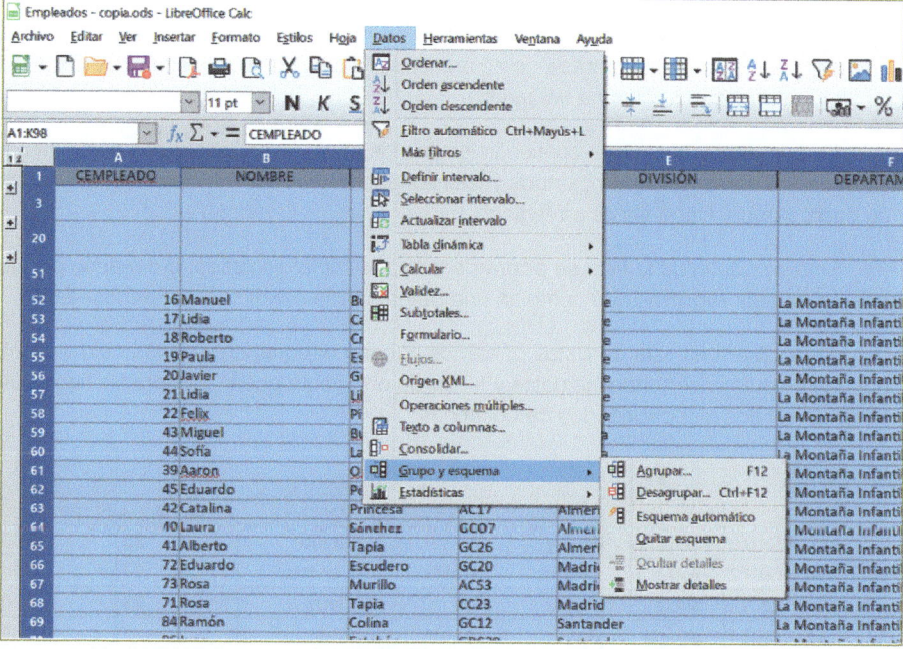

Para eliminar el esquema: Datos/ Grupo y esquema/ Quitar esquema.

Datos/Grupo y esquema

2.2. Esquemas manuales

Para realizar los esquemas manuales, al igual que en el caso de los esquemas automáticos, lo primero es tener la información organizada.

Para generar un esquema manual debemos seguir los siguientes pasos:

- Seleccionar las celdas que deseamos agrupar.

- Ir al menú de *Datos/Grupo* y *esquema/Agrupar* o pulsar F12.

- En el cuadro de diálogo que nos aparece, seleccionamos agrupar por filas o columnas.

- Repetir para ir agrupando el resto de las celdas según nos interese.

3. Creación de tablas o listas de datos

Una tabla es un conjunto de información homogénea. La tabla hace referencia a un rango de celdas, estructurada como una sencilla base de datos en la que cada fila es un registro y cada columna un campo.

La primera fila de la lista contiene siempre los rótulos o encabezados de columna, es decir, los nombres de los campos y las filas posteriores son los datos almacenados en cada campo. Cada fila es un registro.

Una vez definida la lista se podrán añadir o eliminar registros, ordenarlos por un campo, buscar registros que cumplan una determinada condición, extraerlos, etc.

Para crear una lista de datos podemos hacerlo directamente en las celdas de la hoja de cálculo, insertando los datos y teniendo en cuenta que la primera fila tiene que tener los rótulos o encabezados de columnas.

	A	B	C	D	E	F	G
1	Fecha	País	Distribuidor	Marca	Operador	Cantidad	Precio
2	15/06/2010	El Salvador	Ripley	LG	Tuenti	98	800
3	09/04/2012	Colombia	Metro	Nokia	Movistar	17	650
4	08/05/2013	Francia	Ripley	LG	Claro	39	800
5	22/01/2014	Portugal	Ripley	Apple	Bitel	7	1200
6	13/02/2010	Francia	Saga Falabell	Motorola	Bitel	24	950
7	11/10/2013	Argentina	Plaza Vea	Apple	Claro	70	1200
8	30/05/2010	Perú	Tottus	LG	Entel	56	800

Ejemplo de lista de datos

También podemos utilizar un formulario, pero para ello, como mínimo, debemos tener creados los encabezados de fila.

Situamos la celda activa dentro de la lista de datos y hacemos clic en el menú de **Datos/Formulario**. Se nos muestra el cuadro de diálogo de **Formulario de datos**:

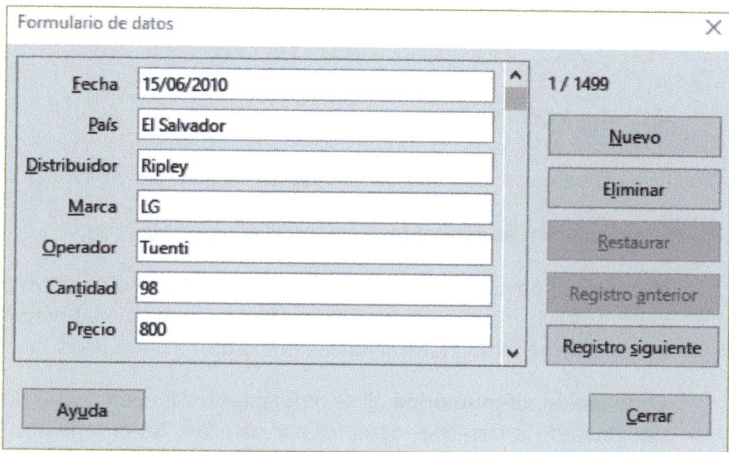

Formulario de datos

- **Nuevo:** nos permite añadir nuevos registros a la lista de datos. Al pulsar el botón *Nuevo* nos aparecen todos los campos sin datos para que cumplimentemos los del nuevo registro.

- **Eliminar:** borrar el registro que tengamos visualizado en el formulario.

- **Restaurar:** si hemos realizado algún cambio en un registro y queremos dejarlo como estaba antes de hacer los cambios.

- **Registro anterior:** nos muestra el registro anterior al que estamos.

- **Registro siguiente:** nos muestra el registro siguiente al que estamos.

4. Ordenación de lista de datos por uno o varios campos

4.1. Regla de ordenación

Calc ordena los datos de acuerdo con reglas de ordenación específicas.

En una **ordenación ascendente**, Calc utiliza el siguiente orden:

1. **Números.** Los números se ordenan desde el número negativo menor al número positivo mayor. Las fechas y las horas con valores numéricos, por lo tanto, se ordenarán como si fuesen números.

2. **Ordenación alfanumérica.** Si se ordena texto alfanumérico, Calc lo ordenará de izquierda a derecha, carácter por carácter. Se ordenarán del siguiente modo:

   0 1 2 3 4 5 6 7 8 9 (espacio) ! " # $ % & ( ) * , . / : ; ? @ [\ ] ^ _ ` { | } ~ + < = > a A b B c C d D e E f F g G h H i I j J k K l L m M n N o O p P q Q r R s S t T u U v V w W x X y Y z Z

3. **Valores lógicos.** En valores lógicos, la opción de falso se coloca antes que verdadero.

4. **Valores de error.** Todos los valores de error son iguales.

5. **Espacios en blanco.** Los espacios en blanco siempre se colocan en último lugar.

En una **ordenación descendente** el orden se invierte (salvo en las celdas en blanco, que siempre se colocan al final).

La columna o rango de celdas que seleccionemos para ordenar tiene que tener datos alfanuméricos.

4.2. Ordenar texto

Si queremos **ordenar por una sola columna** podemos utilizar los botones *Orden ascendente* y *Orden descendente* de la barra de herramientas estándar o hacemos clic en *Datos* y seleccionamos *Orden ascendente* u *Orden descendente*.

Si deseamos **ordenar por más de una columna**, podemos utilizar el botón *Ordenar* de la barra de herramientas estándar o hacemos clic en *Datos* y seleccionar *Ordenar*.

El orden para los datos alfanuméricos es el siguiente:

*0 1 2 3 4 5 6 7 8 9 (espacio) ! " # $ % & ( ) * , . / : ; ? @ [\ ] ^ _ ` { | } ~ + < = > a A b B c C d D e E f F g G h H i I j J k K l L m M n N o O p P q Q r R s S t T u U v V w W x X y Y z Z*

Por lo tanto, en la ordenación ascendente se ordena desde el 0 a la Z.

En orden descendente se ordena de la Z al 0.

También se puede ordenar distinguiendo las mayúsculas de las minúsculas:

- *En la opción Ordenar del menú de Datos o del botón Ordenar de la barra de herramientas estándar.*

- *En el cuadro de diálogo Ordenación, hacer clic en la ficha Opciones.*

- *Marcar la casilla Distinguir mayúsculas y minúsculas.*

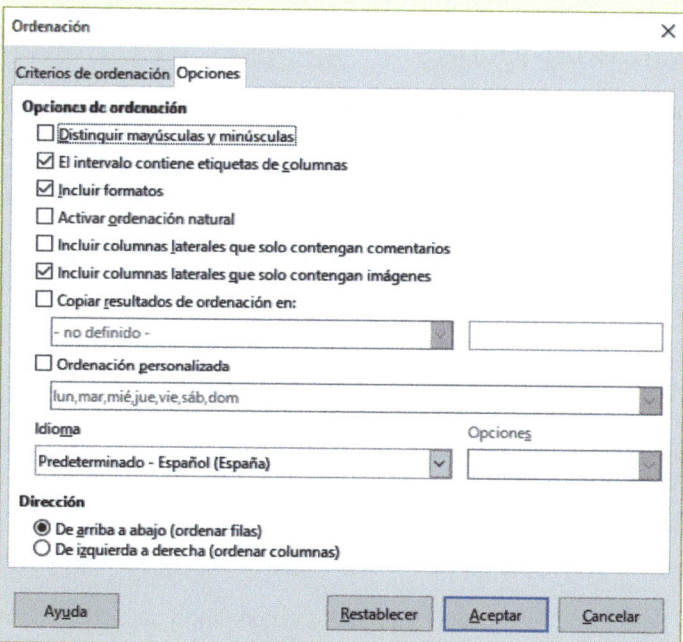

Ordenación/Opciones

4.3. Ordenar números

Si queremos ordenar por una sola columna podemos utilizar los botones *Orden ascendente* y *Orden descendente* de la barra de herramientas estándar o hacer clic en *Datos* y *Orden ascendente* (de los números más bajos a los más altos) u Orden descendente (de los números más altos a los más bajos).

Comprobar que todos los datos están almacenados como números. *Si los resultados no son los que esperábamos, es posible que la columna contenga números almacenados como texto y no como números.*

Los números negativos importados de algunos sistemas de contabilidad o los números con un apóstrofo inicial (') se almacenan como texto.

4.4. Ordenar fechas

La columna de datos, celda o rango de celdas que seleccionemos tiene que contener fechas u horas.

Si queremos ordenar **por una sola columna**, podemos utilizar los botones *Orden ascendente* y *Orden descendente* de la barra de herramientas estándar o hacer clic en *Datos* y seleccionar *Orden ascendente* (ordena de una fecha u hora anterior a una posterior) u *Orden descendente* (ordena de una hora o fecha posterior a una anterior).

Si deseamos ordenar **por más de una columna**, podemos utilizar el botón *Ordenar* de la barra de herramientas estándar o hacer clic en *Datos/Ordenar*.

4.5. Ordenar listas de clasificación

Podemos utilizar una lista de clasificación o listas personalizadas para ordenar en un orden definido por el usuario. Calc ofrece listas personalizadas integradas de días de la semana y de meses del año.

Para ordenar una lista de clasificación seguimos los siguientes pasos:

- Seleccionar una columna de datos en un rango de celdas o asegurarse de que la celda activa está en una columna de la tabla.

- Opción *Ordenar* del menú de *Datos* o el botón *Ordenar* de la barra de herramientas estándar.

- En el cuadro de diálogo *Ordenación*, hacer clic en la ficha *Opciones*.

■ Clic en la casilla *Ordenación personalizada* y seleccionar la lista que deseamos utilizar para la ordenación.

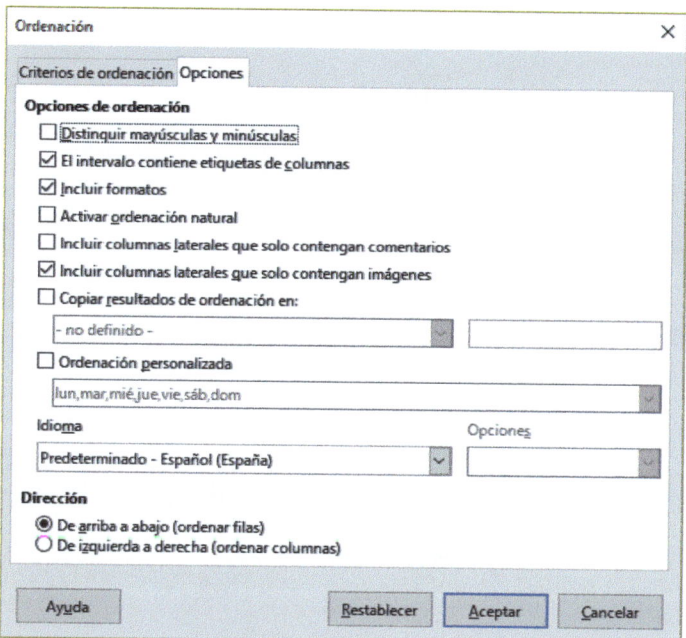

Ordenación/Opciones

■ Hacer clic dos veces en *Aceptar*.

Estas listas se crean en el menú de Herramientas/Opciones/LibreOffice Calc/Listas de clasifica-ción:

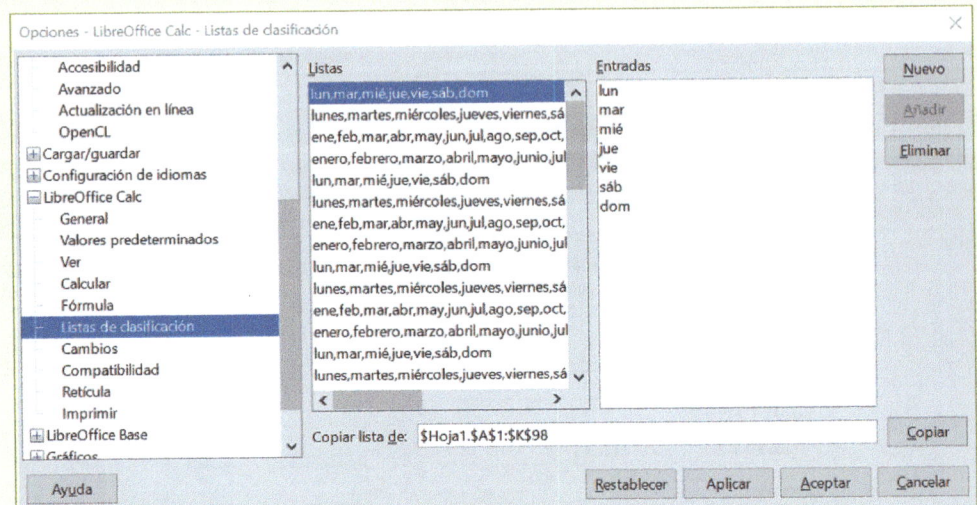

Cuadro de diálogo Opciones

4.6. Ordenar por filas o columnas

■ Seleccionar una fila de datos en un rango de celdas o asegurarse de que la celda activa está en una columna de tabla.

■ Seleccionar *Datos/Ordenar* para que aparezca el cuadro de diálogo *Ordenar*.

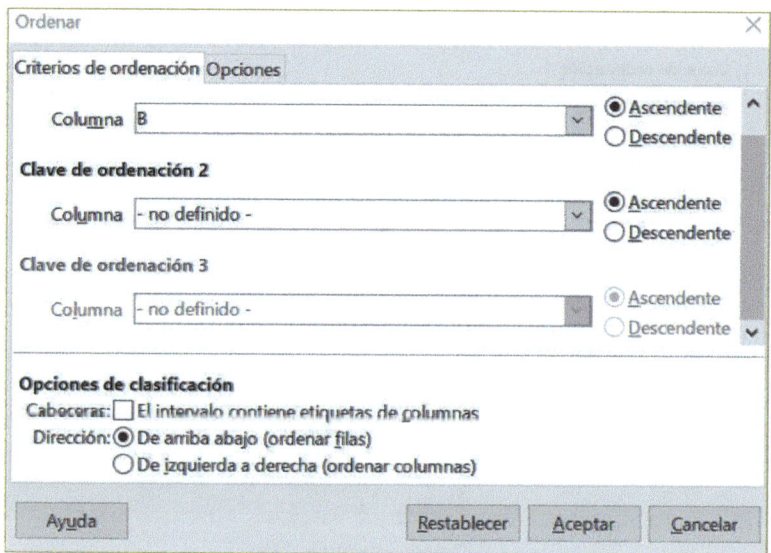

Cuadro de diálogo Ordenar

■ En *Dirección*, hacer clic en *De arriba abajo (ordenar filas)* o *De izquierda a derecha (ordenar columnas)*.

■ Clic en *Aceptar*.

4.7. Ordenar por más de una columna o fila

Podemos ordenar por más de una columna o fila cuando tenemos datos que queremos agrupar por el mismo valor en una columna o fila y ordenar, a continuación, otra columna o fila dentro de ese grupo de valores iguales.

Para ello:

■ Colocar la celda activa dentro de la lista de datos.

■ Seleccionar la opción *Datos/Ordenar*.

- Aparecerá el cuadro de diálogo *Ordenar*.

- En la ficha *Criterios de ordenación* vamos seleccionando los campos o columnas que queremos ordenar en *Clave de ordenación 1, Clave de ordenación 2*, etc., en orden *Ascendente* o *Descendente*.

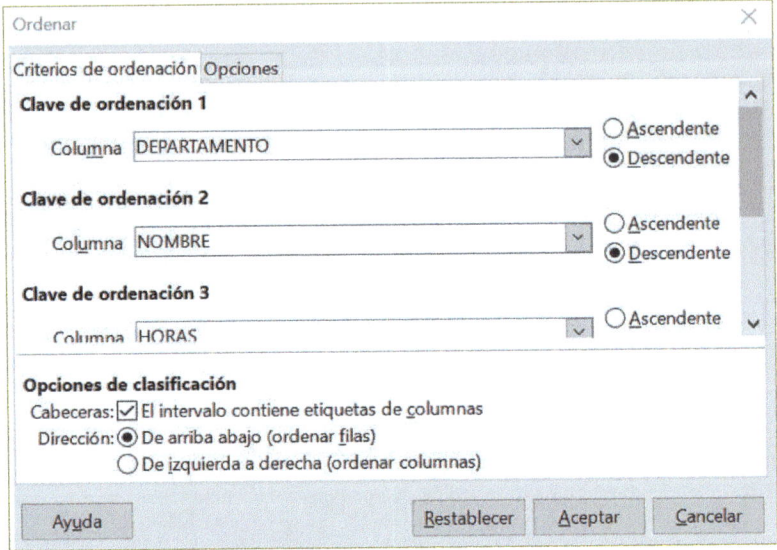

Criterios de ordenación

4.8. Problemas generales de ordenación

Si obtuviésemos resultados inesperados al ordenar nuestros datos haremos lo siguiente:

- **Comprobar si los valores que devuelve una fórmula han cambiado:** si los datos que hemos ordenado contienen una o más fórmulas, los valores devueltos de dichas fórmulas pueden cambiar cuando se actualiza la hoja de cálculo.

  En este caso, nos aseguraremos de que vuelve a aplicar la ordenación para obtener resultados actualizados.

- **Comprobar la configuración local:** los criterios de ordenación varían según la configuración local.

  Nos tendremos que asegurar de que la configuración regional y de idioma del *Panel de control* de nuestro equipo es correcta.

- **Especificar encabezados de columna solamente en una fila:** si tenemos que utilizar rótulos de varias líneas, ajustaremos el texto dentro de la celda.

- **Activar o desactivar la fila de título:** normalmente, lo mejor es tener una fila de título cuando se ordena una columna para facilitar la comprensión del significado de los datos.

  De manera predeterminada, el valor del título no se incluye en la operación de ordenación.

  A veces, es posible que tengamos que activar o desactivar el título para que el valor del mismo se incluya o no se incluya en la operación de ordenación. Para ello, seguiremos uno de los procedimientos siguientes:

  ◆ Para excluir la primera fila de datos de la ordenación porque se trata de un encabezado de columna: en *Ordenar* hacemos clic en *Opciones* y, a continuación, activamos *El intervalo contiene etiquetas de columnas*.

  ◆ Para incluir la primera fila de datos en la ordenación porque no se trata de un encabezado de columna: en *Ordenar* hacemos clic en *Opciones* y, a continuación, desactivamos *El intervalo contiene etiquetas de columnas*.

5. Uso de filtros

5.1. Filtro automático

5.1.1. Introducción

La forma más sencilla para filtrar datos es mediante el filtro automático.

Calc, al usar la técnica de filtro automático, oculta las filas que no cumplen esa condición y solo muestra las filas que la cumplen.

Para activar el filtro automático tenemos varias opciones:

- Con el botón *Filtro automático* de la barra de herramientas estándar.

Para eliminar el filtro automático basta con volver a pulsar el botón de Filtro automático de la barra de herramientas estándar o en el menú de datos, o pulsamos Ctrl + Mayús + L.

- En el menú *Datos/Filtro automático*.

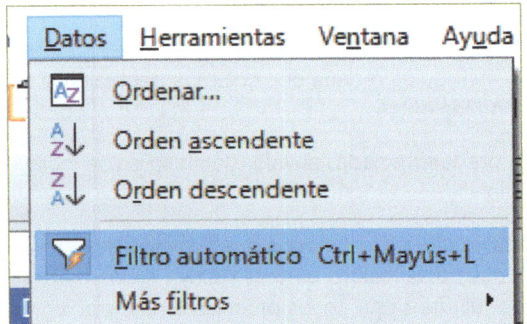

Datos/Filtro automático

- Con la combinación de teclas Ctrl + Mayús + L.

Una vez activado, al lado de cada rótulo o de cada columna aparece un botón de flecha, con el que podremos establecer condiciones para el filtrado.

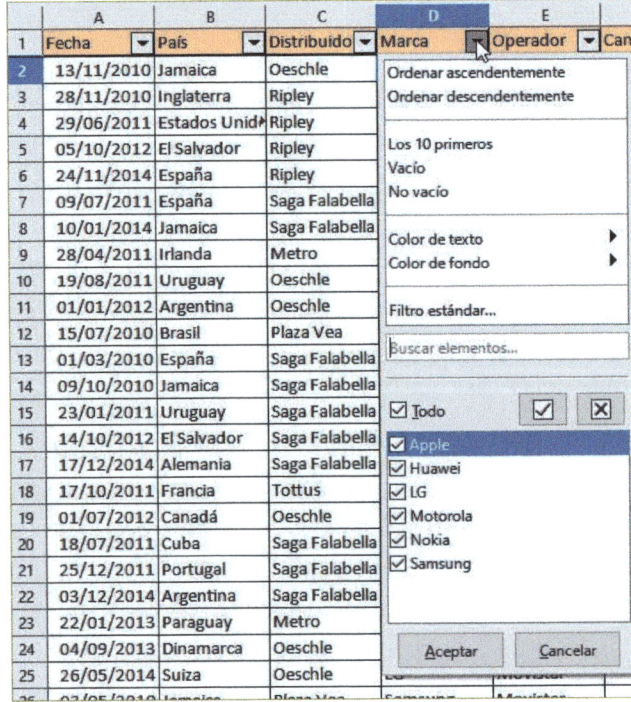

Ejemplo de cómo filtrar los datos de una columna

5.1.2. Aplicar un autofiltro a una columna

Para aplicar un filtro en una columna simplemente haremos clic sobre el desplegable, seleccionaremos el valor que deseemos filtrar y terminaremos pulsando en el botón de *Aceptar*.

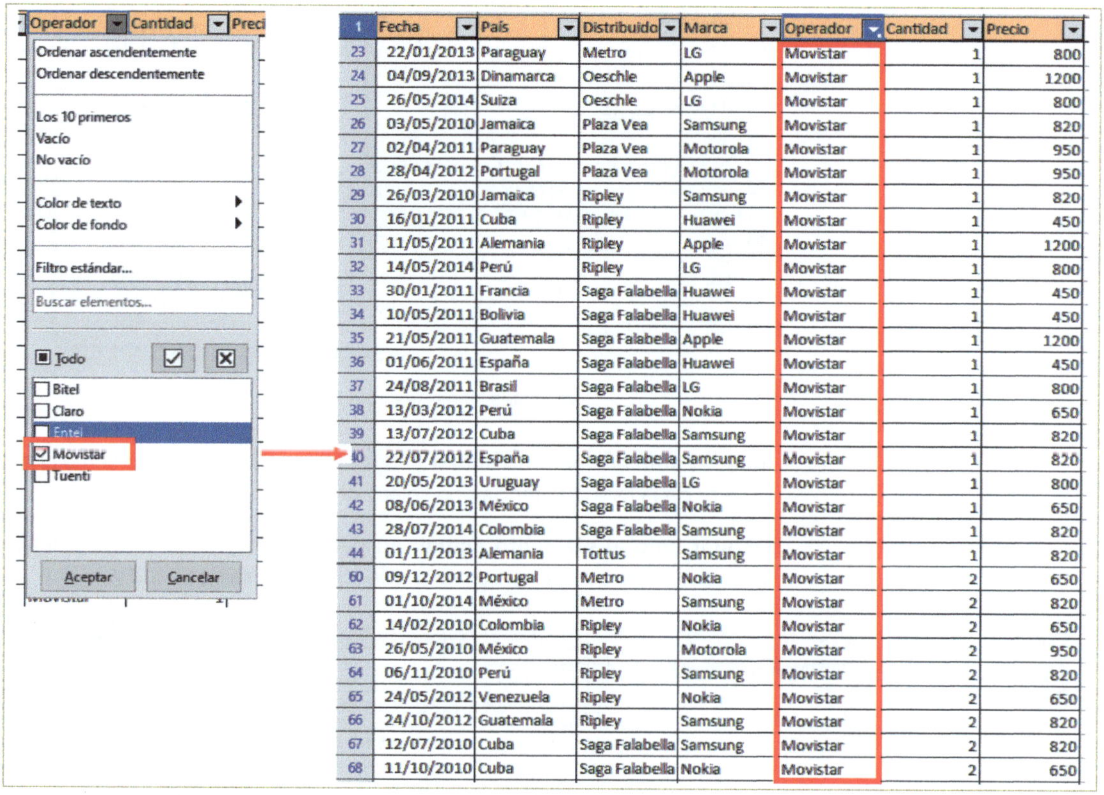

1	Fecha	País	Distribuido	Marca	Operador	Cantidad	Precio
23	22/01/2013	Paraguay	Metro	LG	Movistar	1	800
24	04/09/2013	Dinamarca	Oeschle	Apple	Movistar	1	1200
25	26/05/2014	Suiza	Oeschle	LG	Movistar	1	800
26	03/05/2010	Jamaica	Plaza Vea	Samsung	Movistar	1	820
27	02/04/2011	Paraguay	Plaza Vea	Motorola	Movistar	1	950
28	28/04/2012	Portugal	Plaza Vea	Motorola	Movistar	1	950
29	26/03/2010	Jamaica	Ripley	Samsung	Movistar	1	820
30	16/01/2011	Cuba	Ripley	Huawei	Movistar	1	450
31	11/05/2011	Alemania	Ripley	Apple	Movistar	1	1200
32	14/05/2014	Perú	Ripley	LG	Movistar	1	800
33	30/01/2011	Francia	Saga Falabella	Huawei	Movistar	1	450
34	10/05/2011	Bolivia	Saga Falabella	Huawei	Movistar	1	450
35	21/05/2011	Guatemala	Saga Falabella	Apple	Movistar	1	1200
36	01/06/2011	España	Saga Falabella	Huawei	Movistar	1	450
37	24/08/2011	Brasil	Saga Falabella	LG	Movistar	1	800
38	13/03/2012	Perú	Saga Falabella	Nokia	Movistar	1	650
39	13/07/2012	Cuba	Saga Falabella	Samsung	Movistar	1	820
40	22/07/2012	España	Saga Falabella	Samsung	Movistar	1	820
41	20/05/2013	Uruguay	Saga Falabella	LG	Movistar	1	800
42	08/06/2013	México	Saga Falabella	Nokia	Movistar	1	650
43	28/07/2014	Colombia	Saga Falabella	Samsung	Movistar	1	820
44	01/11/2013	Alemania	Tottus	Samsung	Movistar	1	820
60	09/12/2012	Portugal	Metro	Nokia	Movistar	2	650
61	01/10/2014	México	Metro	Samsung	Movistar	2	820
62	14/02/2010	Colombia	Ripley	Nokia	Movistar	2	650
63	26/05/2010	México	Ripley	Motorola	Movistar	2	950
64	06/11/2010	Perú	Ripley	Samsung	Movistar	2	820
65	24/05/2012	Venezuela	Ripley	Nokia	Movistar	2	650
66	24/10/2012	Guatemala	Ripley	Samsung	Movistar	2	820
67	12/07/2010	Cuba	Saga Falabella	Samsung	Movistar	2	820
68	11/10/2010	Cuba	Saga Falabella	Nokia	Movistar	2	650

Dialog box on the left:

Operador	Cantidad	Preci
Ordenar ascendentemente		
Ordenar descendentemente		
Los 10 primeros		
Vacío		
No vacío		
Color de texto ▶		
Color de fondo ▶		
Filtro estándar...		
Buscar elementos...		

☑ Todo ☑ ☒
☐ Bitel
☐ Claro
☐ Entel
☑ Movistar
☐ Tuenti

Aceptar   Cancelar

Autofiltro

■ **Todo:** nos permite volver a visualizar todos los datos de esa columna, por lo que es una forma de desactivar el filtro.

También podemos ir al menú *Datos/Más filtros/Restablecer filtro*:

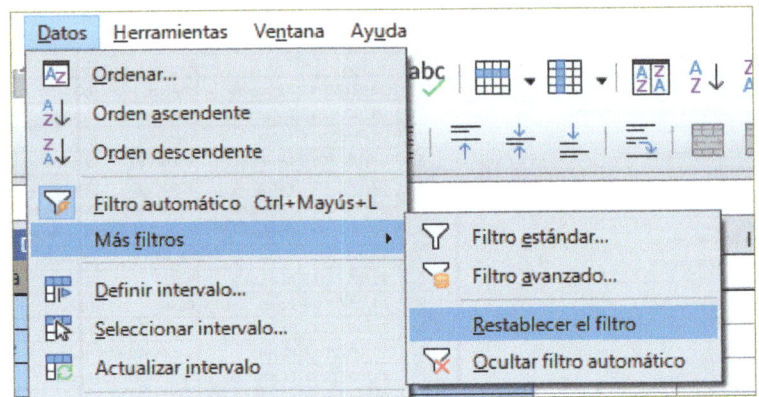

Datos/Más filtros/Restablecer filtro

■ **Mostrar solo el elemento actual** ☑ : aplica el filtro tomando como criterio el valor de la lista que tengamos seleccionado.

■ **Ocultar solo el elemento actual:** aplica el filtro tomando como criterio el valor de la lista que no sea el valor que tengamos seleccionado.

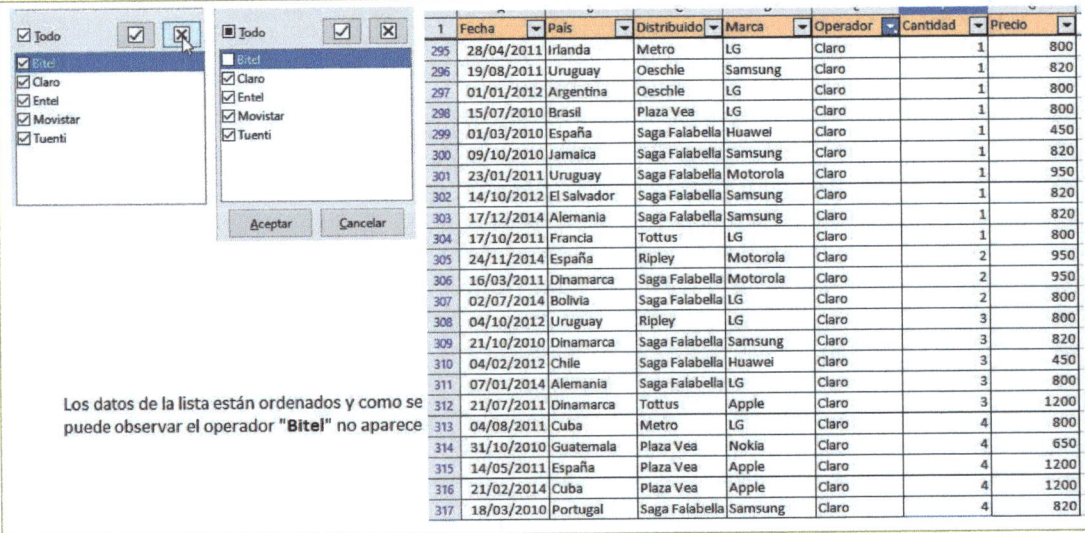

Ejemplo

- **Etiquetas de columna:** cuando tenemos filtrada la lista, las etiquetas de columna tiene el color azul. Además, la cabecera de la fila que tiene aplicado el filtro también aparece con el fondo en color azul y debajo del triángulo aparece un punto.

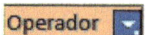

Cabecera de fila con filtros

5.1.3. Aplicar autofiltros a varias columnas

Se pueden aplicar tantos autofiltros como columnas haya en la lista de datos.

Al aplicar varios autofiltros en varias columnas, estos se van sumando, es decir, que se aplica el segundo filtro solo a los datos obtenidos del primer filtro.

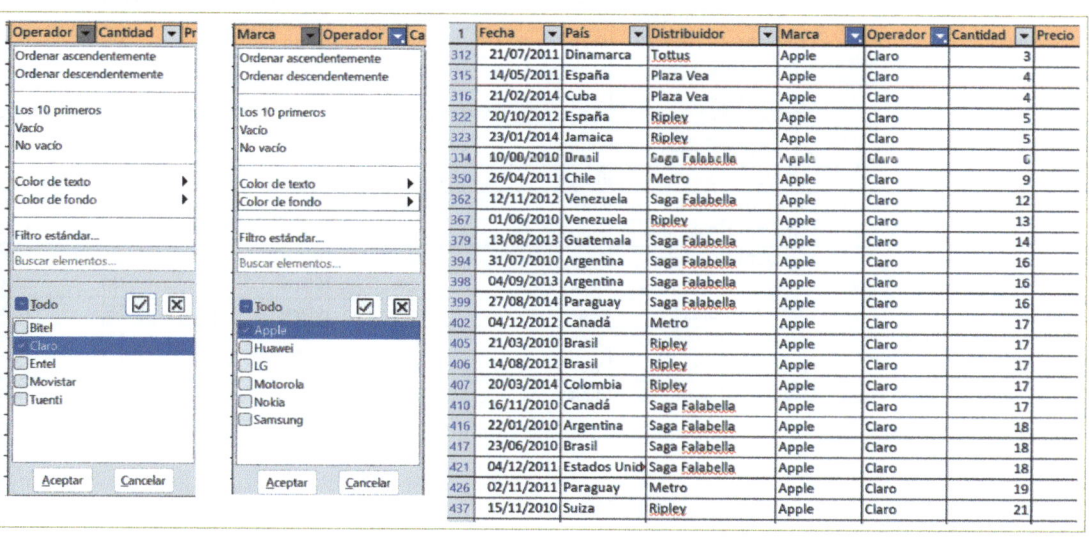

Ejemplo

5.1.4. Ocultar el filtro automático

Podemos ocultar los botones desplegables que se muestran en los encabezados de las columnas seleccionando en el menú *Datos/Más filtros/Ocultar filtro automático*.

Al ocultar el filtro no eliminamos el filtro aplicado, tan solo se ocultan los botones.

	A	B	C	D	E	F	G
1	Fecha	País	Distribuidor	Marca	Operador	Cantidad	Precio
312	21/07/2011	Dinamarca	Tottus	Apple	Claro	3	1200
315	14/05/2011	España	Plaza Vea	Apple	Claro	4	1200
316	21/02/2014	Cuba	Plaza Vea	Apple	Claro	4	1200
322	20/10/2012	España	Ripley	Apple	Claro	5	1200
323	23/01/2014	Jamaica	Ripley	Apple	Claro	5	1200
334	10/08/2010	Brasil	Saga Falabella	Apple	Claro	6	1200
350	26/04/2011	Chile	Metro	Apple	Claro	9	1200
362	12/11/2012	Venezuela	Saga Falabella	Apple	Claro	12	1200
367	01/06/2010	Venezuela	Ripley	Apple	Claro	13	1200
379	13/08/2013	Guatemala	Saga Falabella	Apple	Claro	14	1200
394	31/07/2010	Argentina	Saga Falabella	Apple	Claro	16	1200
398	04/09/2013	Argentina	Saga Falabella	Apple	Claro	16	1200
399	27/08/2014	Paraguay	Saga Falabella	Apple	Claro	16	1200
402	04/12/2012	Canadá	Metro	Apple	Claro	17	1200
405	21/03/2010	Brasil	Ripley	Apple	Claro	17	1200
406	14/08/2012	Brasil	Ripley	Apple	Claro	17	1200
407	20/03/2014	Colombia	Ripley	Apple	Claro	17	1200
410	16/11/2010	Canadá	Saga Falabella	Apple	Claro	17	1200
416	22/01/2010	Argentina	Saga Falabella	Apple	Claro	18	1200
417	23/06/2010	Brasil	Saga Falabella	Apple	Claro	18	1200
421	04/12/2011	Estados Unid	Saga Falabella	Apple	Claro	18	1200
426	02/11/2011	Paraguay	Metro	Apple	Claro	19	1200
437	15/11/2010	Suiza	Ripley	Apple	Claro	21	1200

Ejemplo

5.1.5. Otras opciones del autofiltro

En el desplegable del autofiltro encontramos otra serie de opciones:

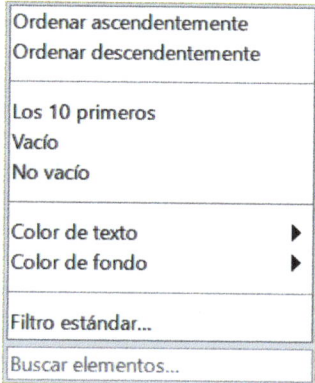

Ordenar ascendentemente
Ordenar descendentemente

Los 10 primeros
Vacío
No vacío

Color de texto   ▶
Color de fondo   ▶

Filtro estándar...

Buscar elementos...

Opciones del autofiltro

■ **Orden ascendentemente:** ordena, de forma ascendente, la tabla en la columna actual.

■ **Orden descendentemente:** ordena, de forma descendente, la tabla en la columna actual.

■ **Los 10 primeros:** si la columna contiene valores numéricos (y esto incluye monedas, fechas y horas) podemos filtrar para que se muestren tan solo los 10 valores más altos de la lista.

Si hay valores que se repiten puede darse el caso de que muestre más de 10 resultados.

Ordenar ascendentemente						
Ordenar descendentemente						

1	Fecha ▼	País ▼	Distribuidor ▼	Marca ▼	Operador ▼	Cantidad ▼	Precio ▼
491	06/07/2011	Colombia	Tottus	Apple	Tuenti	250	1200
492	18/10/2010	Inglaterra	Tottus	LG	Tuenti	267	800
493	06/01/2012	Estados Unid	Tottus	Samsung	Tuenti	270	820
494	25/08/2013	México	Tottus	Motorola	Tuenti	273	950
495	04/02/2014	El Salvador	Tottus	Huawei	Tuenti	273	450
496	02/07/2011	Brasil	Tottus	Nokia	Tuenti	274	650
497	30/09/2011	Brasil	Tottus	Apple	Tuenti	280	1200
498	13/02/2011	Dinamarca	Tottus	Motorola	Tuenti	283	950
499	26/11/2014	Guatemala	Tottus	Nokia	Tuenti	286	650
500	08/04/2010	El Salvador	Tottus	Samsung	Tuenti	295	820

Los 10 primeros
Vacío
No vacío

Color de texto   ▶
Color de fondo   ▶

Filtro estándar...
Limpiar filtro

Buscar elementos...

Ejemplo

- **Vacío:** muestra todas las filas con este campo vacío.

- **No vacío:** muestra todas las filas donde este dato no está vacío.

- **Color de texto:** muestra todas las filas del rango de celdas que en el texto tengan el color seleccionado.

- **Color de fondo:** muestra todas las filas del rango de celdas que el color de fondo de la celda tenga el color seleccionado.

- **Filtro estándar:** accede al cuadro de diálogo *Filtro estándar.*

5.2. Filtro estándar

5.2.1. Introducción

A veces vamos a necesitar filtrar una serie de datos que con la opción autofiltro no sería posible; para ellos recurrimos al filtro estándar.

Para aplicar el filtro estándar podemos hacerlo desde el autofiltro o desde el menú *Datos/Más Filtro/Filtro estándar.*

En ambos casos se nos muestra el cuadro de diálogo del filtro estándar.

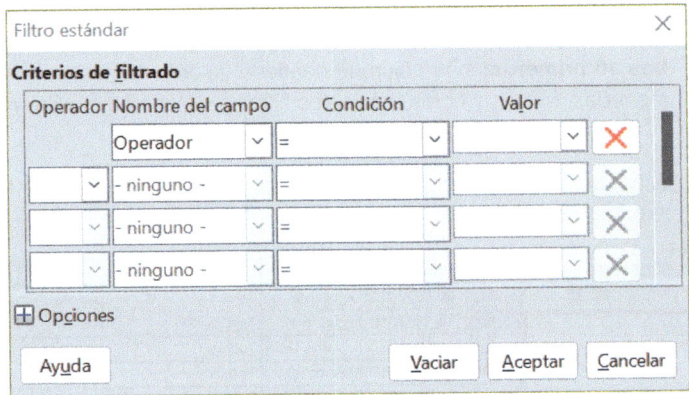

Filtro estándar

- **Operador:** permite definir la forma en la que se unirán unas condiciones con otras.

Cuando apliquemos más de un criterio los podemos unir mediante el operador "**Y**" o el operador "**O**".

El operador "Y" lo utilizaremos cuando queramos que todos los criterios que indiquemos se cumplan.

El operador "O" lo utilizaremos cuando queramos que se cumpla, al menos, uno de los criterios.

- **Nombre del campo:** es el nombre de la etiqueta de la columna.

- **Condición:** permite indicar el criterio para aplicar el filtro.

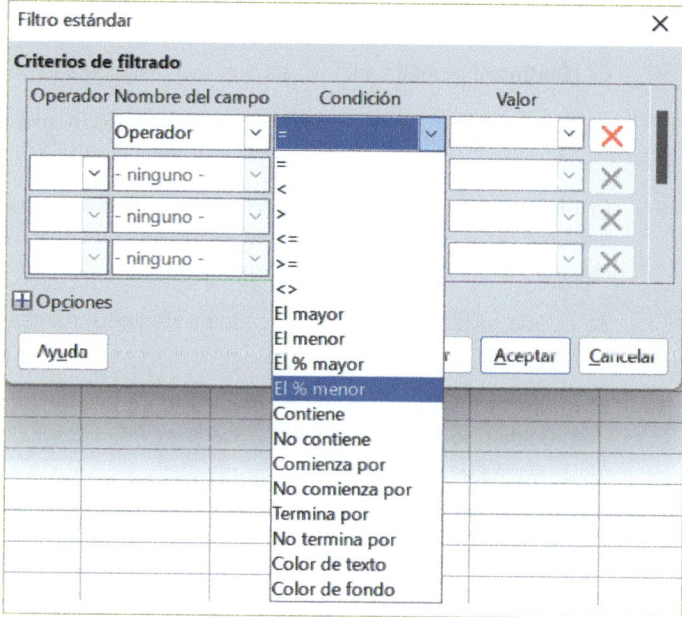

Desplegable Condición

- **= (Igual):** muestra los valores que son iguales a la condición.

  Se puede utilizar en celdas con valores de texto, número, moneda y fecha.

- **< (Menor):** muestra los valores que son menores a la condición.

  Se puede utilizar en celdas con valores de texto, número, moneda y fecha.

- **> (Mayor):** muestra los valores que son mayores a la condición.

  Se puede utilizar en celdas con valores de texto, número, moneda y fecha.

- **<= (Menor o igual):** muestra los valores que son menores o iguales a la condición.

  Se puede utilizar en celdas con valores de texto, número, moneda y fecha.

- **>= (Mayor o igual):** muestra los valores que son mayores o iguales a la condición.

  Se puede utilizar en celdas con valores de texto, número, moneda y fecha.

- **<> (Distinto):** muestra los valores que son distintos a la condición.

  Se puede utilizar en celdas con valores de texto, número, moneda y fecha.

- **El mayor:** en el cuadro *Valor* indicaremos el número de elementos mayores de la columna que deseamos que se muestren. Por ejemplo, mostrar los 8 empleados con mayor sueldo.

  Se puede utilizar en celdas con valores de texto, número, moneda y fecha.

- **El menor:** en *Valor* indicaremos el número de elementos menores de la columna que deseamos que se muestren. Por ejemplo, mostrar los 8 empleados con menor sueldo.

  Se puede utilizar en celdas con valores de texto, número, moneda y fecha.

- **El % mayor:** en *Valor* especificaremos el porcentaje de elementos mayores de la columna que deseamos que se muestren. Por ejemplo, mostrar los 8% de los empleados de mayor sueldo.

  Se puede utilizar en celdas con valores de texto, número, moneda y fecha.

- **El % menor:** en *Valor* especificaremos el porcentaje de elementos menores de la columna que deseamos que se muestren. Por ejemplo, mostrar los 8% de los empleados de menor sueldo.

  Se puede utilizar en celdas con valores de texto, número, moneda y fecha.

- **Contiene:** en *Valor* especificaremos el texto que deben contener las celdas de la columna para que se muestren.

- **No contiene:** en *Valor* especificaremos el texto que no deben contener las celdas de la columna para que se muestren.

- **Comienza por:** en *Valor* especificaremos el texto por el que deben comenzar las celdas de la columna para que se muestren.

- **No comienza por:** en *Valor* especificaremos el texto por el que no deben comenzar las celdas de la columna para que se muestren.

- **Terminar por:** en *Valor* especificaremos el texto por el que deben terminar las celdas de la columna para que se muestren.

- **No terminar por:** en *Valor* especificaremos el texto por el que no deben comenzar las celdas de la columna para que se muestren.

- **Color de texto:** en *Valor* especificaremos el color de texto que deben tener las celdas de la columna para que se muestren.

- **Color de fondo:** en *Valor* especificaremos el color de fondo que deben tener las celdas de la columna para que se muestren.

- **Valor:** es el texto, fecha o número con el que evaluar la condición aplicada a la columna.

5.2.2. Más opciones del filtro estándar

Si hacemos clic sobre el botón *Opciones* del cuadro de diálogo se visualizan más condiciones que se tendrán en cuenta para filtrar los registros.

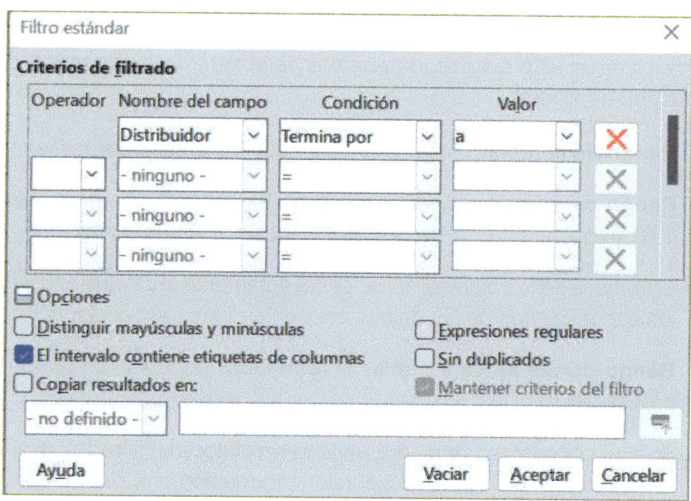

Más opciones del filtro estándar

- **Distinguir mayúsculas y minúsculas:**

  - Si está desactivada no tendrá en cuenta las mayúsculas y minúsculas.

  - Si está activada, al evaluar los datos, el filtro tendrá en cuenta las mayúsculas y minúsculas.

- **El intervalo contiene etiquetas de columnas:** por defecto, esta activada y esto indica que la primera fila contiene las etiquetas de las columnas.

- **Copiar resultados en:** si activamos esta casilla nos permite copiar el resultado del filtro.

  Deberemos seleccionar el área donde deseamos copiar los datos.

- **Expresiones regulares:** si se activa esta casilla se permite el uso de comodines (expresiones regulares) en la definición de filtros.

- **Sin duplicados:** no se mostrarán aquellas filas duplicadas al aplicar el filtro.

  Para que se excluya una fila duplicada deben coincidir exactamente todas las celdas de ambas filas.

5.3. Filtro avanzado

5.3.1. Introducción

El filtro avanzado es muy parecido al filtro estándar, excepto que las condiciones del filtro se encuentran en celdas dentro de la hoja de trabajo.

Para realizar un filtro avanzado debemos establecer los tres rangos que intervienen en este tipo de filtros:

- **Rango de la tabla:** celdas que contienen los datos que deseamos filtrar.

- **Rango de criterio:** consta de dos partes: el nombre de la columna por el cual se quiere filtrar y, debajo de él, la celda para la condición.

  El nombre de la columna deber ser exactamente igual que el que tenemos en los encabezados de las columnas, por lo que es aconsejable copiarlos.

- **Rango donde se va a copiar el resultado:** opcional, se puede filtrar en la propia lista.

  Será el sitio donde se quiere dejar el resultado del filtrado, un sitio que esté vacío, ya que machacará cualquier información que pueda contener, por lo que lo mejor es ponerlo al principio de la hoja o al final, después de los datos

5.3.2. Crear el rango de criterios

Vamos a explicarlo a través de un ejemplo:

- Para insertar el rango de criterios al principio de la hoja tendríamos que insertar filas encima.

- Podemos seleccionar las 4 primeras filas de la hoja y hacemos clic con el botón derecho del ratón:

	A	B	C	D	E	F	G
1	Fecha	País	Distribuidor	Marca	Operador	Cantidad	Precio
2	13/11/2010	Jamaica	Oeschle	LG	Bitel	1	800
	✂ Cortar	Ctrl+X	pley	Nokia	Bitel	1	650
	📋 Copiar	Ctrl+C	pley	Huawei	Bitel	1	450
	📋 Pegar	Ctrl+V	pley	Apple	Bitel	1	1200
	Insertar filas encima		pley	Samsung	Bitel	1	820
	Insertar filas debajo		ga Falabell	Apple	Bitel	1	1200
	Eliminar filas		ga Falabell	Apple	Bitel	1	1200

Menú contextual/Insertar filas encima

- Ahora tendremos que poner en la fila 1 los nombres de las columnas por las que vamos a filtrar. Como tienen que ser exactamente igual que las cabeceras de las columnas donde tenemos los datos, lo mejor es copiarlas.

	A	B	C	D	E	F	G
1	Fecha	País	Distribuidor	Marca	Operador	Cantidad	Precio
2							
3							
4							
5	Fecha	País	Distribuidor	Marca	Operador	Cantidad	Precio
6	13/11/2010	Jamaica	Oeschle	LG	Bitel	1	800
7	28/11/2010	Inglaterra	Ripley	Nokia	Bitel	1	650
8	29/06/2011	Estados Unid	Ripley	Huawei	Bitel	1	450
9	05/10/2012	El Salvador	Ripley	Apple	Bitel	1	1200
10	24/11/2014	España	Ripley	Samsung	Bitel	1	820
11	09/07/2011	España	Saga Falabell	Apple	Bitel	1	1200
12	10/01/2014	Jamaica	Saga Falabell	Apple	Bitel	1	1200
13	29/09/2014	Uruguay	Plaza Vea	Huawei	Bitel	2	450
14	06/10/2014	Canadá	Saga Falabell	Motorola	Bitel	2	950
15	22/09/2010	Paraguay	Metro	LG	Bitel	3	800

Ejemplo

■ Ahora aplicaremos los criterios, por ejemplo, los registros cuya marca sea LG o Nokia.

	A	B	C	D	E	F	G
1	Fecha	País	Distribuidor	Marca	Operador	Cantidad	Precio
2				LG			
3				Nokia			

Escribimos los criterios

■ Si los registros que deseamos ver son aquellos de la marca LG y que en cantidad tengan 1, tendrían que cumplir las 2 condiciones, así que tendríamos que colocarlos en la misma fila.

	A	B	C	D	E	F	G
1	Fecha	País	Distribuidor	Marca	Operador	Cantidad	Precio
2				LG		1	

Dos condiciones

5.3.3. Aplicar los filtros avanzados

Vamos a explicarlo a través de un ejemplo:

■ Una vez creado el rango de criterios en la parte superior de la hoja, vamos a filtrar los datos en la propia lista. El criterio que vamos a definir es que queremos todos los registros cuya marca sea LG y del país Jamaica y los que sean de la marca Apple de España.

	A	B	C	D	E	F	G
1	Fecha	País	Distribuidor	Marca	Operador	Cantidad	Precio
2		Jamaica		LG			
3		España		Apple			

Criterios

■ Calc nos detecta la base de datos al aplicar el filtro avanzado, teniendo e punto de inserción en cualquier celda de la hoja. Si lo tenemos en la zona de rango de criterios no nos va a detectar la base de datos, así que hacemos clic en cualquier celda dentro de la lista de datos y aplicamos el filtro: *Datos, Más Filtro/Filtro avanzado*.

- Ahora tenemos que indicarle en qué celdas tenemos el rango de criterios.

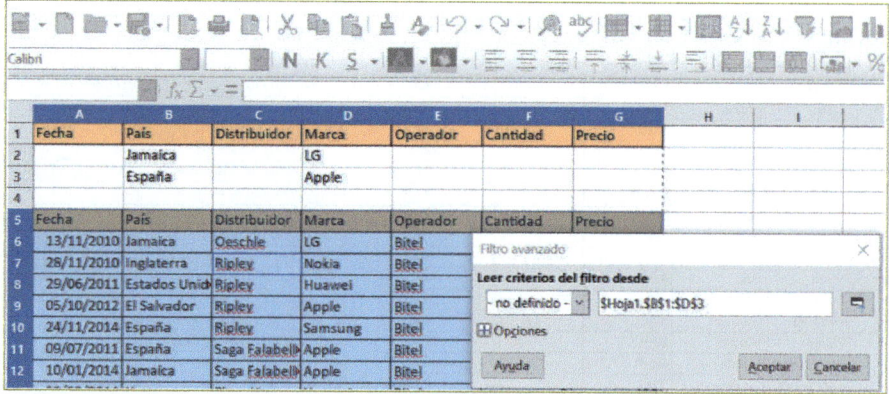

Rango de celdas

- Comprobamos que los registros que nos muestra son los de la marca LG/Jamaica y Apple/España.

- Coplamos el resultado del filtro en la parte derecha de la hoja. Abrimos el cuadro de diálogo *Filtro (Datos/Más Filtro/Filtro avanzado)*, pulsamos el botón *Mas opciones* y activamos la casilla *Copiar los resultados en*. Hacemos clic en la celda que queramos y pulsamos aceptar.

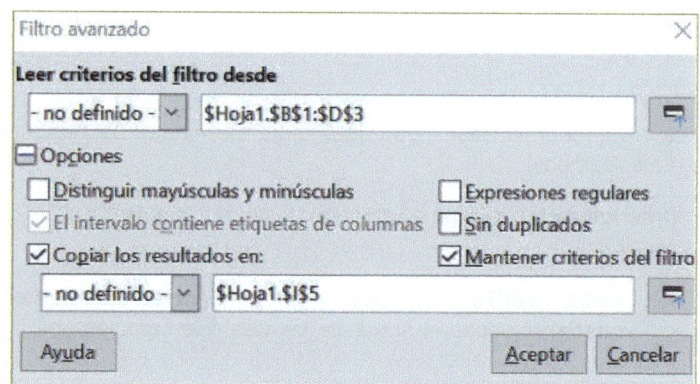

Cuadro de diálogo Filtro avanzado/Opciones

	A	B	C	D	E	F	G	H	I	J	K	L
1	Fecha	País	Distribuidor	Marca	Operador	Cantidad	Precio					
2		Jamaica		LG								
3		España		Apple								
4												
5	Fecha	País	Distribuidor	Marca	Operador	Cantidad	Precio		Fecha	País	Distribuidor	Marca
6	13/11/2010	Jamaica	Oeschle	LG	Bitel	1	800		13/11/2010	Jamaica	Oeschle	LG
7	28/11/2010	Inglaterra	Ripley	Nokia	Bitel	1	650		09/07/2011	España	Saga Falabell	Apple
8	29/06/2011	Estados Unid	Ripley	Huawei	Bitel	1	450		29/07/2014	Jamaica	Tottus	LG
9	05/10/2012	El Salvador	Ripley	Apple	Bitel	1	1200		27/07/2010	Jamaica	Saga Falabell	LG
10	24/11/2014	España	Ripley	Samsung	Bitel	1	820		08/05/2014	Jamaica	Ripley	LG
11	09/07/2011	España	Saga Falabell	Apple	Bitel	1	1200		21/03/2013	Jamaica	Ripley	LG
12	10/01/2014	Jamaica	Saga Falabell	Apple	Bitel	1	1200		20/10/2010	España	Plaza Vea	Apple
13	29/09/2014	Uruguay	Plaza Vea	Huawei	Bitel	2	450		20/07/2012	España	Metro	Apple
14	06/10/2014	Canadá	Saga Falabell	Motorola	Bitel	2	950		25/05/2013	Jamaica	Oeschle	LG
15	22/09/2010	Paraguay	Metro	LG	Bitel	3	800		14/05/2011	España	Plaza Vea	Apple
16	02/07/2014	Paraguay	Oeschle	Huawei	Bitel	3	450		20/10/2012	España	Ripley	Apple
17	15/12/2011	Uruguay	Plaza Vea	Huawei	Bitel	3	450		07/12/2011	Jamaica	Metro	LG
18	26/06/2013	Irlanda	Ripley	Apple	Bitel	3	1200		14/08/2010	Jamaica	Plaza Vea	LG
19	17/05/2012	Francia	Saga Falabell	Apple	Bitel	3	1200		30/12/2010	Jamaica	Tottus	LG
20	30/05/2012	Brasil	Saga Falabell	Samsung	Bitel	3	820		02/02/2011	España	Oeschle	Apple
21	20/12/2010	Colombia	Metro	Samsung	Bitel	4	820		16/01/2014	España	Plaza Vea	Apple
22	17/02/2013	Perú	Saga Falabell	Samsung	Bitel	4	820		01/10/2014	Jamaica	Oeschle	LG

Resultado

5.3.4. Funciones para lista de datos

Calc incluye funciones específicas para la lista de datos. Estas funciones tienen tres argumentos:

■ **Base de datos:** es el rango de celdas que componen la tabla.

■ **Campo de la base de datos:** indica qué columna se utiliza en la función.

Hay que escribir el número (sin las comillas) que represente la posición de la columna en la lista: 1 para la primera columna, 2 para la segunda y así sucesivamente.

■ **Criterios de búsqueda:** es el rango de celdas que contiene las condiciones especificadas:

● **=BDSUMA(Base de datos;campo de base de datos;criterio de búsqueda):** muestra la suma de las filas que cumplen una determinada condición.

● **=BDPROMEDIO(Base de datos;campo de base de datos;criterio de búsqueda):** saca la media aritmética de las filas que cumplen una determinada condición.

● **=BDMAX(Base de datos;campo de base de datos;criterio de búsqueda):** muestra el valor máximo de las filas que cumplen una determinada condición.

- **=BDMIN(Base de datos;campo de base de datos criterio de búsqueda):** muestra el valor mínimo de las filas que cumplen una determinada condición.

6. Subtotales

La finalidad de esta opción es visualizar los datos de una tabla agrupados por determinados campos y, a su vez, en cada grupo, poder resumir mediante una serie de funciones (suma, promedio, etc.) los campos numéricos.

Vamos a explicarlo a través de un ejemplo:

- Si queremos agrupar los datos por un campo concreto y realizar funciones estadísticas sobre el campo numérico, haremos clic en cualquier celda de la columna que elijamos y vamos a *Datos/Orden ascendente*, a continuación, colocamos el cursor en cualquier celda de esa columna y vamos a *Datos / Subtotales*.

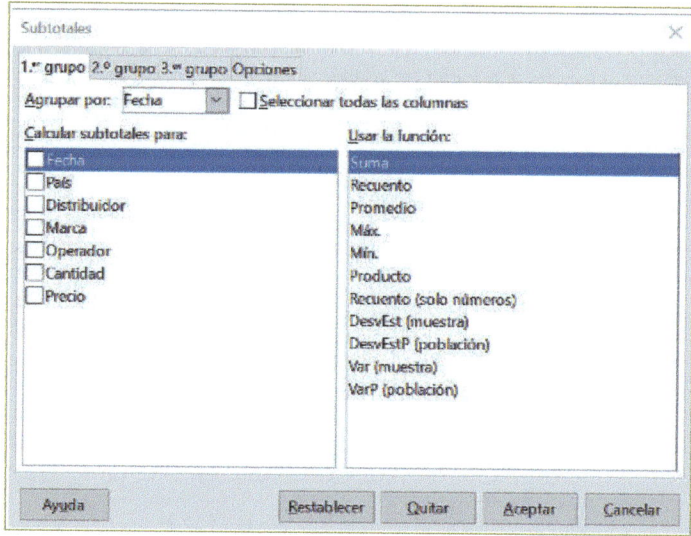

Cuadro de diálogo Subtotales

■ Pulsamos *Aceptar* y observamos que, en la parte superior izquierda, al lado de la fila 1, aparecen unos cuadrados con los números, 1, (primer nivel), 2 y 3.

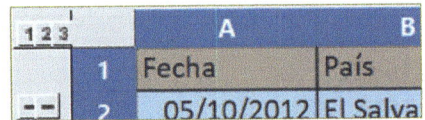

En la parte superior izquierda aparecen los niveles

Con el estudio de esta unidad hemos alcanzado el objetivo CE1.3 En casos prácticos de confección de documentación administrativa, científica y económica, a partir de medios y aplicaciones informáticas de reconocido valor en el ámbito empresarial:

● *Confeccionar gráficos estándar y/o dinámicos, a partir de rangos de celdas de la hoja de cálculo, optando por el tipo que permita la mejor comprensión de la información y de acuerdo con la actividad a desarrollar, a través de los asistentes disponibles en la aplicación.*

● *Filtrar datos a partir de la tabla elaborada en la hoja de cálculo.*

● *Utilizar los manuales o la ayuda disponible en la aplicación de la resolución de incidencias o dudas planteadas.*

Resumen

En esta unidad hemos estudiado el trabajo que podemos realizar con los datos:

- **Validación de datos:** se pueden controlar los datos que se introducen en un rango de la hoja (podemos hacer que solo aparezcan textos, números, fechas, etc.) en *Datos/Validez*.

- **Esquemas:** se pueden estructurar los datos hasta en ocho niveles diferentes, ya sea por filas o columnas, en *Datos/Grupo y Esquema*.

- **Creación de tablas o listas de datos:** aunque Calc no es una aplicación para gestionar bases de datos, es una opción bastante buena para realizar tareas atribuidas, normalmente, a las bases de datos.

- **Ordenación de la lista de datos:** por uno o varios campos en *Datos/Ordenar, Datos/Orden ascendente* o *Datos/Orden descendente*.

- **Uso de filtros:** se pueden filtrar o visualizar solo algunas filas de las tablas que cumplen una condición en concreto (existen dos opciones: autofiltro y filtro avanzado) en *Datos/Filtro automático* o *Datos/Más filtros*.

- **Subtotales:** con esta opción podemos visualizar los datos de una tabla agrupados por determinados campos y, a su vez, en cada grupo podemos resumir, mediante una serie de funciones, los campos numéricos *(Datos/ Subtotales)*.

UNIDAD DIDÁCTICA 14

Utilización de las herramientas de revisión y trabajo con libros compartidos

Objetivos

- ⊡ Describir las características de protección y seguridad en hojas de cálculo.

- ⊡ Aplicar los criterios de protección, seguridad y acceso a la hoja de cálculo.

- ⊡ Aplicar las funciones y utilidades de movimiento, copia o eliminación de ficheros, que garanticen las normas de seguridad, integridad y confidencialidad de los datos.

Contenido

Introducción

1. Inserción y comentarios

2. Control de cambios en la hoja de cálculo

3. Versiones de un documento

4. Protección de una hoja de cálculo

5. Protección y desprotección de la estructura del libro

6. Proteger el libro con contraseña de apertura

7. Proteger el libro con contraseña de modificación

8. Libros compartidos

Resumen

Introducción

En esta unidad aprenderemos a usar herramientas de Calc para revisar las hojas de cálculo, como son la inserción de comentarios o el control de cambios.

Además, estudiaremos el modo de proteger las hojas de cálculo.

1. Inserción y comentarios

1.1. Cómo insertar un comentario

- Posicionar el cursor en la celda donde se quiere insertar el comentario.

- Hacer clic con el botón derecho del ratón y seleccionar *Insertar un comentario.*

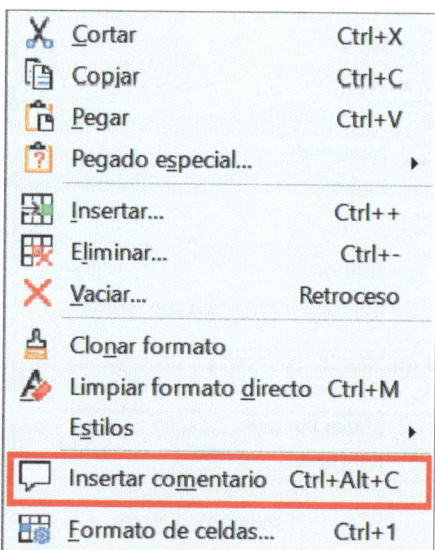

Menú contextual

■ Escribir el comentario, que aparecerá cuando hagamos clic sobre la celda.

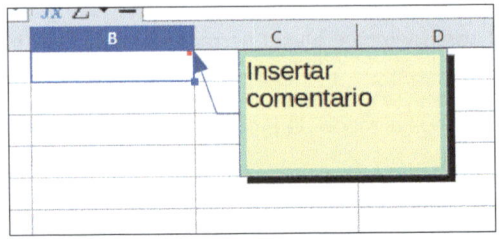

Menú contextual/Insertar comentario

1.2. Otras formas de insertar un comentario

■ Desde el menú *Insertar*, hacemos clic sobre *Comentario*.

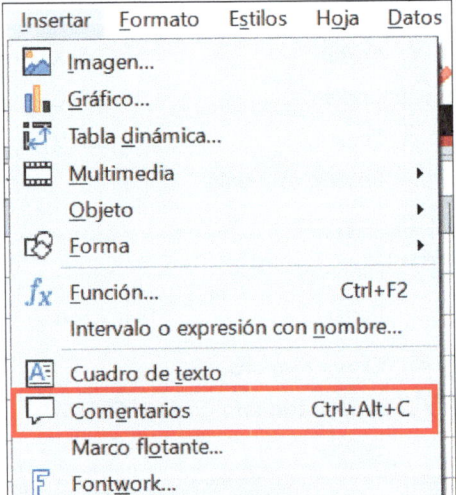

Insertar/Comentarios

■ Presionando la combinación de teclas Ctrl + Alt + C.

■ Desde la barra de herramientas estándar, haciendo clic en el botón *Insertar comentario*.

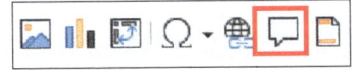

Botón Insertar comentario

1.3. Eliminar, mostrar u ocultar comentarios

1.3.1. Eliminar un comentario

Para eliminar un comentario insertado en una celda:

- Colocarse en la celda en la que está el comentario que deseamos eliminar.

- Pulsamos el botón derecho del ratón.

- Seleccionamos *Eliminar comentario*.

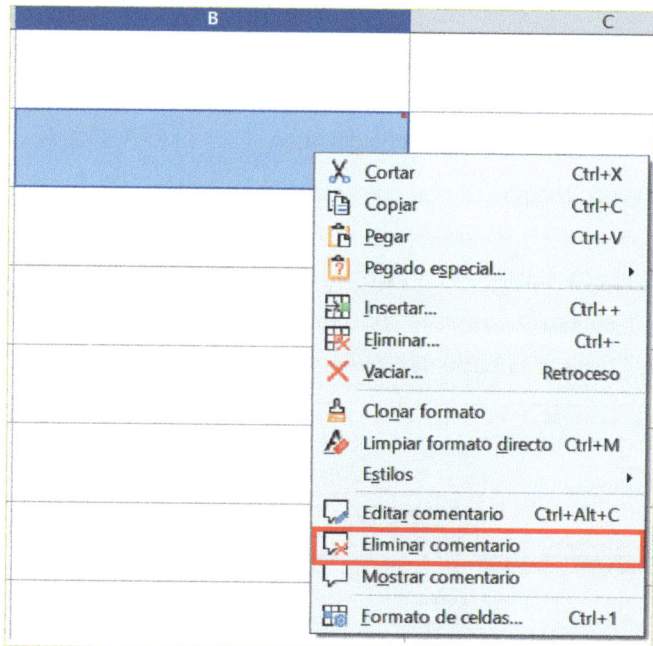

Menú contextual/Eliminar comentario

1.3.2. Mostrar un comentario

Los comentarios, por defecto, solo serán visibles cuando el puntero del ratón se coloque sobre la celda.

Pero podemos hacer visible un solo comentario o todos los comentarios de la hoja.

Para hacer visible un comentario:

- Nos colocamos en la celda en la que está el comentario que deseamos hacer visible.

- Pulsamos el botón derecho del ratón.

- Seleccionamos *Mostrar comentario*.

1.3.3. Ocultar un comentario

Para ocultar un comentario en una celda que esta visible:

- Nos colocamos en la celda en la que está el comentario que deseamos ocultar.

- Pulsamos el botón derecho del ratón.

- Seleccionamos *Ocultar comentario*.

Para ocultar o hacer visible el indicador del comentario:

- *Clic en el menú Herramientas/Opciones/LibreOffice Calc/Ver.*

- *Clic en la casilla Indicador de comentarios.*

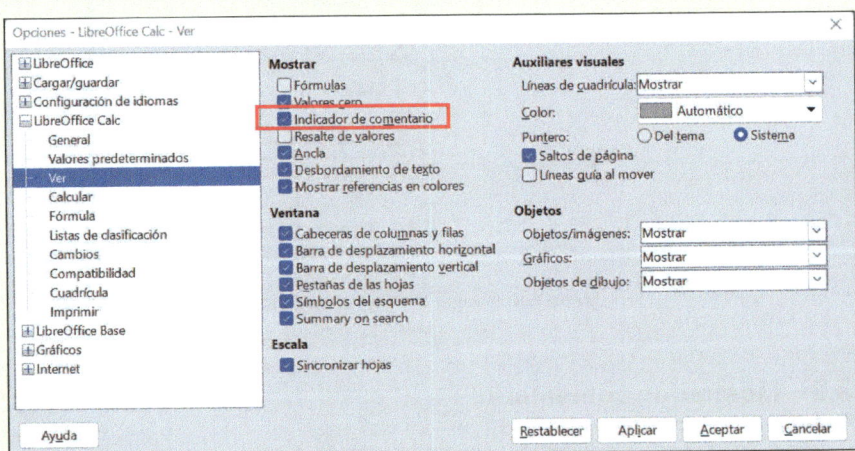

Cuadro de diálogo Opciones

1.4.　Editar el formato del comentario

- Posicionar el cursor en una celda que contenga un comentario.

- Clic derecho y elegir *Editar comentario.*

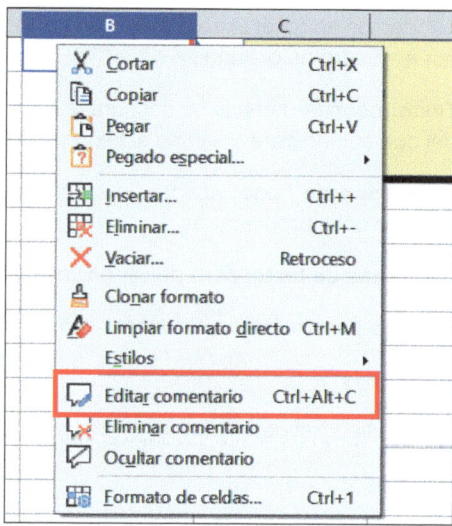

Menú contextual

- El punto de inserción se colocará dentro del comentario pudiendo añadir o eliminar texto.

1.4.1.　Modificar el formato del comentario

Podemos modificar el formato del comentario, como el color de fondo, la transparencia, el estilo de borde y la alineación del texto. Para ello:

- Hacemos clic en la celda que contiene el comentario a modificar.

- Pulsamos con el botón derecho del ratón encima del comentario y, en el menú de contexto, tenemos las opciones para modificar el formato del comentario.

1.4.2.　Modificar el formato del texto

Para modificar el formato del texto:

- Pulsamos con el botón derecho del ratón encima de la celda que contiene el comentario.

También se puede pulsar encima del comentario con el botón izquierdo para que se active la barra de herramientas Propiedades del objeto de dibujo.

■ En el menú contextual, hacemos clic en *Editar comentario* para que el punto de inserción se coloque dentro del comentario.

■ Seleccionamos el texto al que vamos a aplicar el formato.

■ Pulsamos el botón derecho y, en el menú contextual, podemos seleccionar:

1. **Texto.** Podemos editar el texto a través de las tres fichas que nos aparecen en el cuadro de diálogo:

   ● **Texto:** permite cambiar la anchura y altura del área rectangular del comentario para ajustarlo al texto y la distancia a los bordes.

   ● **Animación de texto:** aplicar un efecto de animación al texto y definirle unas propiedades.

   ● **Columnas de texto:** para definir columnas de texto.

2. **Carácter.** Nos permite definir el formato de los caracteres:

   ● Tipos de letra.

   ● Efectos tipográficos.

   ● Posición.

   ● Resalte.

3. **Párrafo.** Nos permite definir:

   ● Sangrías y espaciados.

   ● Alineación

   ● Tabuladores

2. Control de cambios en la hoja de cálculo

2.1. Introducción

LibreOffice Calc dispone de una herramienta que nos permite llevar un control de los cambios producidos en un archivo cuando el documento tiene que ser revisado y compartido por varias personas y deseamos mantener el documento original, así como ver los cambios que se han realizado y por quién se han realizado. Incluso podemos aplicarlo a un documento en el que solo vamos a trabajar nosotros.

Debemos tener en cuenta que no todos los cambios que se realizan en el documento van a quedar registrados; los cambios más comunes que quedan registrados son:

- *Cuando se añade información.*

- *Cuando se elimina información.*

- *Modificaciones en el texto.*

- *Modificaciones en los formatos comunes.*

2.2.　Formas de usar el control de cambios

Calc proporciona las siguientes formas para tener acceso al historial de cambios almacenado y usarlo.

■ **Resaltado en pantalla.** Calc marcará las zonas cambiadas con un color diferente para cada usuario y mostrará los detalles básicos cuando situemos el puntero sobre cada celda cambiada. El resaltado en pantalla resulta útil cuando un libro no tiene muchos cambios o cuando deseamos ver rápidamente qué se cambió.

■ **Control de historial.** Calc nos muestra el historial de cambios, permitiendo filtrarlos por fechas, autor, etc.

■ **Revisión de cambios.** Calc nos muestra la secuencia de cambios para que podamos decidir si queremos aceptar o rechazar cada cambio.

2.3. Activar el control de cambios para un libro

Para activar el control de cambios hacemos clic en el menú *Editar/Seguimiento de cambios/Grabar*.

Recuerda rellenar la información con los datos personales, ya que esta información se asociará con cada modificación que hagas en el documento.

Para ello se accede a Herramientas/ Opciones/Datos de identidad.

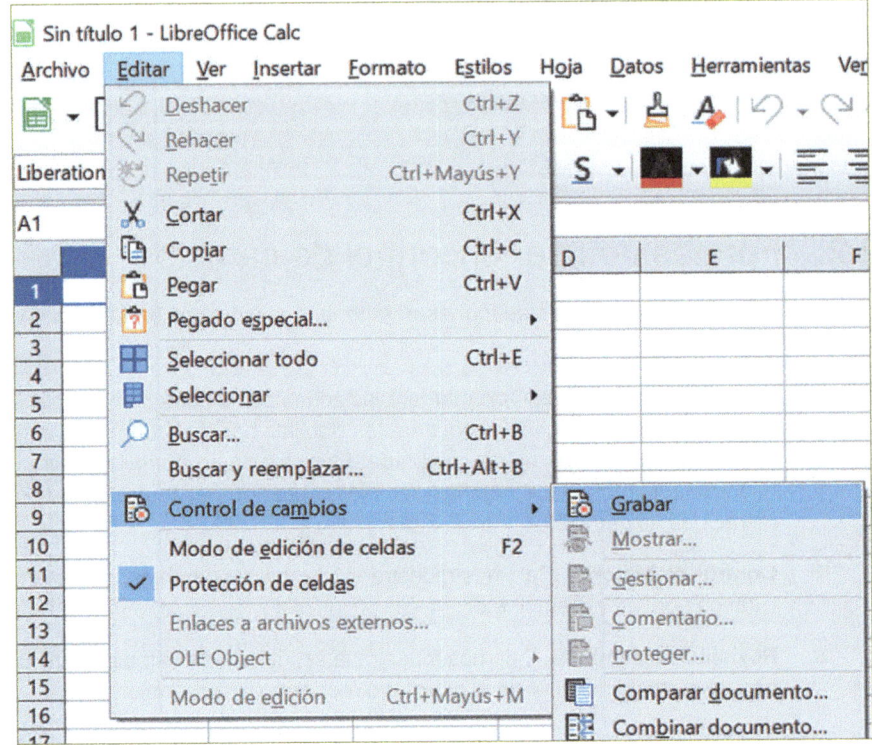

Editar/Seguimiento de cambios/Grabar

A partir de este momento los cambios que se realicen en el libro quedarán registrados.

2.4. Resaltar los cambios

El color del resaltado se puede personalizar en *Herramientas/Opciones/LibreOffice Calc/Cambios:*

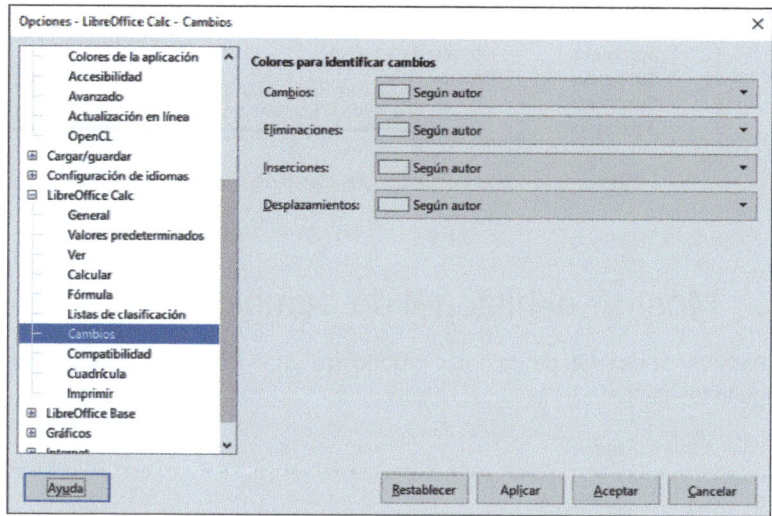

Cuadro de diálogo Opciones

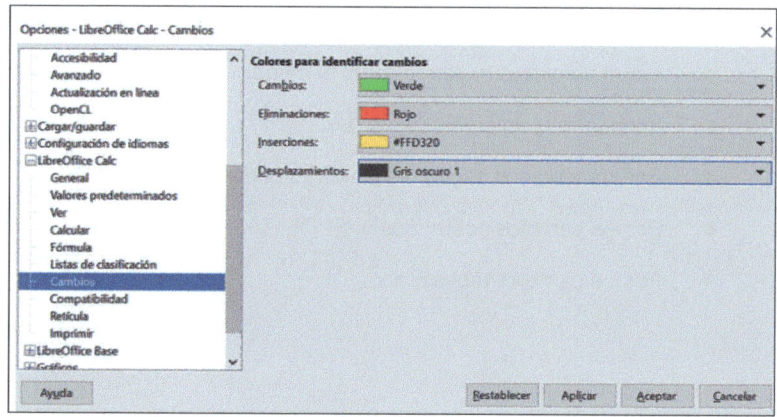

Colores para identificar los cambios

Al desplazarnos a la celda que contiene el cambio, aparece un comentario con los datos del autor, fecha y la modificación realizada:

	A	B	C	D	E
1		NOTAS	Asignatura		
2	5	Aprobado	Matemáticas		
3	8	Aprobado	Lengua Inglesa		
4	6	Aprobado	Literatura española		
5	4	Suspenso	Física y química		
6	3	Suspenso			
7	9	Aprobado			

> Jose Paz Rey, 22/05/2022 00:45:58:
> La celda C3 cambió de «<vacío>» a «Lengua Inglesa»

Ejemplo de comentarios con los datos de la modificación

2.5. Mostrar el historial de cambios

Para ver el historial de cambios producidos en el documento original realizamos los siguientes pasos:

- Menú *Editar*.

- Opción *Cambios*.

- En el cuadro de diálogo *Mostrar modificaciones* podemos aplicar filtros para mostrar los cambios realizados:

  - Por fecha.

  - Por el autor que haya realizado el cambio.

  - Indicando un intervalo de celdas.

  - Por comentarios según las palabras que especifiquemos.

  - Por los cambios aceptados.

  - Por los cambios rechazados.

Al desplazarnos a la celda que contiene el cambio, aparece un comentario con los datos del autor, fecha y la modificación realizada:

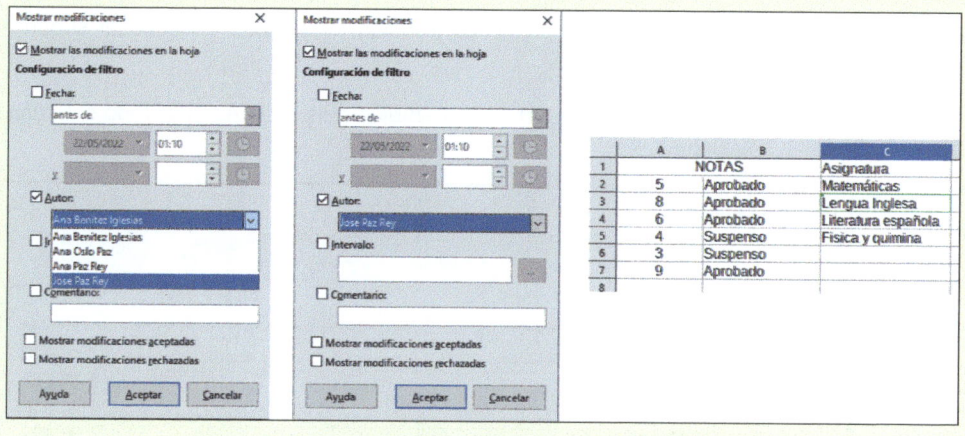

Ejemplo de cómo mostrar las modificaciones

2.6. Aceptar y rechazar cambios

Los cambios realizados podemos aceptarlos o rechazarlos seleccionando *Editar/Seguimiento de cambios/Gestionar*, siempre y cuando no hayamos protegido el documento para impedirlo.

Si queremos proteger el documento para que los usuarios no puedan aceptar ni rechazar los cambios, tenemos que utilizar la opción Editar/seguimiento de cambios/Proteger:

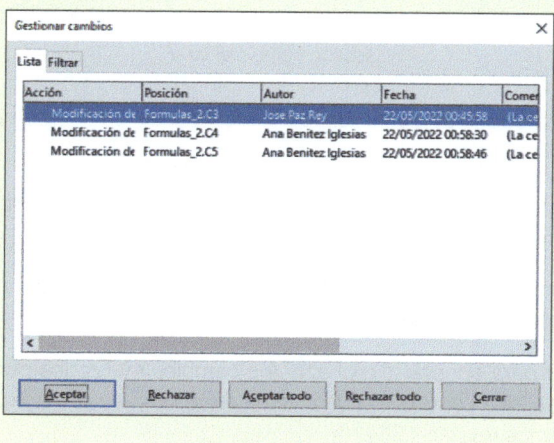

Gestionar cambios/Lista

La ficha *Lista* nos muestra todos los cambios realizados.

Aquí seleccionamos los comentarios que queremos aceptar o rechazar.

Una vez seleccionados, pulsamos el botón de *Aceptar* o *Rechazar* según nos interese.

Para aceptar o rechazar todos los cambios pulsamos *Aceptar todo* o *Rechazar todo*.

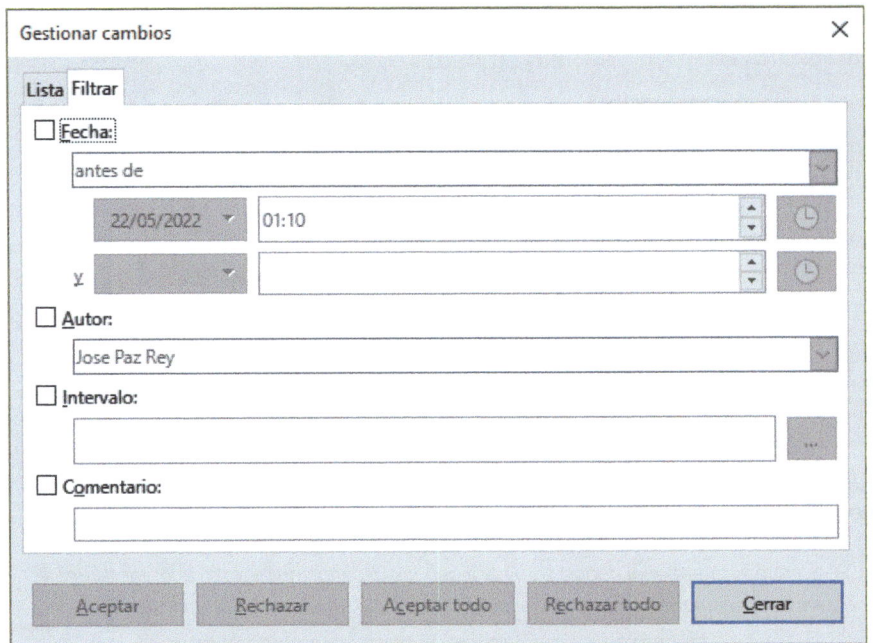

Gestión cambios/Filtrar

En esta ficha podemos definir unos criterios a tener en cuenta cuando el número de cambios es elevado:

- **Fecha:** para aceptar o rechazar los cambios que se realizan en una fecha determinada o en un intervalo de fechas.

  Hacemos clic en *antes de* para seleccionar el criterio para la fecha y luego escribimos las fechas.

- **Autor:** para aceptar o rechazar los cambios realizados por otro usuario activamos esta casilla. Y en la lista hacemos clic en el usuario cuyos cambios deseamos revisar.

- **Intervalo:** para aceptar y rechazar los cambios realizados en un área específica activamos esta casilla y escribimos la referencia de celda del intervalo de la hoja de cálculo.

- **Comentario:** para aceptar o rechazar los cambios por un comentario activamos esta casilla y, debajo, insertamos las palabras claves que debe contener el comentario.

2.7. Detener la grabación de cambios

Una vez activada la grabación de cambios, si deseamos detenerla, es decir, que Calc no registre más cambios, lo haremos a través de *Editar seguimientos de cambios/ Grabar.*

Al realizar este proceso debemos tener en cuenta que esto provocará que la información almacenada sobre los cambios realizados en el documento se perderá, por ello se mostrará el siguiente cuadro de diálogo, para que confirmemos o no la detención de la grabación de los cambios:

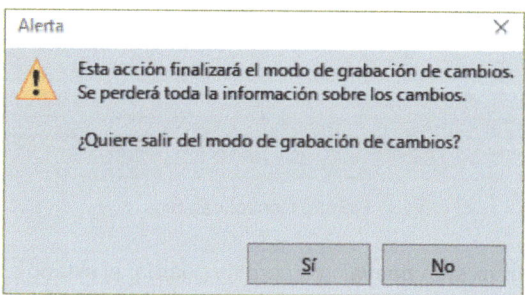

Alerta

2.8. Insertar comentarios

Si deseamos realizar alguna anotación o comentario sobre el cambio realizado seguiremos los siguientes pasos:

- Nos colocamos en la celda que contiene el cambio y a la que queremos añadir el comentario.

- Hacemos clic en *Editar/Seguimiento de cambios/Comentario.*

- Insertamos el texto.

3. Versiones de un documento

El control de versiones de un documento es una de las herramientas más útiles y, seguramente, más desconocida que existe en LibreOffice.

Para acceder a la opción de versiones seleccionamos *Archivo/Versiones*. Se mostrará el cuadro de diálogo *Fichero Control cambios*.

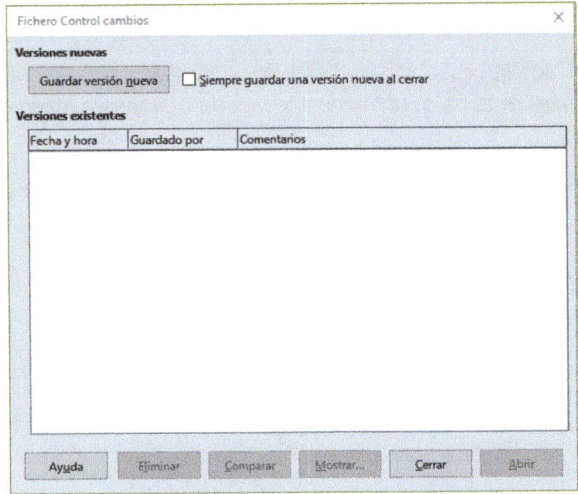

Fichero Control cambios

■ **Guardar versión nueva:** nos permite guardar el estado actual del documento como una versión nueva.

Se muestra el cuadro de diálogo *Insertar comentario de versión*, en el que podremos añadir un texto sobre la versión que estamos guardando.

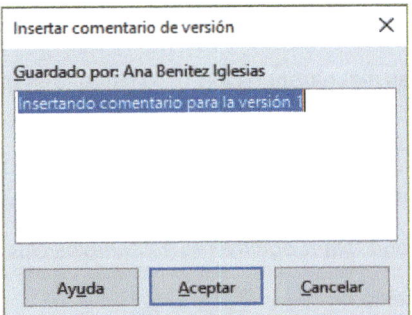

Insertar comentario de versión

- **Eliminar:** borra la versión seleccionada.

- **Comparar:** nos permite comparar los cambios efectuados en cada una de las versiones, para ello, debemos tener activado el *seguimiento de cambios* y se muestra el cuadro de diálogo de *Gestionar cambios*:

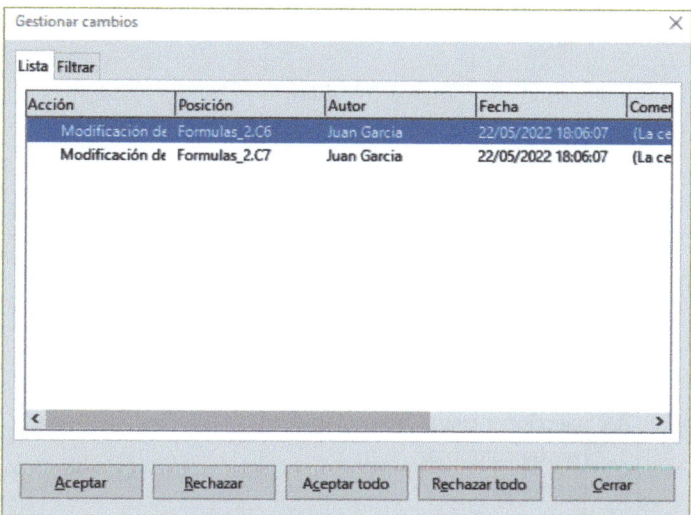

Cuadro de diálogo de Gestionar cambios

- **Mostrar:** muestra el comentario de la versión, pero no podemos hacer cambios en él.

- **Cerrar:** cierra el cuadro de diálogo y guarda los cambios.

- **Abrir:** abre la versión seleccionada en una nueva ventana de solo lectura. Si pulsamos en el botón *Editar documento*, nos permitirá hacer cambios en el documento, pero en una copia del mismo.

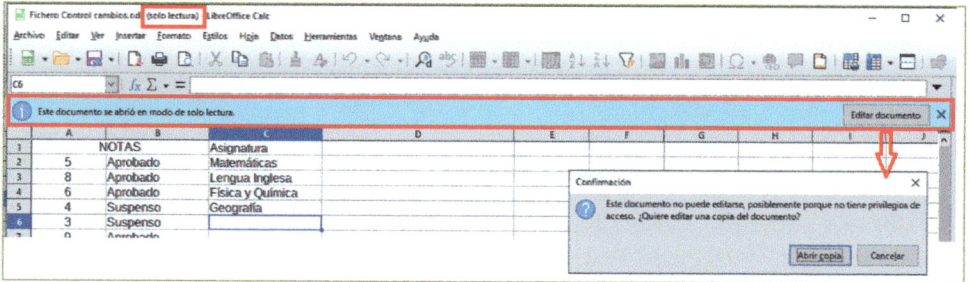

Ejemplo

4. Protección de una hoja de cálculo

Para impedir que un usuario cambie, mueva o elimine por accidente o premeditadamente datos importantes de una hoja de cálculo o un libro podemos proteger determinados elementos.

Para proteger una hoja vamos a *Herramientas/Proteger hoja*:

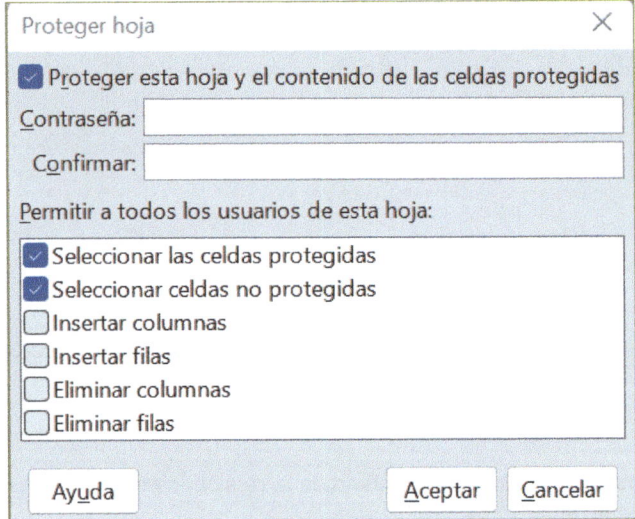

Cuadro de diálogo Proteger hoja

La protección de elementos de una hoja de cálculo o un libro no debe confundirse con la seguridad mediante contraseña en el nivel de libro. La protección de elementos no protege un libro frente a usuarios malintencionados.

Para una mayor seguridad deberíamos proteger todo el archivo del libro con una contraseña. De esta forma, solo los usuarios autorizados podrán ver o modificar los datos del libro.

Se puede proteger el contenido, la posición y el tamaño de las imágenes insertadas, objetos de dibujos y objetos OLE:

- *Clic con el botón derecho del ratón encima de la imagen o del objeto.*

- *Clic en Posición y tamaño y en la ficha Posición y Tamaño.*

- *Para proteger la posición activamos la casilla Posición.*

- *Para proteger el tamaño, activamos la casilla Tamaño.*

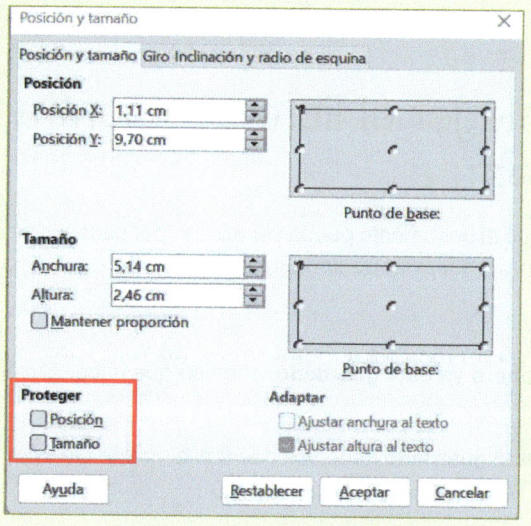

Cuadro de diálogo Posición y tamaño

5. Protección y desprotección de la estructura del libro

En lugar de proteger la hoja, podemos proteger la estructura del libro, que afecta a las hojas del libro. Esta opción impide insertar, eliminar, cambiar el nombre, desplazar o copiar las hojas.

Para **proteger** la estructura del libro seleccionamos *Herramientas/Proteger estructura de libro* y se muestra el cuadro de diálogo para insertar una contraseña (opcional).

Para **desproteger** el libro seguimos los mismos pasos. Si introdujimos una contraseña cuando protegimos la estructura del libro se nos solicitará para desprotegerlo.

En los menús contextuales de las pestañas de las hojas en la parte inferior solo puede activarse el elemento Seleccionar todas las hojas; el resto se desactiva.

En el menú de Hoja, las opciones de Insertar hoja, Insertar hoja al final, Insertar hoja desde archivo y Eliminar hoja aparecen desactivadas.

6. Proteger el libro con contraseña de apertura

Para evitar que el documento pueda ser abierto por usuarios no autorizados podemos establecer una contraseña de apertura.

Para ello:

- **Si el fichero ya está guardado** tenemos que hacer clic en Archivo/Guardar como.

- **Si no está guardado**, tenemos que ir a la opción *Guardar/Guardar como* del menú *Archivo*.

- En cualquiera de los dos casos se nos muestra el cuadro de diálogo *Guardar como*.

- Hacemos clic en la casilla *Guardar con contraseña*.

Guardar con contraseña

- Calc nos muestra el cuadro de diálogo *Definir contraseña*.

- En el apartado *Contraseña de cifrado del archivo* debemos introducir la contraseña de apertura y confirmarla para comprobar que fue escrita correctamente.

- Al abrir un libro que tenga definida una contraseña de apertura, se nos mostrará el cuadro de diálogo *Escriba la contraseña*.

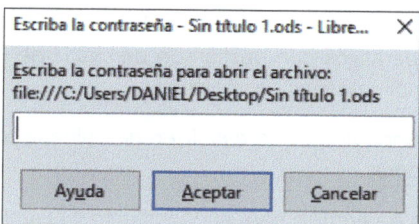

Cuadro de diálogo Escriba la contraseña

- Si no introducimos la contraseña correcta, o no la conocemos, no podremos abrir el libro.

7. Proteger el libro con contraseña de modificación

Si pulsamos en el botón Opciones, del cuadro de diálogo de *Definir contraseña*, podremos insertar una contraseña de lectura. Esto implicará que el fichero se puede abrir, pero en modo lectura, y no se podrá hacer ningún tipo de cambio o modificación en él.

Al abrir un libro que tenga definida una contraseña de lectura, se nos mostrará un mensaje en la parte superior de la ventana indicando que el documento es de solo lectura. Y, si pulsamos en el botón Editar documento, nos solicitará la contraseña para poder modificarlo.

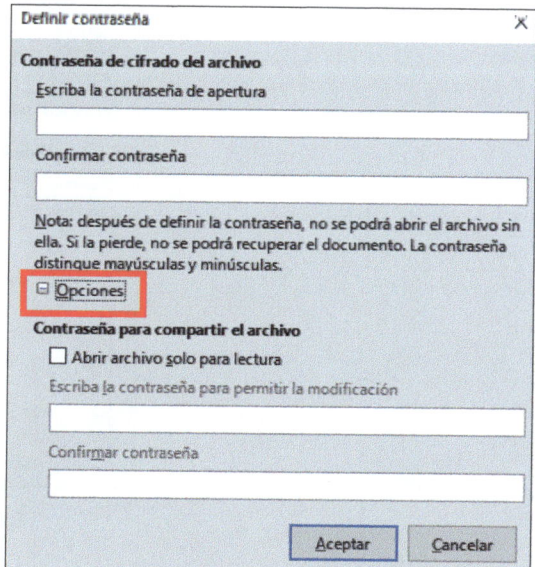

Cuadro de diálogo de Definir contraseña

8. Libros compartidos

Un libro compartido es aquel en el que varios usuarios pueden estar editando al mismo tiempo el archivo.

En los sistemas operativos con gestión de permisos de usuario, para compartir archivos, se deben cumplir algunas condiciones:

- El archivo compartido debe residir en una ubicación accesible para todos los colaboradores.

- Los permisos de archivo para el documento y el archivo de bloqueo correspondiente deben establecerse para que todos los colaboradores puedan crear, eliminar y cambiar los archivos.

Para habilitar o deshabilitar el uso compartido hacemos clic en *Herramientas/ Compartir libro* y activamos la casilla *Compartir este libro con otros usuarios*.

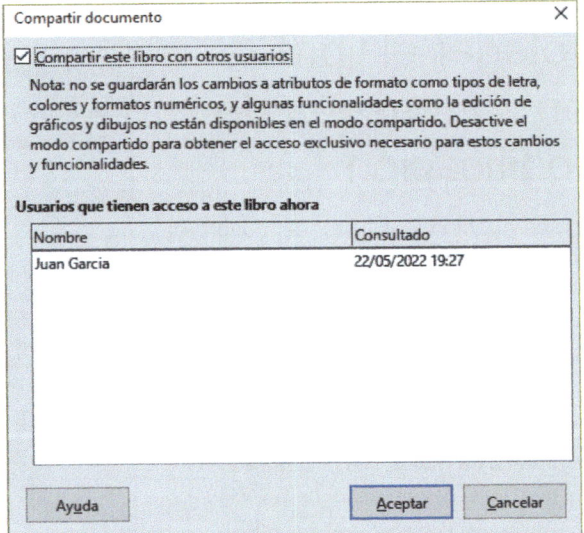

Cuadro de diálogo Compartir documento

Una vez compartido el libro, en la barra de título, aparece la palabra (compartido) después del nombre del fichero.

Ejemplo de cómo se visualiza la barra de título

Al abrir un libro compartido tendremos deshabilitadas algunas características:

Menú	Opción.
Editar	Seguimiento de cambios, excepto la opción *Combinar documentos*.
Insertar	Multimedia/Audio o vídeo. Comentarios. Objeto. Forma. Intervalo o expresión con nombre. Tabla dinámica. Marco flotante. Fontwork. Espacio de firma.
Formato	Combinar celdas. Zonas de impresión.
Hoja	Mover o copiar hoja. Eliminar hoja. Insertar hoja desde archivo. Intervalos y expresiones con nombre. Cambiar nombre de hoja. Color de pestaña de la hoja.
Datos	Definir intervalo. Ordenar. Subtotales. Validez. Operaciones múltiples. Consolidar. Grupo y esquema. Tabla dinámica.
Herramientas	Proteger hoja.

Con el estudio de esta unidad hemos alcanzado los objetivos:

- *CE1.2. Describir las características de protección y seguridad en hojas de cálculo.*

- *CE 1.3. En casos prácticos de confección de documentación administrativa, científica y económica, a partir de medios y aplicaciones informáticas de reconocido valor en el ámbito empresarial:*

  - *Crear hojas de cálculo agrupándolas por el contenido de sus datos en libros convenientemente identificados y localizados, y con el formato preciso a la utilización del documento.*

Resumen

En esta unidad hemos visto las herramientas que tenemos disponibles para la revisión:

- Inserción de comentarios.

- Editar, mostrar y ocultar los comentarios en una celda de la hoja de cálculo.

- Control de cambios cuando trabajamos en un documento que tiene que ser revisado por diferentes personas y queremos ir viendo los distintos cambios producidos y el original.

- Protección de la hoja, de la estructura del libro y del libro.

- Compartir libros para que varios usuarios puedan trabajar al mismo tiempo.

UNIDAD DIDÁCTICA 15

Importación desde otras aplicaciones del paquete ofimático

Objetivo

☐ Importar y/o exportar datos a las aplicaciones de procesamiento de texto, bases de datos y presentaciones.

Contenido

Introducción

Introducción

En esta unidad aprenderemos a importar elementos desde otras aplicaciones.

Al importar con bases de datos, veremos cómo actualizar automáticamente los libros de Calc desde el origen de datos original.

Además, estudiaremos el modo de proteger las hojas de cálculo.

1. Importar con bases de datos

1.1. Introducción

La ventaja principal de importar, o conectarse con datos externos, desde LibreOffice Calc, consiste en que podamos analizar periódicamente estos datos, sin tener que copiarlos cada vez que haya cambios; este proceso hay que realizarlo a través de una macro, que es un programa que realiza una secuencia de tareas cada vez que se ejecuta.

Lo que sí podemos realizar directamente es insertar datos desde Calc, de forma que la base de datos se actualizará automáticamente. Si, por el contrario, hacemos cambios en los datos del fichero de Base, aparecerán modificados en la ventana de la base de datos que se nos muestra en Calc, pero no se actualizarán automáticamente en Calc.

Para trabajar con los datos de la base de datos en Calc podemos insertar los datos de varias formas, pero, lo primero que tenemos que hacer para tener disponible la base de datos en Calc es registrarla.

1.2. Registrar la base de datos

Para registrar una base de datos en LibreOffice accedemos a *Herramientas/Opciones/LibreOffice Base/Base de datos* o hacemos clic con el botón derecho en la parte izquierda de la ventana, donde se visualizan las bases de datos.

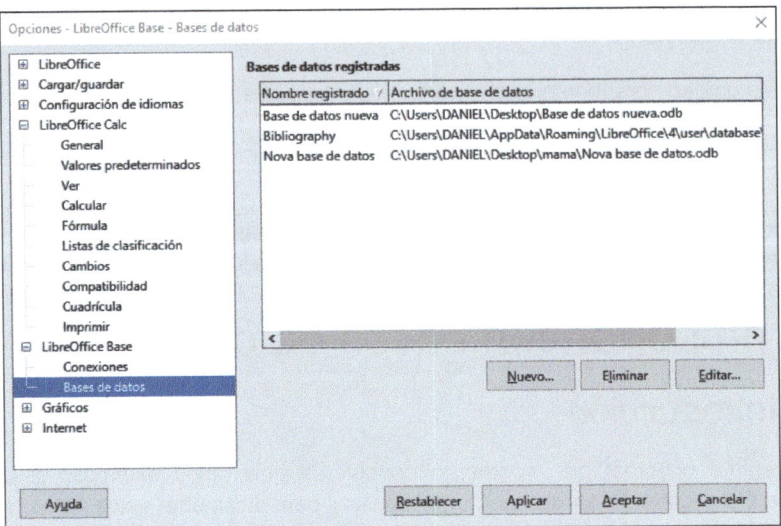

Opciones – LibreOffice Base – Base de datos

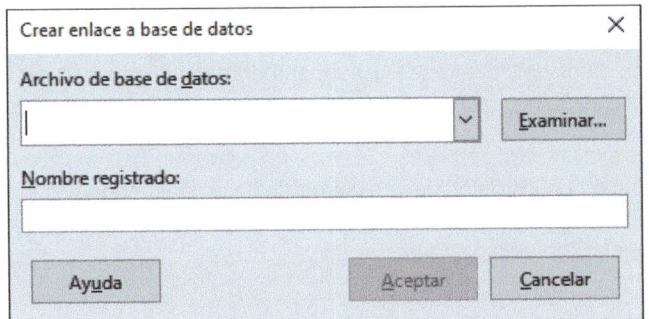

Crear enlace a base de datos

1.3. Importar base de datos

1.3.1. Arrastrar los datos

Clic en *Ver/Orígenes de datos* o con la combinación de teclas Ctrl+Mayús+F4.

En la parte superior de la ventana se activan las bases de datos que tengamos registradas en una barra de herramientas, que se llama *Datos de tabla*.

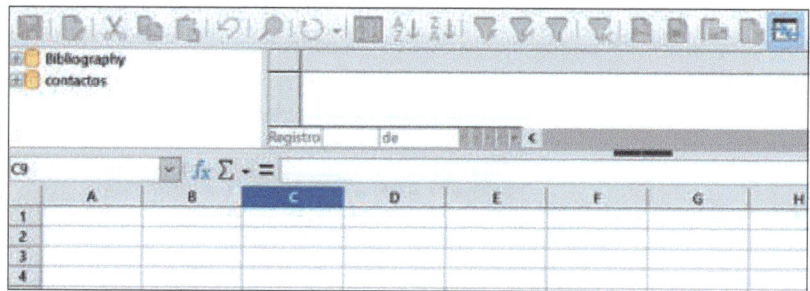

Datos de tabla

Al hacer clic en el signo + que tenemos en la parte izquierda de la base de datos *contactos* se muestran *Consultas* y *Tablas*, que son dos de los objetos de la base de datos.

Desplegamos también *Tablas*.

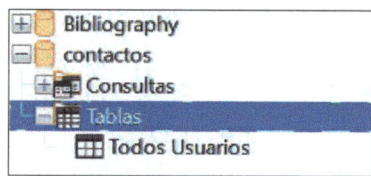

Tablas/Todos los usuarios

Seleccionamos la tabla *Todos Usuarios* con el botón izquierdo del ratón y la arrastramos hacia la hoja de cálculo, por ejemplo, a la celda A1.

ID	Alias	Apellidos	Nombre	Dirección	Población	Teléfono	Móvil
	1 Africa	AROCAS PASADAS	ESTEFANIA	PADRÓ , 109	Zaragoza	938205580	546212121
	2 Agata	VISO GILABERT	QUERALT	CASA CORDELLAS ,	Barcelona	936545115	625215452
	3 Aguador	AYALA FERRERAS	JOAN	DOCTOR FLEMING , 11	Zaragoza	938202768	649212123
	4 Albatros	BAEZ TEJADO	JOAN	BERTRAND I SERRA , 11, 3R.	Zaragoza	938727844	
	5 Albert	BASTARDES SOTO	MARC	CARRIÓ , 12, 5È A	Tarragona	938350521	
	6 Alien	ANGUERA VILAFRANCA	JOSEP	PIRINEUS , 10	Valencia	938755645	
	7 amores	PASCUAL ALOY	ESTHER	JACINT VERDAGUER , 43	Girona	936520547	
	8 Anabel	VALLÉS GIRVENT	LAURA	NOU , 9, 2N.	Tarragona	936565656	645121212
	9 Antiga	RAYA GARCIA	RAQUEL	JACINT VERDAGUER , 52, 3R, 1A.	Barcelona	936752156	

Hoja de cálculo

A partir de ahora, cualquier cambio que se realice en la base de datos se reflejará en la hoja de cálculo, quedando los dos ficheros vinculados.

Automáticamente, Calc genera un intervalo de datos, almacenado con el nombre Importar1. Para acceder al intervalo de datos hacemos clic en *Datos/Seleccionar intervalo*.

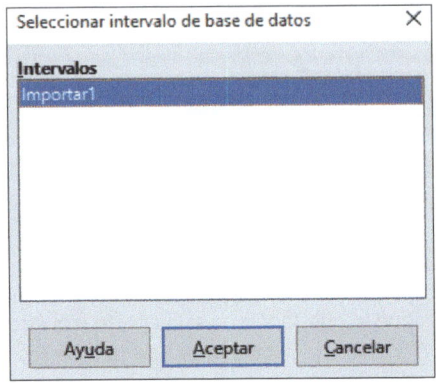

Seleccionar intervalo de base de datos

1.4. Copiar los datos

Otra posibilidad es copiar los datos de la tabla a través del menú de contexto.

▪ Hacemos clic con el botón derecho del ratón encima de la tabla y seleccionamos la opción *Copiar*.

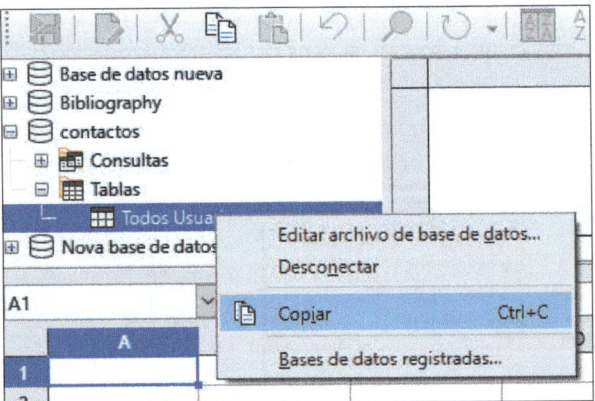

Menú contextual/Copiar

▪ Nos colocamos en la celda A1.

▪ Pegamos.

2. Con presentaciones

Para insertar una presentación en Calc utilizaremos la opción de *Insertar/Objeto/ Objeto OLE*. Podremos insertar la presentación como enlace al fichero original o incrustando la presentación en la hoja de cálculo.

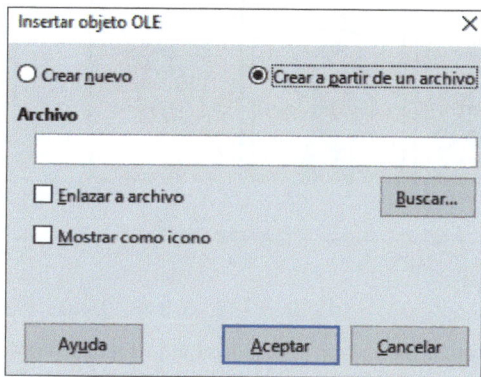

Insertar objeto OLE

3. Con documentos de texto

Para insertar documentos texto en un fichero de Calc lo haremos igual que lo hemos explicado para las presentaciones: *Insertar/Objeto/Objeto OLE*.

Insertar objeto OLE

Ejemplo en el que vemos a la izquierda el fichero de texto insertado sin activar el ico-no Mostrar como icono y, en la parte derecha, el icono de Writer del fichero de texto, insertado con la casilla Mostrar como icono.

Con el estudio de esta unidad hemos alcanzado el objetivo CE1.3 En casos prácticos de confección de documentación administrativa, científica y económica, a partir de medios y aplicaciones informáti-cas de reconocido valor en el ámbito empresarial:

- *Utilizar títulos representativos, encabezados, pies de página y otros aspectos de configuración del documento en las hojas de cálculo, de acuerdo con las necesidades de la actividad a desarrollar o al documento a presentar.*

- *Imprimir hojas de cálculo con la calidad, presentación de la información y copias requeridas.*

- *Importar y/o exportar datos a las aplicaciones de procesamiento de texto, bases de datos y pre-sentaciones.*

Resumen

Un objeto OLE es un estándar que permite enlazar o vincular diversos objetos, como imágenes, sonido, texto, etc., en otros documentos, que pueden ser de texto, hoja de cálculo, etc.

En esta unidad hemos estudiado cómo importar elementos desde otras aplicaciones del paquete informático LibreOffice:

- **Importar con bases de datos.** Importa a la hoja de cálculo los diferentes elementos que tenga una base de datos, como tablas, formularios, informes, que podemos editar desde LibreOffice.

- **Importar con presentaciones.** A través de la opción *Insertar/Objeto OLE*.

- **Importar con documentos de texto.** A través de la opción *Insertar/Objeto OLE*.

UNIDAD DIDÁCTICA 16

Plantillas y macros

Objetivos

- ⊡ Elaborar plantillas con la hoja de cálculo, de acuerdo con la información facilitada.

- ⊡ Identificar qué son las macros y cómo podemos crearlas y utilizarlas.

Contenido

Introducción

1. Creación y uso de plantillas

2. Grabadora de macros

3. Utilización de macros

Resumen

Introducción

En esta unidad aprenderemos a crear y usar plantillas. Dichas plantillas pueden incluir datos y formatos, como veremos a continuación.

1. Creación y uso de plantillas

1.1. Crear plantillas

Una plantilla es un modelo que puede servir como base para muchas hojas de cálculo.

Para crear una plantilla:

- Creamos un libro de trabajo con todos los datos y los formatos, que serán comunes a todos los libros creados a partir de esta plantilla.

- Hacemos clic en el menú *Archivo*.

- Seleccionamos la opción *Plantillas/Guardar como plantillas*.

- Se nos activa el cuadro de diálogo de *Guardar como plantilla* y escribimos el nombre de la plantilla en el cuadro *Escriba el nombre de la plantilla*.

> *Otra forma en la que podemos guardar una plantilla es con la opción Guardar como, seleccionando, en la opción tipo, Plantilla de libro. Pero, las plantillas guardadas desde esta opción no aparecen en el gestor de plantillas.*

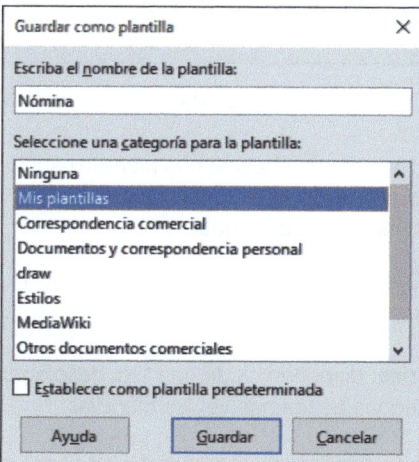

Guardar como plantilla

- Seleccionamos la categoría en la que deseamos guardar la plantilla y guardamos.

> *Las plantillas se guardan con la extensión .ots.*

1.2. Utilizar plantillas

Para crear un libro de trabajo utilizando plantillas podemos hacerlo de varias formas:

- Pulsando en el menú *Archivo/Nuevo/Plantillas*.

- Pulsando en el menú *Archivo/Plantillas/Gestionar plantillas*.

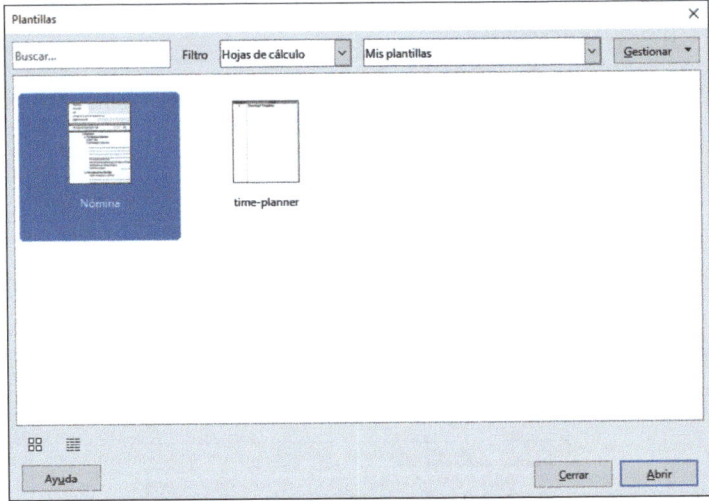

Plantillas

- ◆ **Buscar:** nos permite buscar una plantilla escribiendo texto en el cuadro de búsqueda en la parte superior izquierda. La ventana principal muestra las plantillas encontradas.

- ◆ **Filtro:** nos permite visualizar las plantillas de todas las aplicaciones de LibreOffice.

- ◆ **Categorías:** disponemos de una lista desplegable para seleccionar de qué categoría deseamos ver las plantillas.

- ◆ **Gestionar:** nos facilita una serie de opciones para gestionar las categorías:

  - ● **Categoría Nueva.** Permite crear nuevas categorías según nuestras necesidades.

- **Actualizar.** Permite leer de nuevo los ficheros de plantillas para que se actualicen por si se hubieran realizado cambios en él.

- **Importar.** Permite importar una plantilla al Administrador de plantillas.

- **Extensiones.** Permite buscar plantilla en la página de LibreOffice y añadirlas a la categoría seleccionada.

- En la ventana principal de LibreOffice, desplegando *Plantillas/Plantillas de Calc*.

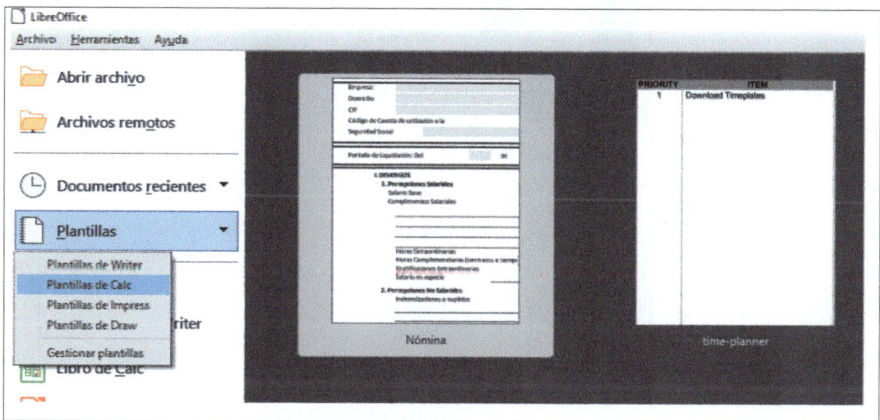

Plantillas de Calc

1.3. Gestionar las plantillas

Una vez creada y guardada la plantilla podremos modificarla desde el gestor de plantillas.

Para ello, hacemos clic con el botón derecho del ratón encima de la plantilla que queramos modificar o eliminar.

Los cambios que realicemos no le afectarán a los ficheros ya creados a partir de la plantilla.

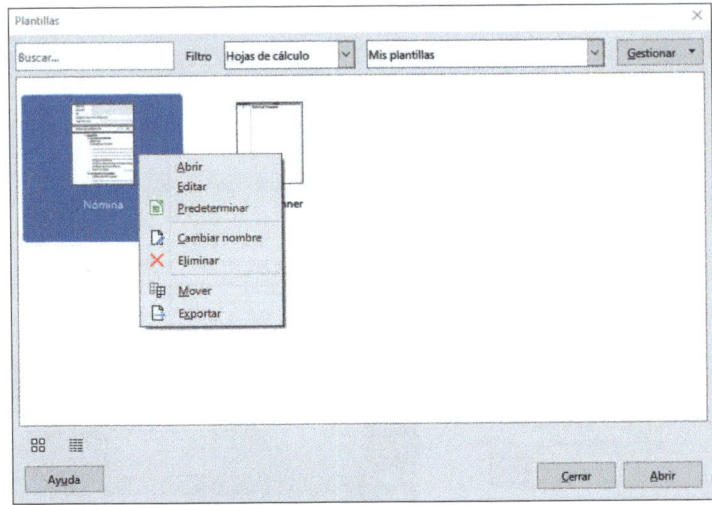

Plantillas/Menú contextual

2. Grabadora de macros

2.1. Introducción

*Una **macro** es un conjunto de instrucciones que se usan para automatizar tareas complejas o tareas muy repetitivas. La macro solo se tendrá que realizar una vez, pero se podrá ejecutar todas las veces que se quiera.*

Calc crea un fichero en el cual se almacenan las instrucciones que se están realizando, de forma que, cuando se necesite repetir esa tarea en otra parte de la hoja, en otra hoja o en otro libro, solo tendremos que ejecutar la macro que Calc tiene almacenada.

La forma más sencilla de crear una macro es a través de la grabadora de macros. Este proceso consiste en ejecutar una tras otra las órdenes que se deseen registrar en la macro para que la grabadora vaya generando las instrucciones equivalentes.

Antes de crear una macro tenemos que asegurarnos de que tenemos activada la grabación. Si no lo está, seguimos los siguientes pasos:

■ Hacemos clic en *Herramientas/Opciones*.

■ En el cuadro de diálogo hacemos clic en *Avanzado* (dentro del apartado *LibreOffice*).

■ Activamos la casilla *Activar grabación de macros (limitada)*.

Una vez creada la macro, podemos ponerle un nombre o asignarla a un objeto.

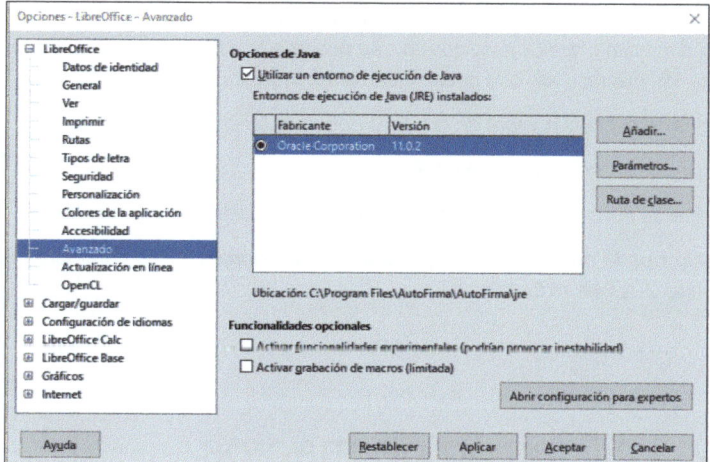

Opciones – LibreOffice – Avanzado

2.2. Creación de macros

■ Abrimos un libro de trabajo donde vamos a grabar la macro.

■ Nos situamos en una celda, que es donde vamos a iniciar la grabación.

■ En el menú *Herramientas*, seleccionamos *Macro* y hacemos clic en *Grabar macro*.

■ Se activa la ventana de *Grabación macros*.

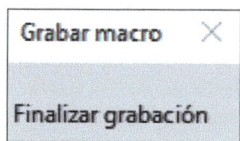

Ventana de Grabación macros

■ A continuación, vamos realizando los pasos con el ratón según lo que nos interese grabar en la macro.

■ Para parar la grabación pulsamos, en el cuadro de diálogo de *Grabar macro*, el botón *Finalizar grabación*.

■ En el cuadro de diálogo que se muestra indicamos el nombre de la macro y dónde guardarla.

A la hora de almacenar una macro contamos con la posibilidad de guardarla asocián-dola al documento activo, para que solo se pueda ejecutar en este, o almacenarla en la carpeta Mis macros para que pueda ejecutarse en cualquier documento.

En lo que respecta al nombre de la macro debemos tener en cuenta que:

● *Debe comenzar por una letra.*

● *Puede llevar letras mayúsculas y minúsculas, dígitos y guiones bajos.*

● *No puede contener espacios, símbolos de puntuación o caracteres especiales (incluidas las tildes).*

3. Utilización de macros

3.1. Introducción

Una vez creada y grabada la macro hay que ejecutarla. Para ello:

■ Abrimos el libro que contiene la macro.

■ En el menú *Herramientas* seleccionamos *Macro* y hacemos clic en *Ejecutar macro*.

■ Se mostrará el cuadro de diálogo del *Selector de macro* y seleccionaremos la macro dentro de la biblioteca en la que la tengamos guardada.

Selector de macros

■ Hacemos clic en el botón *Ejecutar* y se reproducirán los pasos guardados en la macro.

3.2. Asignar una macro a un objeto

Podemos asignar una macro a un objeto gráfico (cuadro de texto, rectángulos, formas, etc.), para facilitar su ejecución. De esta forma se podrá ejecutar una macro haciendo clic sobre el objeto.

Para asignar la macro al objeto procedemos de la siguiente forma:

■ Una vez creada la macro, procedemos a dibujar una forma en una parte de la hoja. A dicha forma podemos cambiarle el borde, el color interior e, incluso, escribir texto dentro de la forma. Pulsamos el botón derecho del ratón sobre el objeto y elegimos la opción *Asignar macro*.

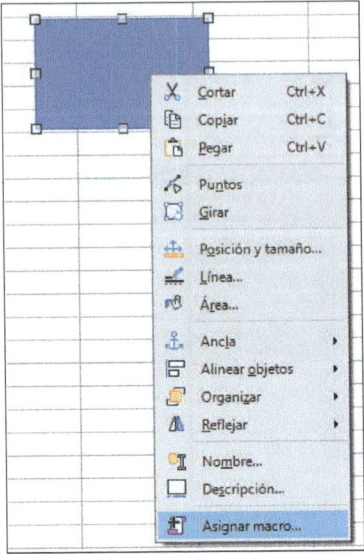

Menú contextual/Asignar macro

En el cuadro de diálogo *Asignar macro* seleccionamos, en el apartado *Macro de*, la macro que queremos asignar y pulsamos el botón *Asignar*. Después aceptamos el cuadro de diálogo.

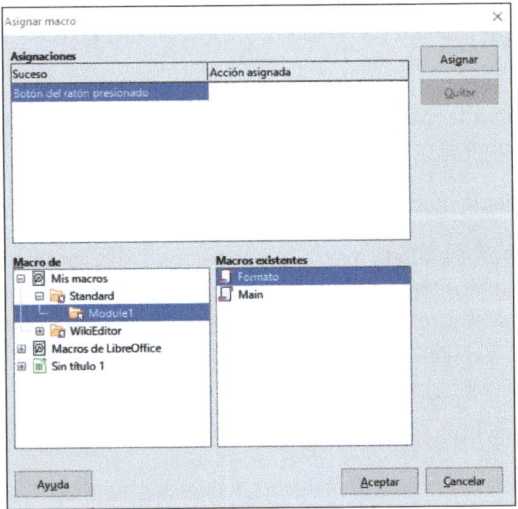

Cuadro de diálogo Asignar macro

■ Al desplazar el puntero del ratón encima del objeto al que le hemos asignado la macro, el puntero del ratón se transforma en una mano y, al hacer clic con el ratón, se ejecuta dicha macro.

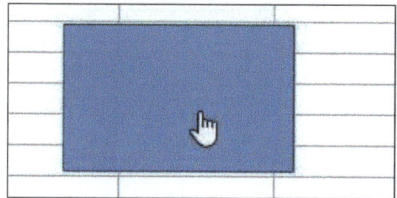

Objeto al que le hemos asignado una macro

3.3. Cambiar la seguridad de las macros

La configuración de las macros se encuentra en *Herramientas/Opciones*. Sin embargo, si trabajamos en una organización, es posible que el administrador del sistema haya cambiado la configuración predeterminada para que nadie pueda modificarla.

Para cambiar la configuración de seguridad de las macros:

Al cambiar la configuración de las macros, cambia la configuración para todas las aplicaciones de LibreOffice.

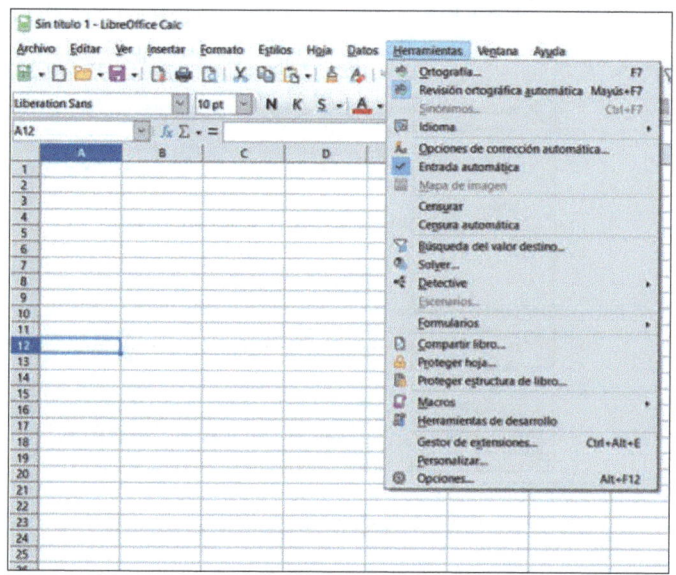

Menú Herramientas

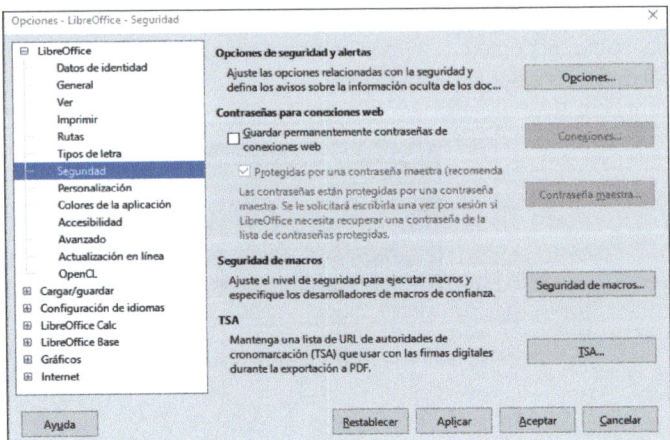

Opciones

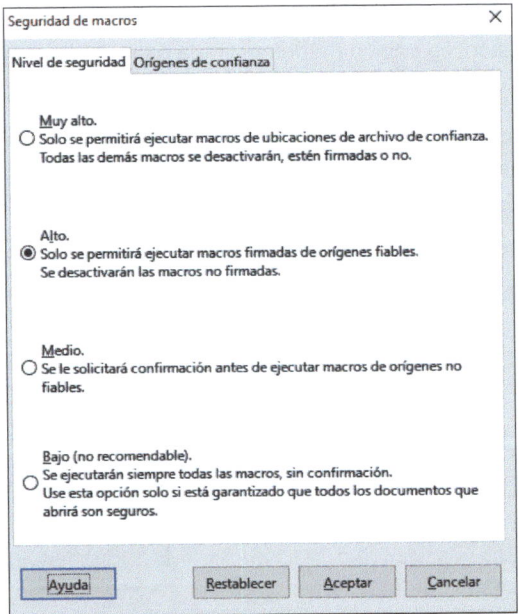

Seguridad de macros

■ **Muy alto:** con este nivel de seguridad solo se podrán ejecutar las macros de aquellos documentos que se abran desde una ubicación de confianza.

Las ubicaciones de archivos de confianza se pueden definir en la pestaña *Orígenes de confianza*. Todas las macros de las ubicaciones de confianza tienen permiso para ejecutarse.

- **Alto:** con este nivel de seguridad solo se pueden ejecutar las macros firmadas de orígenes de confianza. Las macros sin firmar quedan desactivadas.

  Los orígenes de confianza se pueden definir en la pestaña *Orígenes de confianza*. Solo se pueden ejecutar las macros firmadas de un origen de confianza. Asimismo, las macros de las ubicaciones de confianza tienen permiso para ejecutarse.

- **Medio:** confirmación requerida antes de ejecutar macros de orígenes desconocidos.

  Los orígenes de confianza se pueden definir en la pestaña *Orígenes de confianza*. Se pueden ejecutar las macros firmadas de una fuente de confianza. Asimismo, las macros de las ubicaciones de confianza tienen permiso para ejecutarse. Todas las demás macros requieren confirmación por parte del usuario.

- **Bajo:** con este nivel de seguridad se ejecutarán todas las macros sin confirmación. Utiliza esta opción solo si tienes certeza de que todos los documentos que se abrirán son seguros.

  Las macros se pueden configurar para que se inicien automáticamente, lo cual conlleva el riesgo de sufrir acciones perjudiciales, por ejemplo, el borrado o cambio de nombre de archivos. No se recomienda aplicar esta opción al abrir documentos de otros autores.

Con el estudio de esta unidad hemos alcanzado el objetivo CE1.3 En casos prácticos de confección de documentación administrativa, científica y económica, a partir de medios y aplicaciones informáticas de reconocido valor en el ámbito empresarial:

- Elaborar plantillas con la hoja de cálculo, de acuerdo con la información facilitada.

Resumen

En esta última unidad hemos estudiado el modo de crear y usar **plantillas**.

Una plantilla es un modelo que puede servir como base para muchas hojas de cálculo. Puede incluir datos y formatos.

Podemos trabajar con las plantillas en *Archivo/Plantillas*.

Una **macro** es un conjunto de instrucciones que se usan para automatizar tareas complejas o tareas muy repetitivas.

La forma más sencilla de crear una macro es a través de la grabadora de macros.

Este proceso consiste en ejecutar una tras otra las órdenes que se desean registrar en la macro para que la grabadora vaya generando las instrucciones equivalentes.

Para grabar una macro accedemos a *Herramientas/Macro/Grabar Macro*.

Para ejecutar una macro accedemos a *Herramientas/Macro/Ejecutar Macro*.

AUTOEVALUACIONES

ENUNCIADOS

Unidad 1

1. Las unidades de medida que utilizaremos en Calc se configuran en:

a) *Ver/Herramientas/Opciones.*
b) *Herramientas/Opciones.*
c) *Ver/Opciones.*
d) *Formato/Opciones.*

2. La barra de herramientas estándar, por defecto, está situada:

a) Debajo de la barra de menú.
b) Debajo de la barra de herramientas de formato.
c) Debajo de la barra de fórmulas.
d) En la parte inferior de la pantalla.

3. Para personalizar las barras de herramientas accedemos al menú:

a) *Ver/Personalizar/Barras de herramientas.*
b) *Personalizar/Opciones/Barra de herramientas.*
c) *Ver/Opciones/Barra de herramientas.*
d) *Ver/Barras de herramientas/Personalizar.*

4. Para salir del programa Calc:

a) Se hace clic con el botón derecho del ratón en el menú archivo de la barra de menú y se elige el botón *Salir de LibreOffice.*
b) Se hace clic con el botón derecho del ratón en el botón *Cerrar* de la barra de título.
c) Se pulsa la combinación de teclas Ctrl + Q.
d) Todas son correctas.

5. Al pulsar sobre la tecla F1 de Calc accedemos a:

a) La ayuda de Calc.
b) La barra de estado del programa.
c) Los distintos modos de visualización de Calc.
d) La personalización de la pantalla de Calc.

6. Las diferentes opciones de visualización en Calc son:

a) Vista *Normal* y vista *Diseño de página*.

b) Vista *Normal*, vista *Diseño de página* y *Vista previa del salto de página*.

c) Vista *Normal*, *Salto de página*, *Pantalla Completa* y *Previsualización de impresión*.

d) Vista *Normal*, *Vista borrador*, *Vista previa del salto de página* y *Previsualización de impresión*.

7. Para mantener visibles en todo momento determinadas filas o columnas de la hoja de cálculo accedemos al menú:

a) *Editar/Inmovilizar filas y columnas*.

b) *Ver/Inmovilizar filas y columnas*.

c) *Formato/Inmovilizar filas y columnas*.

d) *Datos/Inmovilizar filas y columnas*.

8. Con la opción *Dividir* podemos:

a) Establecer una zona en la que los datos quedan fijos.

b) Establecer una zona en la que no se pueden borrar los datos.

c) Establecer dos zonas independientes en las que nos podemos mover.

d) Separar los contenidos de una hoja de cálculo en varias hojas.

9. El número de hojas y el número total de hojas del libro lo tenemos en:

a) El área de hojas.

b) *Ver/Hoja*.

c) La barra lateral.

d) La barra de estado.

10. ¿Qué representa la siguiente imagen?:

a) La celda principal.

b) La celda activa.

c) La celda vital.

d) La celda rápida.

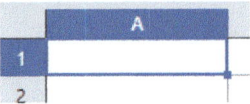

Unidad 2

1. Para desplazar el cursor a la primera columna de una fila se pulsa:

   a) La combinación de teclas Ctrl + Inicio.
   b) La combinación de teclas Ctrl + Mayús + Inicio.
   c) La tecla Inicio.
   d) La combinación de teclas Alt + Inicio.

2. Para desplazar el cursor desde la derecha hacia la izquierda en el rango deseado, se pulsa:

   a) La combinación de teclas Mayús + Inicio.
   b) La combinación de teclas Mayús + Intro.
   c) La combinación de teclas Mayús + Tab.
   d) La combinación de teclas Ctrl + Mayús + Intro.

3. Para desplazarse a la hoja situada a la derecha de la actual utilizamos:

   a) La combinación de teclas Ctrl + Av Pág.
   b) La tecla Av Pág.
   c) La combinación de teclas Ctrl + Mayús + Av Pág.
   d) La combinación de teclas Ctrl + Alt + Av Pág.

4. Para activar la ventana del navegador, pulsamos:

   a) F1.
   b) F3.
   c) F4.
   d) F5.

5. Para mover el cursor a la celda A1:

   a) Se presiona la combinación de teclas Alt + Av Pág.
   b) Se presiona la combinación de teclas Ctrl + Alt + Av Pág.
   c) Se presiona la combinación de teclas Alt + Mayús + Av Pág..
   d) Se presiona la combinación de teclas Ctrl + Inicio.

6. La pulsación de la tecla Intro, por defecto:

a) Mueve el cursor al anterior libro de trabajo.
b) Mueve el cursor al siguiente libro de trabajo.
c) Mueve el cursor a la celda inferior a la seleccionada.
d) Mueve el cursor a la celda superior a la seleccionada.

7. Cuando tenemos varios libros abiertos, podemos desplazarnos entre ellos:

a) En el menú *Ventana*.
b) En el menú *Ayuda*.
c) En el menú *Ver*.
d) En el menú *Editar*.

8. Los botones con una flecha que tenemos en la izquierda y derecha de la barra de desplazamientos horizontal nos permiten:

a) Mover la celda activa a la derecha o izquierda.
b) Mover la celda activa hacia arriba o abajo.
c) Movernos una columna a la derecha o a la izquierda.
d) Movernos una fila hacia arriba o hacia abajo.

9. Para desplazarnos entre las diferentes hojas con el ratón:

a) Pulsamos encima de la hoja con el botón izquierdo del ratón, mientras mantenemos pulsada la tecla Alt.
b) Pulsamos encima de la hoja con el botón derecho del ratón.
c) Pulsamos encima de la hoja con el botón derecho del ratón, mientras mantenemos pulsada la tecla Alt.
d) Pulsamos encima de la hoja con el botón izquierdo del ratón.

10. La rueda central que tiene el ratón nos permite desplazarnos:

a) Solo en vertical.
b) Solo en horizontal.
c) En vertical y algunos también en horizontal.
d) En vertical y horizontal.

Unidad 3

1. Cuando se escriben números en una celda:

a) Se ajustan automáticamente a la izquierda.
b) Se ajustan automáticamente a la derecha.
c) Se ajustan automáticamente a la derecha o izquierda, dependiendo del número de caracteres.
d) Se ajustan automáticamente al centro.

2. Calc entiende como caracteres alfanuméricos:

a) Las letras del alfabeto y los números mezclados con letras y/o símbolos especiales.
b) Las letras del alfabeto y los números mezclados con letras.
c) Los números mezclados con letras.
d) Las letras del alfabeto y los símbolos especiales.

3. Para introducir una función:

a) Es imprescindible escribir el signo "=", que puede ir seguido (o no) de un espacio y de la función.
b) Es imprescindible escribir el signo "-" el cual irá seguido de la función, sin espacio entre ambos.
c) Es imprescindible escribir la función en la barra de fórmulas.
d) Solo se puede introducir la función mediante asistente.

4. ¿Qué símbolos se pueden utilizar para introducir horas?:

a) Dos puntos ":".
b) Punto y coma ";".
c) Coma ",".
d) Un punto ".".

5. Se define fórmula como:

a) Expresión lógica que devuelve un resultado.
b) Expresión matemática que devuelve un resultado.
c) Expresión matemática o lógica que devuelve un resultado.
d) Expresión formada por operadores matemáticos y caracteres alfanuméricos que devuelve un resultado.

6. Los operadores matemáticos que se pueden introducir en una fórmula son:

a) (*,:+-%^).
b) (*,,,+,-;%,^).
c) (=,;/;+).
d) (*,/,+,-,%,^).

7. El nombre de una función se debe introducir:

a) Siempre en mayúsculas.
b) Siempre en minúsculas.
c) En mayúsculas o en minúsculas, es indiferente.
d) Separado por comas.

8. En general, la estructura de una función atiende a la siguiente expresión:

a) FUNCION (argumento1, argumento 2,…argumentoN).
b) FUNCION (argumento 1:argumento2:…argumentoN).
c) =FUNCION (argumento1,argumento2,…argumentoN).
d) =FUNCION (argumento1;argumento2;…;argumentoN).

9. Una vez que se ha introducido un dato en una celda:

a) Se puede pulsar la tecla "INTRO".
b) Hacer clic con el botón izquierdo del ratón en el botón "Aplicar" de la barra de fórmulas.
c) Se pulsa la tecla "TAB".
d) Todas son correctas.

10. Para convertir un dato numérico en texto:

a) Se coloca el símbolo "," al final de la columna que se introduce en la celda.
b) Se coloca el símbolo " ' " al principio de la cadena que se introduce en la celda.
c) Se coloca el símbolo (") al principio de la cadena que se introduce en la celda.
d) Ninguna es correcta.

Unidad 4

1. Un rango está definido por:

a) Las coordenadas de la celda superior izquierda y las coordenadas de la celda inferior derecha del rango, separadas por (;).
b) Las coordenadas de la celda superior izquierda y las coordenadas de la celda inferior derecha del rango, separadas por (:).
c) Las coordenadas de la celda superior izquierda y las coordenadas de la celda inferior derecha del rango separadas por (,).
d) Las coordenadas de la celda superior izquierda y las coordenadas de la celda inferior izquierda del rango, separadas por (:).

2. Para seleccionar un rango de celdas:

a) Hacemos clic con el botón izquierdo del ratón en la celda superior izquierda del grupo de celdas a seleccionar y mantenemos pulsada la tecla Ctrl, mientras hacemos clic en la celda inferior derecha del rango.
b) Hacemos clic con el botón izquierdo del ratón en la celda superior izquierda del grupo de celdas a seleccionar y mantenemos pulsada la tecla Mayús mientras hacemos clic en la celda inferior derecha del rango.
c) Hacemos clic con el botón izquierdo del ratón en la celda superior izquierda del grupo de celdas a seleccionar y mantenemos pulsada la tecla Alt mientras hacemos clic en la celda inferior derecha del rango.
d) Pulsamos la combinación de teclas Alt + F8.

3. Para seleccionar la fila de la celda activa pulsamos la comnbinación de teclas:

a) Alt + Barra espaciadora.
b) Mayús + Tab.
c) Mayús + F4.
d) Mayús + Barra espaciadora.

4. Para hacer una selección múltiple de rangos separados:

a) Una vez se ha seleccionado el primer rango, pulsamos la tecla Mayús y, sin soltarla, seleccionamos con el botón izquierdo del ratón en el resto de celdas que queremos añadir al rango ya seleccionado.

b) Una vez se ha seleccionado el primer rango, pulsamos la tecla Ctrl y, sin soltarla, seleccionamos con el botón izquierdo del ratón el resto de celdas que queremos añadir al rango ya seleccionado.

c) Una vez se haya seleccionado el primer rango, pulsamos la combinación de teclas Alt + Ctrl y, sin soltarlas, seleccionamos el resto de celdas que quiero añadir al rango ya seleccionado.

d) Seleccionar el primer rango y, con la tecla Ctrl presionada y sin soltarla, seleccionamos con el botón derecho del ratón el resto de celdas que quiero añadir al rango ya seleccionado.

5. Para salir del modo edición de una celda, y no guardar los cambios realizados, pulsamos la tecla:

a) Intro.

b) Escape.

c) Suprimir.

d) Retroceso.

6. Para eliminar más de una celda:

a) Hay que pinchar y arrastrar sobre la celda para seleccionar todas las celdas que se quieran borrar y después pulsar la tecla Suprimir.

b) Hay que pinchar y arrastrar sobre la hoja de cálculo para seleccionar todas las celdas que se quieran borrar y después pulsar la tecla Reemplazar.

c) Hay que pinchar y arrastrar sobre la hoja de cálculo para seleccionar todas las celdas que se quieran borrar y después pulsar la tecla Retroceso.

d) Ninguna es correcta.

7. Si pulsamos el botón que se encuentra en la parte superior izquierda, entre la intersección de las filas y las columnas, se selecciona:

a) La columna A.

b) La fila 1.

c) Las tres hojas del libro de trabajo.

d) Toda la hoja de cálculo.

8. Presionando la tecla Retroceso sobre una celda con datos se borra:

a) El carácter que se encuentra a la izquierda del cursor, si estamos editando el contenido.
b) El contenido de la celda de derecha a izquierda.
c) El carácter que se encuentra a la derecha del cursor de edición de texto.
d) El contenido de la celda, de izquierda a derecha.

9. Para acceder a la ventana *Buscar y reemplazar* texto y números en una hoja de cálculo:

a) Presionamos la combinación de teclas Mayús + B.
b) Presionamos la combinación de teclas Ctrl + B.
c) Presionamos la combinación de teclas Ctrl + Alt + B.
d) En el menú Herramientas elegimos la opción *Buscar y reemplazar*.

10. Para copiar una hoja de cálculo:

a) Arrastra con el botón derecho del ratón la hoja que deseemos copiar hasta la posición adecuada.
b) Presiona la tecla Ctrl y, sin soltarla, arrastra con el botón derecho del ratón la hoja que quieres copiar a la posición adecuada.
c) Presiona la tecla Ctrl y, sin soltarla, arrastra con el botón izquierdo del ratón la hoja que quieres copiar a la posición adecuada.
d) Presiona la tecla Mayús y, sin soltarla, arrastra con el botón izquierdo del ratón la hoja que quieres copiar a la posición adecuada.

Unidad 5

1. Para guardar un archivo de Calc se debe hacer como formato de archivo:

a) .odt.
b) .otd.
c) .ods.
d) .osd.

2. Para activar "autorrecuperación" se debe seguir la ruta:

a) *Herramientas/Opciones/General/Guardar.*
b) *Herramientas/General/Guardar.*
c) *Archivo/Opciones/General/Guardar.*
d) *Editar/Guardar/Opciones.*

3. En *Archivo/Documentos recientes*:

a) Podremos abrir solo el último fichero utilizado.
b) Podremos crear un libro nuevo a partir de unas plantillas.
c) Podremos abrir los ficheros que hayamos utilizado recientemente.
d) Podremos abrir solo los ficheros utilizados en el día de hoy.

4. La opción *Autorrecuperación*:

a) Guarda los datos automáticamente.
b) Guarda los datos y el estado del programa automáticamente con la frecuencia que desee.
c) Guarda todos los cambios producidos en la hoja de trabajo automáticamente.
d) Guarda los cambios y el estado del programa producidos en los últimos 10 minutos.

5. Para cerrar un libro de trabajo:

a) Hacemos clic en *Archivo/Cerrar* o clic en el botón *Cerrar* de la barra de título.

b) Hacemos clic en *Archivo/Cerrar* o clic en el botón *Cerrar* de la barra de menú.

c) Hacemos clic en el botón *Cerrar* que se encuentra en barra de herramientas estándar.

d) Pulsamos la combinación de teclas Ctrl + X.

6. Para guardar los cambios en un libro de Calc:

a) Clic en el botón *Guardar* que aparece en la barra de título.

b) Opción *Guardar* y *Aceptar* cuando el programa pregunte *si se desea guardar los cambios*.

c) Los cambios se guardan automáticamente cada 10 minutos.

d) Clic en la opción *Guardar* que aparece en el menú *Archivo*.

7. Para abrir un libro de trabajo ya existente:

a) Clic en el botón *Abrir* que aparece en la barra de estado.

b) Clic en el botón *Abrir* del menú de *Archivo*.

c) Pulsar la combinación de teclas Ctrl + C.

d) Clic en el menú *Archivo/Nuevo/Abrir*.

8. Para crear un libro nuevo de trabajo:

a) Clic en el botón *Nuevo* que se encuentra en la barra de herramientas de *Formato*.

b) Clic en el menú *Archivo/Nuevo*.

c) Clic en el menú *Archivo/Nuevo/Hoja de cálculo*.

d) Clic en el menú *Insertar* y sobre libro en blanco.

9. Con la combinación de teclas Ctrl + O:

a) Guardamos un libro.

b) Abrimos un libro.

c) Cerramos un nuevo libro.

d) Ninguna es correcta.

10. La extensión .ots corresponde a:

a) Los ficheros de hoja de cálculo.

b) Los ficheros de hoja de cálculo guardados como ficheros texto.

c) Los ficheros de plantilla.

d) No existe esa extensión en LibreOffice.

Unidad 6

1. Un rango queda determinado por:

a) Las coordenadas de las celdas inferior izquierda y superior izquierda del rango.
b) Las coordenadas superior izquierda e inferior derecha del rango.
c) La primera y la última celda del rango.
d) Las coordenadas superior izquierda e inferior izquierda del rango.

2. El rango tridimensional se define como:

a) Rango que abarca una serie de celdas, pero en más de una hoja de cálculo.
b) Rango que abarca una serie de celdas, pertenecientes a varios libros.
c) Rango que abarca celdas de tres hojas del mismo libro de trabajo.
d) Rango que abarca celdas de tres hojas de distintos libros de trabajo.

3. Una forma para seleccionar rangos es:

a) Hacer clic en la primera celda del rango y, a continuación, mantener presionada la tecla Ctrl mientras se hace clic en la última celda del rango.
b) Hacer clic en la primera celda del rango y, a continuación, mantener presionadas las teclas Ctrl + Mayús mientras se hace clic en la última celda del rango.
c) Hacer clic en la primera celda del rango y, a continuación, mantener presionada la tecla Mayús mientras se hace clic en la última celda del rango.
d) Hacer clic en la primera celda del rango y, a continuación, mantener presionadas las teclas Ctrl + F8 mientras se hace clic en la última celda del rango.

4. El ámbito de un nombre de rango:

a) Es la ubicación de dicho nombre de rango, para una hoja específica del libro o para todo el libro de trabajo.
b) Es la ubicación de dicho nombre de rango, para una hoja específica del libro o para todos los libros de trabajo.
c) Es la ubicación de dicho nombre de rango para una celda específica del libro de trabajo.
d) Es la ubicación de dicho nombre de rango para una columna específica del libro de trabajo.

5. Los nombres de rango:

   a) Solamente pueden contener mayúsculas.
   b) Solamente pueden contener minúsculas.
   c) Pueden contener espacios.
   d) Pueden contener mayúsculas y minúsculas.

6. Una forma de crear un nombre de rango es:

   a) Haciendo clic en el menú *Insertar/Nombre de rango*.
   b) Haciendo clic en el menú *Hoja/Intervalo y expresiones con nombre/Definir*.
   c) Haciendo clic en el menú *Fórmulas/Administrador de nombre*.
   d) Presionando la combinación de teclas: Ctrl + Mayús + Alt + F3.

7. Para cambiar el nombre de un rango:

   a) Hacer clic en el menú *Hoja/Intervalo y expresiones con nombre/Definir*.
   b) Hacer clic en el menú *Hoja/Intervalo y expresiones con nombre/Gestionar*.
   c) Hacer clic en el menú *Hoja/Intervalo y expresiones con nombre/Cambiar*.
   d) Hacer clic en el menú *Hoja/Intervalo y expresiones con nombre/Editar*.

8. Un nombre de rango puede contener:

   a) Como máximo 256 caracteres.
   b) Un número ilimitado de caracteres.
   c) Como máximo 255 caracteres.
   d) Como mínimo 8 caracteres.

9. En un nombre de rango:

   a) No hay espacios entre texto, el espacio viene definido por guion bajo.
   b) No hay espacios entre texto, el espacio viene definido por guion medio.
   c) El espacio viene definido por la barra espaciadora.
   d) El espacio viene definido por la combinación de teclas Mayús + F8.

10. Cuando aplicamos un nombre a un rango utilizando el *Cuadro de nombres*:

   a) Seleccionamos el rango de celdas al que deseamos asignar el nombre.
   b) Borramos el contenido del cuadro de nombres o si aparece seleccionado, y escribimos el nombre deseado para el rango.
   c) Es importante pulsar la tecla Intro, porque si no pulsamos esa tecla no se guardará el nombre del rango.
   d) Todas son correctas.

Unidad 7

1. Para bloquear celdas y rangos específicos en una hoja de cálculo:

a) No es necesario que la hoja de cálculo esté protegida.
b) Es necesario que la hoja de cálculo esté protegida.
c) Es necesario que el libro de trabajo esté protegido.
d) Es necesario que el libro de trabajo y la hoja de cálculo estén protegidos.

2. Para ocultar fórmulas que no se desea mostrar:

a) Seleccionar las celdas que contienen las fórmulas y, en el menú *Formato/Celda*, en la pestaña *Protección de celdas*, activar la casilla *Ocultar fórmulas*.
b) Seleccionar las celdas que contienen las fórmulas y, en el menú *Hoja/Celdas*, en la pestaña *Protección de celdas*, activar la casilla *Ocultar fórmulas*.
c) Seleccionar las celdas que contienen las fórmulas y, en el menú *Formato/Protección de celdas*, activar la casilla *Ocultar fórmulas*.
d) Seleccionar las celdas que contienen las fórmulas y, en el menú *Herramientas*, seleccionar *Protección de celdas* y activar la casilla *Ocultar fórmulas*.

3. ¿Qué ocurre si se establece el ancho de una columna como "0"?:

a) Se muestra la columna vacía.
b) Indica que no existe dicha columna.
c) Se oculta dicha columna.
d) Indica que en dicha columna no cabe texto.

4. ¿Cuál es la tecla de función que nos permite acceder a los estilos?:

a) F5.
b) F8.
c) F9.
d) F11.

5. Una forma de cambiar el nombre a una hoja de cálculo es:

a) Haciendo doble clic con el botón izquierdo del ratón sobre la etiqueta de la hoja de cálculo y cambiando el nombre directamente.

b) Haciendo un clic con el botón izquierdo del ratón sobre la etiqueta de la hoja de cálculo y cambiando el nombre directamente.

c) Mediante el menú *Formato*, eligiendo la opción *Cambiar nombre de la hoja*.

d) Mediante el menú *Editar*, eligiendo la opción *Cambiar nombre de la hoja*.

6. El botón *Condicional* para aplicar los formatos condicionales se encuentra en la barra de herramientas:

a) *Estándar.*

b) *Editar.*

c) *Formato de celda.*

d) *Formato.*

7. Para ver todos los formatos condicionales que muestra la hoja de cálculo accedemos a la opción:

a) *Ver reglas*, que se encuentra dentro del comando *Condicional*.

b) *Administrar reglas*, que se encuentra dentro del comando *Condicional*.

c) *Gestionar*, que se encuentra dentro del comando Condicional.

d) *Ver reglas*, que se encuentra dentro del comando *Celdas*.

8. Formato condicional empleando escalas de colores permite comparar un rango de celdas empleando una degradación de:

a) 2 colores.

b) 3 colores.

c) 2 o 3 colores.

d) 3 o más colores.

9. El formato automático para las tablas está disponible cuando se selecciona:

a) Un intervalo de 3 columnas y 3 filas como máximo.
b) Un intervalo de 3 columnas y 3 filas como mínimo.
c) Un intervalo de 4 columnas y 4 filas como mínimo.
d) Un intervalo de 3 columnas y 4 filas como máximo.

10. Para añadir el formato actual a la lista de los formatos automáticos, el intervalo tiene que ser:

a) Un intervalo de 3 columnas y 3 filas como máximo.
b) Un intervalo de 3 columnas y 3 filas como mínimo.
c) Un intervalo de 4 columnas y 4 filas como mínimo.
d) Un intervalo de 3 columnas y 4 filas como máximo.

Unidad 8

1. Las fórmulas de Calc:

a) Siempre comienzan por el signo igual, tras el cual están los elementos que se van a calcular (operandos) separados por operadores de cálculo.

b) Siempre comienzan por el signo igual, tras el cual se encuentran las referencias de las celdas que se van a calcular.

c) Evalúan los operadores de izquierda a derecha, independientemente de la prioridad de estos.

d) Evalúan las referencias a celdas según la prioridad de estas.

2. Los tipos de operadores existentes en Calc son:

a) Operadores aritméticos, operadores de comparación y operadores de concatenación de texto.

b) Operadores aritméticos, operadores de comparación y operadores de concatenación de texto, así como operadores especiales "dos puntos", "punto y coma", "operador de intersección".

c) Operadores aritméticos, operadores de comparación y operadores de concatenación de texto, así como operadores de apertura y cierre de paréntesis.

d) Operadores aritméticos, operadores de comparación y operadores de concatenación de texto, así como operadores de apertura y cierre de corchetes.

3. La fórmula =Suma(A2:A5):

a) Suma las celdas A2 y A5.

b) Suma las celdas que hay entre la A2 y A5, es decir, A3 y A4.

c) Suma las celdas A2,A3,A4,A5, es decir, suma todo el rango.

d) Suma las celdas A4 y A5.

4. Una referencia de celda absoluta en una fórmula:

a) Contiene una columna absoluta y una fila relativa.
b) Contiene una columna relativa y una fila absoluta.
c) No permite que se cambie la posición de la celda que contiene la fórmula.
d) Siempre hace referencia a una celda en una ubicación especifica.

5. Para hacer una vinculación entre libros distintos:

a) Se utilizan referencias externas.
b) Se utilizan referencias remotas.
c) Se utilizan referencias mixtas.
d) Se copian y se pegan las celdas a vincular mediante los comandos de copiar y pegar.

6. El error: #N/A!:

a) Significa que el resultado de la fórmula es un número demasiado grande y no se puede mostrar.
b) Significa que se ha escrito mal el nombre de la función a la que se hace referencia.
c) Significa que el argumento solicitado por la función es distintos al ingresado por el usuario.
d) Significa que el valor buscado no existe en la matriz de búsqueda.

7. ¿Qué error aparece cuando se hace una división por "0" o bien por una referencia a "0"?:

a) ¡DIV/0!
b) #¡DIV/0!#
c) #¡DIV/0!
d) ¡DIV/0!#

8. El símbolo del & es un operador:

a) Aritmético.
b) De comparación.
c) De concatenación de texto.
d) Operador especial.

9. En la siguiente fórmula =PI()*A2^2, ¿cuál es la referencia a la celda?:

a) PI.
b) ^2.
c) A2.
d) *A2.

10. En el siguiente cálculo =5+6^3/2-3, el primer cálculo que se realizaría sería:

a) La potencia de 6^3.
b) Las sumas de 5+6.
c) La división de 3/2.
d) La resta 2-3.

Unidad 9

1. ¿Qué tipos de información utilizan las funciones como argumentos?:

a) Posición, cadenas y condiciones.
b) Operadores, valores, posición, cadenas y condiciones.
c) Valores, posición, cadenas y condiciones.
d) Valores y posición.

2. Si en una función hay más de un argumento, estos deben de ir separados por:

a) Punto y coma (;).
b) Punto (.).
c) Dos puntos (:).
d) Coma (,).

3. Una función:

a) No puede albergar dentro de un argumento otra función.
b) Puede albergar dentro de un argumento otra función con sus respectivos argumentos, es lo que se denomina "funciones anidadas".
c) Puede albergar argumentos que contengan números, los cuales siempre van entre comillas ("").
d) No puede utilizar nombres de rango como posición.

4. Para calcular la raíz cuadrada de un número se utiliza la fórmula:

a) =RAIZ(número).
b) =RCUAD(número).
c) =RAÍZCUAD(número).
d) Ninguna es correcta.

5.

La función =PROMEDIO(número1;número2;...):

a) Devuelve la media geométrica de los argumentos, los cuales pueden ser números, nombres, matrices o referencias que contengan números.

b) Es una función matemática que devuelve la media aritmética de los argumentos, los cuales pueden ser números, nombres, matrices o referencias que contengan números.

c) Es una función estadística que devuelve la media aritmética de los argumentos, los cuales pueden ser números, nombres, matrices o referencias que contengan números.

d) Es una función estadística que devuelve la mediana de los argumentos, los cuales pueden ser números, nombres, matrices o referencias que contengan números.

6.

La función =CONTAR(valor1;valor2;...) cuenta el número de celdas de un rango que:

a) Contienen números o texto.

b) Contienen números.

c) Están en blanco.

d) No están en blanco y cumplen un criterio determinado.

7.

La función =LOG, que calcula el logaritmo de un número en una base especificada, la encontraremos dentro de la categoría:

a) Texto.

b) Trigonométricas.

c) Estadística

d) Matemática.

8.

Para convertir un texto en mayúsculas se utiliza la función:

a) =MAYUS(texto).

b) =MAYUSC(texto).

c) =MAYUS.C(texto).

d) =MAYUS(texto1;texto2;...).

9. Una forma de insertar función es presionando:

a) La combinación de teclas: Mayús + F3.
b) El botón *Asistente de funciones* correspondiente a la barra de fórmulas.
c) El botón *Asistente de funciones* correspondiente al menú de Insertar.
d) *A2.

10. La función que permite buscar un valor en la fila superior de una tabla o de una matriz de valores, es:

a) =BUSCARV.
b) =COINCIDIR.
c) =BUSCARH.
d) =SÍ.

Unidad 10

1. Una vez que se ha insertado el gráfico en una hoja de cálculo, para editarlo y que se muestre la barra de herramienta de formato:

a) Hacemos un clic con el botón izquierdo del ratón encima del gráfico.
b) Hacemos un doble clic con el botón izquierdo del ratón encima del gráfico.
c) Hacemos un clic con el botón derecho del ratón encima del gráfico.
d) Hacemos un doble clic con el botón derecho del ratón encima del gráfico.

2. Para añadir un título al gráfico, una vez ya insertado en la hoja, hacemos clic en el menú:

a) *Insertar/Títulos.*
b) *Editar/Títulos.*
c) *Formato/Título del gráfico*
d) *Insertar/Título del gráfico.*

3. Se pueden cambiar los datos del gráfico entre filas y columnas:

a) En los gráficos 3D y 2D mediante la opción *Intervalo de datos*, que podemos acceder desde la barra de herramientas de formato o en el menú de *Formato* y en la ficha *Serie de datos*.
b) Solo en los gráficos 3D mediante la opción *Intervalo de datos*, que podemos acceder desde la barra de herramientas de formato o en el menú de *Formato* y en la ficha *Serie de datos*.
c) Solo en los gráficos 3D mediante la opción *Intervalo de datos*, que podemos acceder desde la barra de herramientas de formato o en el menú de *Formato* y en la ficha *Intervalo de datos*.
d) En los gráficos 3D y 2D mediante la opción *Intervalo de datos*, que podemos acceder desde la barra de herramientas de formato o en el menú de *Formato* y en la ficha *Intervalo de datos*.

4. Para cambiar la forma de las columnas en un gráfico 3D:

a) Se hace clic con el botón derecho del ratón sobre la columna a la que se desea cambiar la forma y se elige la opción *Formato a la serie de datos* y en la ficha *Disposición* se elige la forma deseada.

b) No es posible cambiar la forma de las columnas en un gráfico 3D, están predefinidas.

c) Se hace doble clic con el botón derecho del ratón sobre la columna a la que se desea cambiar la forma y hacemos clic en la ficha *Opciones*.

d) Se hace clic con el botón derecho del ratón sobre la columna que se desea cambiar, seleccionamos *Tipo de gráfico* y escogemos la forma que deseamos.

5. Se pueden mostrar u ocultar las líneas de división de un gráfico para facilitar su comprensión:

a) En la barra de herramientas de *Formato*, que se muestra al editar el gráfico, hacemos clic en los botones *Líneas horizontales* y *Líneas verticales*.

b) En la barra de herramientas de *Formato*, que se muestra al editar el gráfico, hacemos clic en los botones *Horizontales* y *Verticales*.

c) En el menú de *Ver* activamos las casillas *Cuadriculas horizontales* y *Cuadriculas verticales*.

d) En la barra de herramientas de *Formato*, que se muestra al editar el gráfico, hacemos clic en los botones *Cuadriculas horizontales* y *Cuadriculas verticales*.

6. ¿Se puede añadir un título al eje horizontal (Eje X)?:

a) No se pueden añadir títulos a los ejes.

b) Solo se puede añadir el título con el asistente para crear el gráfico.

c) Con el botón *Títulos* de la barra de formato, que se muestra al editar el gráfico.

d) Con el botón *Titulo del eje X* de la barra de formato, que se muestra al editar el gráfico.

7. Para mostrar las etiquetas de datos en un gráfico:

a) No es necesario mostrar las etiquetas, aparecen de forma predeterminada con el gráfico.

b) Clic en el menú *Insertar* y seleccionar *Etiquetas de datos*.

c) Clic en el botón *Etiquetas de datos* de la barra de *Formato*, que se muestra al editar el gráfico.

d) Presionar la combinación de teclas Mayús + F9.

8. Para borrar un gráfico:

a) Se selecciona el gráfico y, en el menú *Editar*, seleccionar *Suprimir gráfico*.
b) Se selecciona el gráfico y se presiona la combinación de teclas Ctrl + Mayús + Retroceso.
c) Se selecciona el gráfico y se presiona la tecla Suprimir o la tecla Retroceso.
d) Se selecciona el gráfico y se presiona la combinación de teclas Ctrl + Retroceso.

9. En Calc, podemos crear gráficos de líneas y columnas:

a) Solo en los gráficos de 2 dimensiones.
b) Solo en los gráficos de 3 dimensiones.
c) En los gráficos de 2 y 3 dimensiones.
d) No existe ese tipo de gráfico.

10. ¿Qué tipo de gráfico es el más adecuado cuando queremos representar varios valores con respeto a un todo?:

a) Gráfico de columnas.
b) Circular.
c) Áreas.
d) Dispersión.

Unidad 11

1. Para insertar una autoforma:

- a) En el menú *Insertar* hacer clic en el comando *Objeto*.
- b) En el menú *Insertar* hacer clic en el comando *Autoformas*.
- c) En la barra de herramientas estándar hacer clic en el botón *Forma*.
- d) En el menú *Insertar* hacer clic en el comando *Forma*.

2. Para conseguir que una elipse sea un círculo perfecto:

- a) Se debe mantener la tecla Mayús pulsada mientras se dibuja la forma.
- b) Se debe mantener la tecla Ctrl pulsada mientras se dibuja la forma.
- c) Se debe mantener la tecla Alt pulsada mientras se dibuja la forma.
- d) Se debe mantener la tecla Alt y la tecla que indica movimiento del cursor hacia la derecha pulsada mientras se dibuja la forma.

3. En Calc podemos insertar imágenes con extensiones:

- a) BMP.
- b) TIFF.
- c) PSD.
- d) Todas son correctas.

4. En las imágenes u objetos gráficos, cuando los seleccionamos, se muestran, alrededor de la imagen:

- a) 4 controles de tamaño.
- b) 6 controles de tamaño.
- c) 8 controles de tamaño.
- d) 10 controles de tamaño.

5. El botón :

- a) Gira el objeto seleccionado.
- b) Recorta el objeto seleccionado.
- c) Cambia el tamaño del objeto seleccionado.
- d) Mueve el objeto seleccionado.

6. Si deseamos usar una imagen como fondo, el modo de imagen correcto sería:

a) Predeterminado.
b) Escala de grises.
c) Blanco y negro.
d) Marca de agua.

7. El botón *Recortar imagen*:

a) Recorta la autoforma seleccionada.
b) Recorta la imagen seleccionada para eliminar las partes no deseadas.
c) Se utiliza para cambiar el tamaño de la imagen seleccionada.
d) Se utiliza para cambiar el tamaño de la autoforma seleccionada.

8. Podemos mover un objeto:

a) Con el ratón.
b) Con el teclado.
c) Con el cuadro de diálogo *Posición y Tamaño*.
d) Todas son correctas.

9. Para insertar un Fontwork:

a) Hacemos clic en el menú *Insertar* y seleccionamos *Fontwork*.
b) Hacemos clic en el botón *Fontwork* de la barra de herramientas de *Formato*.
c) Hacemos clic en el botón *Fontwork* de la barra de herramientas *Estándar*.
d) Todas son correctas.

10. Para insertar una imagen desde un fichero de nuestro ordenador en Calc:

a) Debemos escoger solo las incluidas en la galería de imágenes.
b) Debemos escoger solo aquellas que creemos desde la barra de herramientas de dibujo.
c) Debemos seleccionar *Insertar/Imagen/Del fichero*.
d) Debemos seleccionar *Insertar/Imagen*.

Unidad 12

1. Para imprimir se utiliza la combinación de teclas:

a) Ctrl + A.
b) Ctrl + I.
c) Ctrl + Alt + P.
d) Ctrl + P.

2. Para imprimir todas las hojas de un libro:

a) Hacer clic con el botón secundario en una etiqueta y, a continuación, hacer clic en el comando *Seleccionar todas las hojas* del menú contextual. Posteriormente presionar la combinación de teclas Ctrl + P.
b) Hacer clic con el botón secundario en una etiqueta y, a continuación, hacer clic en el comando *Imprimir todas las hojas* del menú contextual.
c) Seleccionar todas las hojas de cálculo, haciendo clic sobre una de ellas y manteniendo la tecla ALT presionada mientras se seleccionan el resto de hojas. Posteriormente, presionar la combinación de teclas Ctrl + P.
d) Hacer clic con el botón secundario en una etiqueta y, a continuación, hacer clic en el comando *Seleccionar todas las hojas* del menú contextual. Posteriormente, presionar la combinación de teclas Ctrl + I.

3. Las líneas de división entre celdas de la hoja de cálculo:

a) Se imprimen por defecto.
b) No se imprimen por defecto.
c) Se debe seleccionar el área a imprimir para que se impriman.
d) Se imprimen en blanco y negro.

4. Para obtener una previsualización de impresión de la hoja de cálculo se presiona la combinación de teclas:

a) Ctrl + Mayús + O.
b) Ctrl + Mayús + O.
c) Ctrl + O.
d) Ctrl + Alt + Mayús + O.

5. Los comentarios:

a) Nunca se imprimen.
b) Si esta activada su impresión, se imprimen al principio de la hoja.
c) Se imprimen siempre que están seleccionados.
d) Si esta activada su impresión, se imprimir al final de la hoja.

6. Cuando se activa la opción *Cabeceras de columnas y filas* en la pestaña *Hoja* del cuadro de diálogo *Estilo de página se imprimen*:

a) Las letras de las columnas y los números de filas.
b) Los títulos escritos en filas y columnas.
c) Los títulos seleccionados en filas y columnas.
d) Los títulos escritos en filas o columnas indistintamente.

7. Una hoja de cálculo:

a) Se puede centrar solo horizontalmente en la página.
b) Se puede centrar solo verticalmente en la página.
c) No se puede centrar en la página.
d) Se puede centrar horizontal y verticalmente en la página.

8. ¿Cómo podemos definir la escala para la impresión?:

a) Ajustando el tamaño a un número de páginas a lo ancho.
b) Ajustando el tamaño a un número de páginas a lo alto.
c) Ajustando el tamaño a un número de páginas tanto a lo ancho como a lo alto.
d) Ajustando el tamaño de papel a A4.

9. Si tenemos dos hojas en Calc y una tiene aplicado el estilo de página *Uno* y la otra hoja tiene aplicado el estilo de página *Dos*, con orientación en vertical, ¿qué ocurre si le cambiamos la orientación a horizontal al estilo *Uno*?:

a) Que la hoja *Uno* y *Dos* quedan con orientación horizontal.
b) Que la hoja *Uno* queda con orientación horizontal y la hoja *Dos* con orientación en vertical.
c) Que la hoja *Uno* queda con orientación vertical y la hoja *Dos* con orientación en horizontal.
d) Que la hoja *Uno* y *Dos* quedan con orientación vertical.

10. ¿Qué páginas se imprimen si definimos el siguiente intervalo de páginas: 1-6,9?:

a) Se imprimen las páginas 1, 6 y 9.

b) Se imprimen las páginas 1, 6, 7, 8 y 9.

c) Se imprimen las páginas 1, 2, 3, 4, 5, 6 y 9.

d) Se imprimen las páginas 2, 3, 4, 5 y 9.

Unidad 13

1. La opción *Validez* se encuentra en el menú:

a) *Datos.*
b) *Herramientas.*
c) *Editar.*
d) *Formato.*

2. El botón ![botón] :

a) Ordena los datos por dos criterios.
b) Ordena los datos de mayor a menor.
c) Muestra el cuadro de diálogo *Ordenar* para ordenar los datos según varios criterios de forma simultánea.
d) Muestra el cuadro de diálogo *Ordenar* para ordenar los datos según dos criterios de forma simultánea.

3. En una ordenación ascendente de Calc, según las reglas de ordenación específicas para valores lógicos:

a) No existe un criterio de ordenación específico para los valores lógicos.
b) La opción FALSO se coloca antes que VERDADERO.
c) La opción VERDADERO se coloca antes que FALSO.
d) Las opciones VERDADERO y FALSO se colocan según el orden que tengan en la lista de datos a ordenar.

4. En una ordenación ascendente, según las reglas de ordenación:

a) Los espacios en blanco siempre se colocan en primer lugar.
b) Los espacios en blanco siempre se colocan en el lugar en que aparezcan en la lista a ordenar.
c) Los espacios en blanco se tienen en cuenta en la ordenación.
d) Los espacios en blanco siempre se colocan en último lugar.

5. Mediante el botón :

a) Se establece un filtro avanzado de una lista de valores.
b) Se establece un filtro automático de una lista de valores.
c) Se borra el filtro avanzado de una lista de valores.
d) Se establece un filtro estándar de una lista de valores.

6. Las funciones específicas para las listas de datos:

a) Tienen dos argumentos: *base de datos* y *nombre del campo*.
b) Tienen tres argumentos: *nombre de la tabla, nombre del campo* y *rango de criterios*.
c) Tienen tres argumentos: *rango de la tabla, rango del campo* y *rango de criterios*.
d) Tienen tres argumentos: *base de datos, campo de base de datos* y *criterios de búsqueda*.

7. ¿Dónde se encuentra la opción *Subtotales*?:

a) En el menú *Datos*.
b) En el menú *Estilos*.
c) En menú *Hoja*.
d) En el menú *Herramientas*.

8. ¿Cuál es la finalidad de la opción *Subtotales*?:

a) Visualizar los datos de una tabla agrupados por campos.
b) Visualizar los datos de una tabla agrupados por determinados campos y, a su vez, en cada grupo, poder resumir mediante una serie de funciones (suma, promedio etc.) los campos numéricos.
c) Resumir datos por una serie de funciones para bases de datos.
d) Agrupar datos según un criterio determinado.

9. La función =BDSUMA *(Base de datos, Campo de base de datos y Criterios de búsqueda)*:

a) Muestra la suma de un campo especificado de una base de datos.

b) Muestra la suma de las columnas que cumplen una determinada condición en una base de datos.

c) Muestra la suma de las filas que cumplen una determinada condición en una base de datos.

d) Muestra la suma de un rango especificado de una base de datos.

10. La función =BDPROMEDIO *(Base de datos, Campo de base de datos y Criterios de búsqueda)*:

a) Realiza la media aritmética de las filas que cumplen una determinada condición en una base de datos.

b) Realiza la mediana de las filas que cumplen una determinada condición en una base de datos.

c) Realiza la media ponderada de las filas que cumplen una determinada condición en una base de datos.

d) Realiza la media geométrica de las filas que cumplen una determinada condición en una base de datos.

Unidad 14

1. Para insertar un comentario en una celda determinada:

a) Se posiciona el cursor en la celda donde se desea insertar el comentario y se elige la opción *Nuevo comentario*, en el menú de *Insertar*.
b) Presionar la combinación de teclas Mayús + F3.
c) Se posiciona el cursor en la celda donde se desea insertar el comentario, se hace clic con el botón derecho y se selecciona *Insertar comentario*.
d) Presionar la combinación de teclas Mayús + F1.

2. Para modificar un comentario:

a) Se posiciona el cursor en la celda que contenga el comentario y se hace clic derecho en *Editar comentario*.
b) Una vez que se ha insertado el comentario no se puede modificar.
c) Seleccionar *Editar comentario*, en el menú de *Editar*.
d) Seleccionar *Editar comentario*, en el menú de *Formato*.

3. La opción *Mostrar comentario*, que se encuentra en la opción *Comentarios de celda* del menú *Datos*:

a) Muestra u oculta el comentario en el que se está posicionado.
b) Muestra todos los comentarios de la hoja de cálculo.
c) Oculta todos los comentarios de la hoja de cálculo.
d) Muestra u oculta todos los comentarios de todas las hojas del libro de trabajo.

4. Podemos crear un historial de cambios en el documento creado con l_0 Calc:

a) Activando la opción *Grabar* en la opción *Seguimiento de cambios* del menú *Editar*.
b) Activando la opción *Historial/Cambios* del menú de *Herramientas*.
c) No es posible generar un historial.
d) Solo se puede generar el historial para los libros compartidos.

5. Para ocultar fórmulas en una hoja de cálculo:

a) Es imprescindible proteger el libro de trabajo.

b) Es imprescindible proteger la hoja de cálculo después de haber activado la casilla *Ocultar fórmulas* de la pestaña *Protección de celda* dentro del cuadro de diálogo *Formato de celdas*.

c) Es imprescindible proteger la hoja de cálculo antes de haber activado la casilla *Ocultar fórmulas* de la pestaña *Protección de celda* dentro del cuadro de diálogo *Formato de celdas*.

d) Es imprescindible proteger todas las hojas activas del libro de trabajo.

6. En Calc se puede proteger:

a) Solo la hoja.

b) Solo la estructura de la hoja.

c) La estructura y la hoja.

d) La estructura, la hoja y el libro.

7. Un libro compartido:

a) Es aquel en el que varios usuarios pueden estar editando al mismo tiempo.

b) Es aquel en el que varios usuarios pueden estar trabajando en el mismo archivo, pero no al mismo tiempo.

c) Es aquel en el que varios usuarios pueden estar consultando el libro al mismo tiempo, pero no pueden hacer cambios.

d) Los libros en Calc no se pueden compartir.

8. Para impedir a los usuarios mover o copiar hojas de cálculo:

a) Se debe proteger la hoja u hojas de cálculo afectadas.

b) Se debe bloquear la hoja de cálculo.

c) Se debe proteger la estructura del libro.

d) Se debe bloquear el libro.

9. Para guardar una versión del documento:

a) Accedemos al menú de *Archivo/Versiones*.

b) Accedemos al menú de *Editar/Versiones*.

c) Accedemos al menú de *Herramientas/Versiones*.

d) En Calc no existe la posibilidad de guardar versiones del documento.

10. Si tenemos activado el control de cambios, ¿podemos activar o rechazar los cambios producidos?:

a) Sí, accediendo al menú de *Editar/Seguimiento de cambios/Mostar*.

b) Sí, accediendo al menú de *Editar/Seguimiento de cambios/Grabar*.

c) Sí, accediendo al menú de *Editar/Seguimiento de cambios/Gestionar*.

d) Sí, accediendo al menú de *Editar/Seguimiento de cambios/Aceptar y rechazar*.

Unidad 15

1. ¿Qué es lo primero que tenemos que hacer para importar una base de datos a Calc?:

a) Abrir la base de datos.
b) Registrar la base de base.
c) Seleccionar los objetos de la base de datos que queremos exportar.
d) Mover la base de datos a la misma carpeta en la que tenemos el fichero de Calc.

2. Para registrar una base de datos accedemos a:

a) *Herramientas/Registrar base de datos.*
b) *Herramientas/Opciones/LibreOffice Base/Base de datos.*
c) *Herramientas/Opciones/LibreOffice Base/Conexiones*
d) *Herramientas/Opciones/LibreOffice Calc/Base de datos.*

3. Una vez tenemos los datos de la base de datos importados a la hoja de cálculo, estos quedan almacenados como un intervalo de datos, con el nombre:

a) Importar1.
b) Base1.
c) Calc1.
d) Datos1

4. ¿Qué es un objeto incrustado?:

a) Es aquel que no se guarda en el documento en el que está insertado y está enlazado con el fichero original.
b) Es aquel que se guarda en el documento en el que esta insertado y no se actualiza.
c) No se pueden incrustar objetos en Calc.
d) Es una base de datos.

5. Si activamos la casilla *Enlazar al archivo* al insertar un objeto:

a) No se actualizará cuando cambien los datos en el fichero origen.
b) Se insertará como un icono en el documento.
c) Se actualizará cuando cambien los datos en el fichero origen.
d) Aparece una flecha para indicar que es un objeto que esta enlazado al fichero origen.

6. Un objeto OLE es un estándar que nos permite:

a) Insertar y vincular objetos.
b) Exportar información de las hojas de cálculo a diferentes formatos.
c) Guardar los ficheros con un formato específico.
d) Compartir información con otros usuarios.

7. ¿Qué ocurre cuando hacemos doble clic a un objeto OLE insertado en una hoja de cálculo?:

a) Abre el objeto en la aplicación con la que fue creado, pero no podemos modificarlo.
b) Nos muestra un cuadro de diálogo para guardar el fichero.
c) Nos permite eliminar el objeto OLE.
d) Abre el objeto en la aplicación con la que fue creado y podemos modificarlo.

8. Para insertar un Objeto OLE tenemos que acceder al menú:

a) *Insertar* y seleccionar *Objeto*.
b) *Insertar* y seleccionar *Objeto OLE*.
c) *Datos* y seleccionar *Objeto*.
d) *Herramientas* y seleccionar *Objeto*.

9. ¿Qué combinación de teclas nos permite acceder a la opción *Orígenes de datos*?:

a) Ctrl + ALT + F4.
b) Tab + Mayús + F4.
c) Ctrl + Mayús + F4.
d) Ctrl + Mayús + F8.

10. ¿Podemos insertar un fichero de texto en un libro de Calc como objeto OLE?:

a) Sí.

b) No.

c) Sí, pero si el fichero solo contiene texto.

d) No, solo se pueden insertar presentaciones.

Unidad 16

1. Una plantilla es un modelo que puede servir como base para muchas hojas de cálculo y puede incluir:

a) Únicamente fórmulas.
b) Únicamente macros.
c) Únicamente estilos de tabla.
d) Tanto datos como formatos.

2. ¿Qué nos permite la combinación de teclas Mayús + F11?:

a) Crear un documento nuevo basado en una plantilla.
b) Guardar una plantilla.
c) Editar una plantilla.
d) Muestra un listado de las últimas plantillas creadas por el usuario.

3. ¿Con qué extensión se guardan las plantillas?:

a) .csv
b) .xlsx
c) .ods
d) .ots

4. ¿Qué es una macro?:

a) Es un conjunto de fórmulas que se utilizan para automatizar tareas complejas o muy repetitivas.
b) Es un conjunto de instrucciones que se utilizan para automatizar tareas complejas o muy repetitivas.
c) Es un conjunto de comandos que se utilizan para automatizar tareas complejas o muy repetitivas.
d) Es un conjunto de funciones que se utilizan para automatizar tareas complejas o muy repetitivas.

5. Para grabar una macro:

a) Hacemos clic en *Herramientas* y seleccionamos *Macro/Grabar macro*.
b) Accedemos al menú *Macros* y hacemos clic en *Grabar macro*.
c) Pulsamos en el botón de la barra de herramientas estándar *Grabar macro*.
d) Hacemos clic en el menú de *Archivo* y seleccionamos *Grabar macro*.

6. Las macros almacenadas en la biblioteca *Mis macros*...:

a) Solo se pueden ejecutar en el documento activo.
b) Se pueden ejecutar en cualquier documento.
c) No se pueden ejecutar, aunque estén guardadas en esa carpeta.
d) Ninguna es correcta.

7. ¿Qué se utiliza para interrumpir la ejecución de una macro?:

a) La tecla Tab.
b) *Finalizar grabación* de la barra de herramientas de *Grabar Macro*.
c) La opción *Fin* en la barra de herramientas de *Grabar Macro*.
d) La tecla Esc.

8. El nombre de la macro debe cumplir unas condiciones, ¿cuál de las siguientes opciones es incorrecta?:

a) Debe comenzar por una letra.
b) Puede contener espacios.
c) Puede llevar letras mayúsculas y minúsculas.
d) Puede llevar dígitos.

9. Para ejecutar siempre todas las macros el nivel de seguridad lo debemos establecer en:

a) Muy Alto.
b) Medio.
c) Bajo.
d) Muy bajo

10. ¿Dónde configuramos la seguridad de las macros?:

a) *Herramientas/Opciones/LibreOffice/Seguridad/Seguridad de macros*.
b) *Herramientas/Macros/Seguridad/Seguridad de macros*.
c) *Herramientas/Seguridad de macros*.
d) *Herramientas/Opciones/LibreOffice Calc/Seguridad/Seguridad de macros*.

Final

----

1. Para mostrar la ayuda de Calc utilizamos la tecla o teclas:

a) Mayús + F1.
b) Alt + F1.
c) F1.
d) Ctrl + F1.

2. La tecla TAB:

a) Mueve el cursor a la primera hoja de cálculo del libro.
b) Mueve el cursor a la derecha de la celda activa.
c) Mueve el cursor a la izquierda de la celda activa.
d) Mueve el cursor a la última celda de la hoja.

3. ¿Qué combinación de teclas mueve el cursor a la hoja de cálculo siguiente?:

a) Ctrl + Alt + Av Pág.
b) Ctrl + Mayús + Av Pág.
c) Ctrl + Av Pág.
d) Mayús + Alt + Av Pág.

4. ¿Qué elemento de los siguientes no pertenece a la pantalla de Calc?:

a) La barra de ayuda.
b) La barra de título.
c) La barra de menús.
d) La barra de herramientas.

5. ¿Qué abarca un rango tridimensional?:

a) Una serie de celdas.
b) Tres hojas de cálculo.
c) Tres libros de trabajo.
d) Una serie de celdas, pero en más de una hoja de cálculo.

6. ¿Qué combinación de teclas tengo que pulsar para acceder a la barra de herramientas de buscar?:

a) Ctrl + B.
b) Ctrl + Mayús.
c) Mayús + B.
d) Alt + B.

7. Mediante el cuadro de diálogo *Gestionar nombres de rango podemos*:

a) Eliminar el nombre de rango.
b) Aceptar el nombre de rango.
c) Copiar el nombre de rango.
d) Crear, eliminar y editar nombres de rango.

8. ¿Qué acciones se pueden realizar mediante este botón ?:

a) Combinar y centrar celdas.
b) Insertar celdas.
c) Alinear el texto de las celdas.
d) Girar el texto de las celdas.

9. Cuando se comparan dos valores utilizando los signos >, < y = el resultado es un valor lógico:

a) Sí. No.
b) Verdadero o falso.
c) Mayor o menor.
d) Encendido o apagado.

10. La fórmula =2*3+5:

a) Suma dos a cinco y lo multiplica por tres.
b) Suma cinco a tres y lo multiplica por dos.
c) Suma cinco al resultado de multiplicar dos por tres.
d) Suma tres a dos y el resultado lo multiplica por cinco.

11.

Al vincular dos hojas de cálculo:

a) Se vinculan las referencias de distintos libros de trabajo.
b) Se establece un nexo de unión entre ambas hojas a través de una celda.
c) Se establece una relación entre distintos libros de trabajo.
d) Se establece una relación mediante otros programas.

12.

La fórmula =RAIZ(SUMA(A1:A6)):

a) Devuelve la raíz cuadrada de la suma de A1 y A6.
b) Devuelve la raíz cuadrada del rango (A1:A6).
c) Devuelve la suma de la raíz cuadrada del rango (A1:A6).
d) Devuelve la raíz cuadrada de la suma del rango (A1:A6).

13.

La función =CONTAR.SI:

a) Cuenta las celdas que no están en blanco.
b) Cuenta las celdas que contienen dígitos.
c) Cuenta las celdas que están en blanco.
d) Cuenta las celdas, dentro de un rango, que no están en blanco y cumplen con un criterio especificado.

14.

La función =PAGOINT:

a) Es una función matemática que devuelve el interés pagado en un periodo específico por una inversión, basándose en pagos periódicos y constantes y en una tasa de interés constante.
b) Es una función financiera que devuelve el interés pagado en un periodo específico por una inversión, basándose en pagos periódicos y constantes y en una tasa de interés constante.
c) Es una función matemática que devuelve el capital pagado en un periodo específico por una inversión, basándose en pagos periódicos y constantes y en una tasa de interés constante.
d) Es una función financiera que devuelve el capital pagado en un periodo específico por una inversión basándose en pagos periódicos y constantes y en una tasa de interés.

15. ¿Qué tenemos que hacer para seleccionar dos o más hojas no adyacentes?:

a) Clic en la etiqueta de la primera hoja, mantenemos presionada la tecla Ctrl mientras se hace clic en las etiquetas de las otras hojas que deseamos seleccionar.

b) Clic en la etiqueta de la primera hoja, mantenemos presionada la tecla Mayús mientras se hace clic en las etiquetas de las otras hojas que deseamos seleccionar.

c) Clic en la etiqueta de la primera hoja, mantenemos presionadas simultáneamente las teclas Ctrl y Mayús mientras se hace clic en las etiquetas de las otras hojas que deseamos seleccionar.

d) Clic en la etiqueta de la primera hoja y, con la tecla Alt presionada, clic en la etiqueta de la última hoja.

16. ¿Cuál es la función del filtro automático?:

a) Mostrar las filas que no cumplen una determinada condición.

b) Mostrar las filas que no cumplen una determinada condición y oculta las filas que cumplen esa condición.

c) Ocultar las filas que no cumplen una determinada condición y solo muestra las filas que la cumplen.

d) Ocultar las columnas que no cumplen una determinada condición y solo muestra las columnas que la cumplen.

17. ¿Par qué se utiliza el botón ?:

a) Para dar formato a las celdas.

b) Para dar formato como tabla.

c) Para aplicar formato a las filas.

d) Para aplicar formato condicional a un conjunto de celdas seleccionadas.

18. ¿Qué significa el error: #N/A!?:

a) Significa que el resultado de la fórmula es un número demasiado grande y no se puede mostrar.

b) Significa que se ha escrito mal el nombre de la función a la que se hace referencia.

c) Significa que el argumento solicitado por la función es distinto al ingresado por el usuario.

d) Significa que el valor buscado no existe en la matriz de búsqueda.

19. La función =CONCATENAR:

a) Es una función de texto que concatena argumentos de texto.
b) Es una función lógica que concatena argumentos de texto.
c) Es una función de búsqueda que concatena argumentos de texto.
d) Es una función matemática que concatena argumentos de texto.

20. La función =DERECHA:

a) Es una función matemática que muestra como resultado los dos últimos caracteres de la derecha de una cadena de texto.
b) Es una función de texto que muestra como resultado el primer carácter de la derecha de una cadena de texto.
c) Es una función de texto que muestra como resultado los dos primeros caracteres de la derecha de una cadena de texto.
d) Muestra como resultado el último carácter o caracteres de la derecha, de una cadena de texto, según el número de caracteres que el usuario especifique.

AUTOEVALUACIONES

SOLUCIONES

Unidad 1

1. *b)* Herramientas/Opciones.

2. *a)* Debajo de la barra de menú.

3. *d)* Ver/Barras de herramientas/Personalizar.

4. *d)* Todas son correctas.

5. *a)* La ayuda de Calc.

6. *c)* Vista Normal, Salto de página, Pantalla Completa y Previsualización de impresión.

7. *b)* Ver/Inmovilizar filas y columnas.

8. *c)* Establecer dos zonas independientes en las que nos podemos mover.

9. *d)* La barra de estado.

10. *b)* La celda activa.

Unidad 2

---

1. *c)* *La tecla Inicio.*

2. *c)* *La combinación de teclas Mayús + Tab.*

3. *a)* *La combinación de teclas Ctrl + Av Pag.*

4. *d)* *F5*

5. *d)* *Se presiona la combinación de teclas Ctrl + Inicio.*

6. *c)* *Mueve el cursor a la celda inferior a la seleccionada.*

7. *a)* En el menú *Ventana.*

8. *c)* *Movernos una columna a la derecha o a la izquierda.*

9. *d)* *Pulsamos encima de la hoja con el botón izquierdo del ratón.*

10. *c)* *En vertical y algunos también en horizontal.*

Unidad 3

1. *b)* *Se ajustan automáticamente a la derecha.*

2. *a)* *Las letras del alfabeto y los números mezclados con letras y/o símbolos especiales.*

3. *a)* *Es imprescindible escribir el signo "=", que puede ir seguido (o no) de un espacio y de la función.*

4. *a)* *Dos puntos ":".*

5. *c)* *Expresión matemática o lógica que devuelve un resultado.*

6. *d)* *(*,/,+,-,%,^).*

7. *c)* *En mayúsculas o en minúsculas, es indiferente.*

8. *d)* *=FUNCION(argumento1;argumento2;…;argumentoN).*

9. *d)* *Todas son correctas*

10. *b)* *Se coloca el símbolo " ' " al principio de la cadena que se introduce en la celda.*

Unidad 4

1. *b)* *Las coordenadas de la celda superior izquierda y las coordenadas de la celda inferior derecha del rango, separadas por (:).*

2. *b)* *Hacemos clic con el botón izquierdo del ratón en la celda superior izquierda del grupo de celdas a seleccionar y mantenemos pulsada la tecla Mayús mientras hacemos clic en la celda inferior derecha del rango.*

3. *d)* *Mayús + Barra espaciadora.*

4. *b)* *Una vez se ha seleccionado el primer rango, pulsamos la tecla Ctrl y, sin soltarla, seleccionamos con el botón izquierdo del ratón el resto de celdas que queremos añadir al rango ya seleccionado.*

5. *b)* *Escape*

6. *d)* *Ninguna es correcta.*

7. *d)* *Toda la hoja de cálculo.*

8. *a)* *El carácter que se encuentra a la izquierda del cursor, si estamos editando el contenido.*

9. *b)* *Presionamos la combinación de teclas Ctrl + B.*

10. *c)* *Presiona la tecla Ctrl y, sin soltarla, arrastra con el botón izquierdo del ratón la hoja que quieres copiar a la posición adecuada.*

Unidad 5

1. *c)* .ods

2. *a)* Herramientas/Opciones/General/Guardar.

3. *c)* Podremos abrir los ficheros que hayamos utilizado recientemente

4. *b)* Guarda los datos y el estado del programa automáticamente con la frecuencia que desee.

5. *b)* Hacemos clic en Archivo/Cerrar o en el botón Cerrar de la barra de menú.

6. *c)* Los cambios se guardan automáticamente cada 10 minutos.

7. *b)* Clic en el botón Abrir del menú de Archivo

8. *c)* Clic en el menú Archivo/Nuevo/Hoja de cálculo.

9. *b)* Abrimos un libro.

10. *c)* Los ficheros de plantilla.

Unidad 6

1. *b)* Las coordenadas superior izquierda e inferior derecha del rango.

2. *a)* Rango que abarca una serie de celdas, pero en más de una hoja de cálculo.

3. *c)* Hacer clic en la primera celda del rango y, a continuación, mantener presionada la tecla Mayús mientras se hace clic en la última celda del rango.

4. *a)* Es la ubicación de dicho nombre de rango, para una hoja específica del libro o para todo el libro de trabajo.

5. *d)* Pueden contener mayúsculas y minúsculas.

6. *b)* Haciendo clic en el menú Hoja/Intervalo y expresiones con nombre/Definir.

7. *b)* Hacer clic en el menú Hoja/Intervalo y expresiones con nombre/Gestionar.

8. *c)* Como máximo 255 caracteres.

9. *a)* No hay espacios entre texto, el espacio viene definido por guion bajo.

10. *d)* Todas son correctas

Unidad 7

1. *b)* Es necesario que la hoja de cálculo esté protegida.

2. *a)* Seleccionar las celdas que contienen las fórmulas y, en el menú Formato/Celda, en la pestaña Protección de celdas, activar la casilla Ocultar fórmulas.

3. *c)* Se oculta dicha columna.

4. *d)* F11

5. *a)* Haciendo doble clic con el botón izquierdo del ratón sobre la etiqueta de la hoja de cálculo y cambiando el nombre directamente.

6. *d)* Formato.

7. *c)* Gestionar, que se encuentra dentro del comando Condicional.

8. *c)* 2 o 3 colores.

9. *b)* Un intervalo de 3 columnas y 3 filas como mínimo.

10. *c)* Un intervalo de 4 columnas y 4 filas como mínimo.

Unidad 8

1. *a)* *Siempre comienzan por el signo igual, tras el cual están los elementos que se van a calcular (operandos) separados por operadores de cálculo.*

2. *b)* *Operadores aritméticos, operadores de comparación y operadores de concatenación de texto, así como operadores especiales "dos puntos", "punto y coma", "operador de intersección".*

3. *c)* *Suma las celda A2;A3,A4;A5, es decir, suma todo el rango.*

4. *d)* *Siempre hace referencia a una celda en una ubicación específica.*

5. *a)* *Se utilizan referencias externas.*

6. *d)* *Significa que el valor buscado no existe en la matriz de búsqueda.*

7. *c)* *#¡DIV/0!*

8. *c)* *De concatenación de texto*

9. *c)* *A2.*

10. *a)* *La potencia de 6^3.*

Unidad 9

1. c) *Valores, posición, cadenas y condiciones.*

2. a) *Punto y coma (;).*

3. b) *Puede albergar dentro de un argumento otra función con sus respectivos argumentos, es lo que se denomina "funciones anidadas".*

4. a) *=RAIZ(número).*

5. c) *Es una función estadística que devuelve la media aritmética de los argumentos, los cuales pueden ser números, nombres, matrices o referencias que contengan números.*

6. b) *Contienen números.*

7. d) *Matemática.*

8. b) *=MAYUSC(texto)*

9. b) *El botón Asistente de funciones correspondiente a la barra de fórmulas.*

10. c) *=BUSCARH*

Unidad 10

1. *b)* *Hacemos un doble clic con el botón izquierdo del ratón encima del gráfico.*

2. *a)* *Insertar/Títulos.*

3. *d)* *En los gráficos 3D y 2D mediante la opción Intervalo de datos, que podemos acceder desde la barra de herramientas de formato o en el menú de Formato y en la ficha Intervalo de datos.*

4. *a)* *Se hace clic con el botón derecho del ratón sobre la columna a la que se desea cambiar la forma y se elije la opción Formato a la serie de datos y en la ficha Disposición se elije la forma deseada.*

5. *d)* *En la barra de herramientas de Formato, que se muestra al editar el gráfico, hacemos clic en los botones Cuadriculas horizontales y Cuadriculas verticales.*

6. *c)* *Con el botón Títulos de la barra de formato, que se muestra al editar el gráfico.*

7. *b)* *Clic en el menú Insertar y seleccionar Etiquetas de datos.*

8. *c)* *Se selecciona el gráfico y se presiona la tecla Suprimir o la tecla Retroceso.*

9. *a)* *Solo en los gráficos de 2 dimensiones.*

10. *b)* *Circular.*

Unidad 11

1. *d)* *En el menú Insertar hacer clic en el comando Forma.*

2. *a)* *Se debe mantener la tecla Mayús pulsada mientras se dibuja la forma.*

3. *d)* *Todas son correctas.*

4. *c)* *8 controles de tamaño.*

5. *a)* *Gira el objeto seleccionado.*

6. *d)* *Marca de agua.*

7. *b)* *Recorta la imagen seleccionada para eliminar las partes no deseadas.*

8. *d)* *Todas son correctas.*

9. *a)* *Hacemos clic en el menú de Insertar y seleccionamos Fontwork.*

10. *d)* *Debemos seleccionar Insertar/Imagen.*

Unidad 12

1. *d)* *Ctrl + P.*

2. *a)* *Hacer clic con el botón secundario en una etiqueta y, a continuación, hacer clic en el comando Seleccionar todas las hojas" del menú contextual. Posteriormente, presionar la combinación de teclas Ctrl + P.*

3. *b)* *No se imprimen por defecto.*

4. *b)* *Ctrl + Mayús + O.*

5. *d)* *Si esta activada su impresión, se imprimir al final de la hoja.*

6. *a)* *Las letras de las columnas y los números de filas.*

7. *d)* *Se puede centrar horizontal y verticalmente en la página.*

8. *c)* *Ajustando el tamaño a un número de páginas tanto a lo ancho como a lo alto. .*

9. *b)* *La hoja Uno queda con orientación horizontal y la hoja Dos con orientación en vertical.*

10. *c)* *Se imprimen las páginas 1, 2, 3, 4, 5, 6 y 9.*

Unidad 13

1. *a)* *Datos.*

2. *c)* *Muestra el cuadro de diálogo Ordenar para ordenar los datos según varios criterios de forma simultánea.*

3. *b)* *La opción FALSO se coloca antes que VERDADERO.*

4. *d)* *Los espacios en blanco siempre se colocan en último lugar.*

5. *b)* *Se establece un filtro automático de una lista de valores.*

6. *d)* *Tienen tres argumentos: base de datos, campo de base de datos y criterios de búsqueda.*

7. *a)* *En el menú Datos.*

8. *b)* *Visualizar los datos de una tabla agrupados por determinados campos y, a su vez, en cada grupo, poder resumir mediante una serie de funciones (suma, promedio etc.) los campos numéricos.*

9. *c)* *Muestra la suma de las filas que cumplen una determinada condición en una base de datos.*

10. *a)* *Realiza la media aritmética de las filas que cumplen una determinada condición en una base de datos.*

Unidad 14

1. c) *Se posiciona el cursor en la celda donde se desea insertar el comentario, se hace clic con el botón derecho y se selecciona Insertar comentario.*

2. a) *Se posiciona el cursor en la celda que contenga el comentario y se hace clic derecho en Editar comentario.*

3. a) *Muestra u oculta el comentario en el que se está posicionado.*

4. a) *Activando la opción Grabar en la opción Seguimiento de cambios del menú Editar.*

5. b) *Es imprescindible proteger la hoja de cálculo después de haber activado la casilla Ocultar fórmulas de la pestaña Protección de celda dentro del cuadro de diálogo Formato de celdas.*

6. d) *La estructura, la hoja y el libro.*

7. a) *Es aquel en el que varios usuarios pueden estar editando al mismo tiempo.*

8. c) *Se debe proteger la estructura del libro.*

9. a) *Accedemos al menú de Archivo/Versiones.*

10. c) *Sí, accediendo al menú de Editar/Seguimiento de cambios/Gestionar.*

Unidad 15

1. **b)** *Registrar la base de base.*

2. **b)** *Herramientas/Opciones/LibreOffice Base/Base de datos.*

3. **a)** *Importar1.*

4. **b)** *Es aquel que se guarda en el documento en el que esta insertado y no se actualiza.*

5. **c)** *Se actualizará cuando cambien los datos en el fichero origen.*

6. **a)** *Insertar y vincular objetos.*

7. **d)** *Abre el objeto en la aplicación con la que fue creado y podemos modificarlo.*

8. **d)** *Herramientas y seleccionar Objeto.*

9. **c)** *Ctrl + Mayús + F4.*

10. **a)** *Sí.*

Unidad 16

1. *d)* *Tanto datos como formatos.*

2. *b)* *Guardar una plantilla.*

3. *d)* *.ots*

4. *b)* *Es un conjunto de instrucciones que se utilizan para automatizar tareas complejas o muy repetitivas.*

5. *a)* *Hacemos clic en Herramientas y seleccionamos Macro/Grabar macro.*

6. *b)* *Se pueden ejecutar en cualquier documento.*

7. *b)* *Finalizar grabación de la barra de herramientas de Grabar Macro.*

8. *b)* *Puede contener espacios.*

9. *c)* *Bajo.*

10. *a)* *Herramientas/Opciones/LibreOffice /Seguridad/Seguridad de macros.*

Final

- -

1. c) F1.

2. b) Mueve el cursor a la derecha de la celda activa.

3. c) Ctrl + Av Pág.

4. a) La barra de ayuda.

5. d) Una serie de celdas, pero en más de una hoja de cálculo.

6. a) Ctrl + B.

7. d) Crear, eliminar y editar nombres de rango.

8. a) Combinar y centrar celdas.

9. b) Verdadero o falso.

10. c) Suma cinco al resultado de multiplicar dos por tres.

11. b) Se establece un nexo de unión entre ambas hojas a través de una celda.

12. d) Devuelve la raíz cuadrada de la suma del rango (A1:A6).

13. *d)* Cuenta las celdas, dentro de un rango, que no están en blanco y cumplen con un criterio especificado.

14. *b)* Es una función financiera que devuelve el interés pagado en un periodo específico por una inversión, basándose en pagos periódicos y constantes y en una tasa de interés constante.

15. *a)* Clic en la etiqueta de la primera hoja, mantenemos presionada la tecla CTRL mientras se hace clic en las etiquetas de las otras hojas que deseamos seleccionar.

16. *c)* Ocultar las filas que no cumplen una determinada condición y solo muestra las filas que la cumplen.

17. *d)* Para aplicar formato condicional a un conjunto de celdas seleccionadas.

18. *d)* Significa que el valor buscado no existe en la matriz de búsqueda.

19. *a)* Es una función de texto que concatena argumentos de texto.

20. *d)* Muestra como resultado el último carácter o caracteres de la derecha, de una cadena de texto, según el número de caracteres que el usuario especifique.

GLOSARIO

Celda	Cuadro formado por la intersección de una fila y una columna en una hoja de cálculo, o en una tabla, en el que se escribe información.
Celda activa	Celda en la que está posicionado el ratón.
Columnas	Divisiones verticales en la hoja.
Combinar celdas	Agrupar varias celdas en una sola.
Comentarios	Notas que podemos agregar a una celda, o a una modificación realizada, si tenemos activado el seguimiento de cambios.
Constante	Un valor que no se calcula y que insertamos, normalmente, a través del teclado.
Cuadro de nombres	Situado en la parte superior izquierda de la pantalla nos permite saber cuál es la celda activa y guardar un rango de celdas con un nombre.

Dato	Información que se inserta en una celda y que pueden ser números, texto, fórmulas o funciones.

Filas	Divisiones horizontales en la hoja.
Filtro	Conjunto de condiciones que aplicamos a una lista de datos, para que nos muestre los que cumplen unas condiciones determinadas.
Formato condicional	Formato que se aplica a unas celdas en función de los valores almacenados en ellas.
Fórmula	Una secuencia de valores, referencias de celda, nombres, funciones u operadores de una celda que, juntos, producen un nuevo valor. Las fórmulas siempre comienzan por un signo igual (=).
Función	Fórmula predefinida en Calc.

G

Gráficos — Representación gráfica de los datos almacenados en las celdas de la hoja de cálculo.

L

Libro — Archivo resultante de la aplicación Calc que está formado por hojas de cálculo.

M

Macro — Es una serie de comandos almacenados bajo un nombre que, al ejecutarla, realiza el proceso almacenado el ella.

O

Operadores — Símbolos que utilizamos para las fórmulas en la hoja de cálculo, como + (suma), * (multiplicación), > (mayor que), etc.

Ordenar — Reorganizar la información en orden ascendente o descendente.

P

Plantilla — Documento que tiene definida una estructura, formato, etc. y que se utiliza para crear otros documentos similares.

R

Rango — Área rectangular de celdas adyacentes.

Referencia	Forma de identificar a una celda, por ejemplo, A1 se refiere a la celda situada en la columna A y en la fila 1.
Referencia 3D	Referencias que abarcan dos o más hojas de cálculo.
Referencia absoluta	Aquella que al copiar la fórmula no varía, por ejemplo, $A$1.
Referencia mixta	Aquella que mantiene la columna fija (absoluta) y la fila variable (relativa) o bien lo contrario: mantiene la fila fija (absoluta) y la columna variable (relativa), por ejemplo, $A1 o A$1.
Referencia relativa	Aquella que al copiar la fórmula varía, por ejemplo, A1.

Validez	Para definir restricciones a los datos que se pueden insertar en una celda o rango de celdas.

Bibliografía

Webgrafía

Bibliografía

A continuación, relacionamos una serie de manuales que consideramos interesantes como bibliografía relacionada con el temario:

- LADRÓN DE GUEVARA, MIGUEL ÁNGEL. *Aplicaciones informáticas de hojas de cálculo*. Editorial Tutor Formación (2022).

    En este libro se recoge el contenido necesario para adquirir las competencias necesarias para gestionar hojas de cálculo, pudiendo sacar el máximo beneficio en el puesto de trabajo diario.

    Se ha escogido esta obra por su sencillez dentro de la complejidad de una hoja de cálculo. También nos permite adquirir esos conocimientos básicos de una forma rápida y sencilla, con varios ejercicios al final de cada tema para ir afianzando los conocimientos..

- SÁNCHEZ CASTILLO, ALEJANDRO. *Fórmulas y Funciones Avanzadas en Excel 2016: Aprende las funciones avanzadas más usadas en Excel para mejorar tu trabajo y ser más productivo*. Independently published (2017).

    Contiene las funciones más usadas en las siguientes categorías: funciones de texto, fecha, información, financieras, lógicas, búsqueda y referencia, estadísticas.

    Se ha escogido este libro porque resulta de gran ayuda para terminar de resolver cualquier duda.

- SÁNCHEZ ESTRELLA, ÓSCAR. *Aplicaciones informáticas de hojas de cálculo*. S.A. Ediciones Paraninfo (2021).

    Este manual incorpora una nueva propuesta de ejercicios prácticos para aprender haciendo. Explica de forma detallada el funcionamiento de Microsoft Excel, la hoja de cálculo más utilizada.

    Se ha escogido esta obra por los ejercicios prácticos que hay a lo largo del libro y que son de gran ayuda para entender el funcionamiento de las diversas opciones de la aplicación.

Webgrafía

Además, presentamos un listado de sitios web que consideramos de interés también para ampliar información.

- **PÁGINA OFICIAL DE I_0.** Portal web oficial de LibreOffice en que podemos encontrar información actualizada sobre la aplicación de Calc:

  https://es.libreoffice.org/descubre/calc/

- **MANUALES DE LIBREOFFICE**. Portal web de LibreOffice en el que se puede encontrar un guía de Calc, en formato .PDF y .ODT:

  https://documentation.libreoffice.org/es/documentacion-en-espanol/calc/

- **Curso completo de Calc en YouTube:**

  https://www.youtube.com/playlist?list=PLLLaU95AMQPrMifyMRgiwhqKA64g7Kiea

- **PÁGINA PARA DESCARGAR LIBRO DE EJERCICOS DE CALC.** En esta página disponemos de la posibilidad de descargar un libro de ejercicios de Calc, con sus ficheros correspondientes.

  https://ifanlo.com/libro-de-ejercicios-de-libreoffice-calc/